**Rwy'n cyflwyno'r llyfr hwn i ti,
i'r plentyn ynof i, pwy bynnag byddwn ni
ar ôl i ni dyfu ac i'r rheini na chafodd y
cyfle i garu ac i fod yn rhydd.**

A.C.

alexis caught
cysûr cwiar

atebol

Y fersiwn Saesneg

Cyhoeddwyd yn gyntaf yn 2022 gan Walker Books Ltd,
87 Vauxhall Walk, Llundain SE11 5HJ

Hawlfraint y testun © Alexis Caught, 2022
Hawlfraint arlunwaith y clawr © Walker Books Limited
Arlunwaith gan Jamie Hammond

Argraffiad gwreiddiol wedi'i gyhoeddi yn y Saesneg dan y teitl *Queer up*

Y fersiwn Gymraeg

Cyhoeddwyd yn Gymraeg gan Atebol Cyfyngedig, Adeiladau'r Fagwyr,
Llanfihangel Genau'r Glyn, Aberystwyth, Ceredigion SY24 5AQ

Addaswyd gan Testun Cyf.
Dyluniwyd gan Owain Hammonds

Cyhoeddir y fersiwn Gymraeg drwy drefniant â Walker Books Ltd
Hawlfraint © Atebol Cyfyngedig 2023

Cedwir pob hawl. Ni chaniateir atgynhyrchu unrhyw ran o'r cyhoeddiad hwn na'i drosglwyddo ar unrhyw ffurf neu drwy unrhyw fodd, electronig neu fecanyddol, gan gynnwys llungopïo, recordio neu drwy gyfrwng unrhyw system storio ac adfer, heb ganiatâd ysgrifenedig y cyhoeddwr.

ISBN: 9781801063463

Cyhoeddwyd gyda chymorth ariannol Cyngor Llyfrau Cymru

atebol.com

Tra bod Atebol yn gwneud ymdrechion rhesymol i gynnwys y wybodaeth ddiweddaraf am yr adnoddau sydd ar gael (gan gynnwys cyfeiriadau'r gwefannau sy'n cael eu cynnwys yn y llyfr hwn), ni allwn warantu eu cywirdeb ac mae'r holl adnoddau o'r fath yn cael eu darparu at ddibenion gwybodaeth yn unig.

**Canllaw calonogol i gariad,
bywyd ac iechyd meddwl LHDTC+**

cysûr
cwiar

alexis caught

cynnwys

cwestiynu
T13

y T yn LHD...
T37

Gan Charlie Craggs a Kuchenga

dod allan
T71

teuluoedd a ffrindiau
T97

rhwng chwilio a charu
T117

trafod rh-y-w
T135

hapus a hoyw
T163

balchder a Pride
T187

'Dechrau fy ymgyrch hawliau dynol LHDTC+' gan Peter Tatchell

cynghreiriaeth
T215

'Nid fy stori i' gan Scarlett Curtis

diweddglo
T233

'Dod allan' gan Russell T. Davies

adnoddau a gwasanaethau ategol
T243

diolchiadau
T253

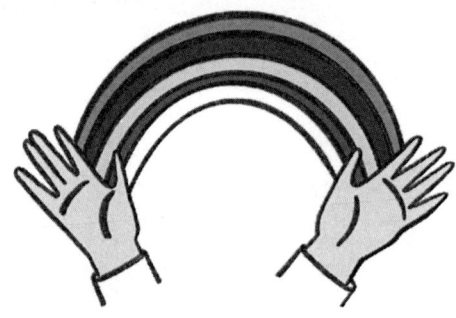

Helô,

Rydyn ni'n mynd i ddod i adnabod ein gilydd yn reit dda yn y llyfr hwn, felly mae'n siŵr ei bod hi'n gwrtais i ddechrau drwy fy nghyflwyno fy hun. Alexis ydw i (helô eto). Dwi'n awdur, yn gwneud podlediadau, yn chwaraewr rygbi, yn ffan anferth o Kate Bush, dwi'n dewis popgorn hallt dros bopgorn melys bob tro, dwi'n caru fferins pigo-a-dewis a dwi'n therapydd seicorywiol. Mae hynny'n golygu fy mod i wedi fy hyfforddi i fod yn seicotherapydd, sydd â diddordeb ym maes anodd a chymhleth OND ETO MOR DDIDDOROL A HWYLIOG ein rhywioldeb a'r cysylltiad â'n lles emosiynol. Dwi wedi dod i weithio yn y maes hwn, ac i ysgrifennu'r llyfr hwn, oherwydd bod cwestiynau wedi bod gen i erioed am fy rhywioldeb i (y fersiwn gryno: dwi'n ddyn hoyw, ond wrth i ti ddarllen y llyfr, byddi di'n gweld bod pethau'n fwy cymhleth o lawer na hynny), fy mhrofiadau i yn y byd a'n lle ni ynddo.

Mae plant bach yn mynd trwy gyfnod o ofyn "pam?" drwy'r amser ac yn amau popeth. Dwi erioed wedi dod allan o'r cyfnod hwnnw. Dwi'n gofyn pam drwy'r amser! O fy mhodlediad *Qmmunity* a roddodd gyfle i fi ofyn "ond PAM?" i bobl cwiar hŷn, i weithredwyr a threfnwyr yn y gymuned, i fynd i'r brifysgol a gofyn "OND PAM?" i wyddonwyr a meddygon – estyniad o hynny yw'r llyfr hwn. Dwi'n tybio bod gen ti lawer o gwestiynau hefyd, am dy rywioldeb a dy deimladau efallai, am beth mae pobl eraill wedi'i ddweud wrthot ti o bosib – efallai fod gen ti ddim byd mwy na diddordeb cyffredinol yn y byd a'r bobl o dy gwmpas. Mae cwestiynau'n gallu bod yn bethau gwych, ac mae gofyn pam yn hwyl, ond ar adegau penodol yn ein bywydau, maen nhw'n gallu bod yn ddychrynllyd ac yn llethol. Ar ôl y cyfnod yn fy mhlentyndod ifanc o ofyn PAM yn swnllyd, a chyn fy nghyfnod proffesiynol o ofyn OND PAM yn llawn cyffro, ces i gyfnod dychrynllyd a dryslyd o ofyn "pam?", a chymaint o gwestiynau am bwy oeddwn i, sut roeddwn i'n teimlo, pam roeddwn i'n teimlo fel roeddwn i … roedd yn adeg unig.

Dyna nod y llyfr hwn: gofalu dy fod ti'n gwybod dwyt ti ddim ar dy ben dy hun. Dydw i ddim yn gallu addo bod yr atebion i gyd rhwng ei gloriau (a dweud y gwir, ddylen nhw ddim bod, achos o'r tu mewn i ti mae llawer ohonyn nhw'n dod), ond dwi'n gallu addo fy mod i, a'r criw bendigedig o bobl o bob rhan o'r sbectrwm LHDTC+ sy'n rhan o'r llyfr yma, yn dy gefnogi di, fel dy fod ti'n gwybod nad wyt ti ar dy ben dy hun. Gyda'n gilydd, byddwn ni'n edrych ar y cwestiynau mawr hyn, ynghyd â hanfodion cariad a rhyw, darnau bach am hanes LHDTC+ dros y blynyddoedd (fy hoff bwnc 'arbenigol'), delio â phobl eraill (dod allan, cymhlethdodau dêtio ac ati) a digon o gyngor a chymorth ymarferol ar sut i ddelio â phroblemau iechyd meddwl.

Dydw i ddim yma i fod yn fentor i ti, yn bendant ddim fel rhywun sy'n gwybod y cyfan ac wedi cael trefn ar ei fywyd (gair o gyngor: os yw rhywun yn dweud eu bod nhw'n gwybod yr atebion i gyd, mae'n debygol eu bod nhw heb ddeall y cwestiwn) ac yn sicr dwi ddim yma fel model rôl (oes unrhyw un? Does neb yn ddigon perffaith i hynny, does bosib?) Dwi yma fel ffrind, brawd mawr hoyw, rhywun i gadw dy ran di, rhywun cwbl gyfartal â ti sydd ychydig bach yn bellach ar hyd y siwrne na ti, yn gweiddi cyfarwyddiadau dros ei ysgwydd, yn tynnu llun saethau i bwyntio at bethau gwahanol i ti gadw golwg amdanyn nhw, ac i gadw cwmni i ti ar dy daith.

Ond cyn i ni fynd yn ein blaenau, dwi am gydnabod peth mor gyffrous ydy gwybod dy fod ti'n darllen y llyfr hwn yn Gymraeg! Nid dim ond oherwydd bod y Gymraeg yn un o'r ieithoedd hyfrytaf o ran sain (mae'n ffaith, nid fy marn i yn unig yw hyn) ond oherwydd ein bod yn gorfod cydnabod rhan bwysig Cymru a'r glowyr o Gymru yn hybu ymgyrch gwleidyddol a hawliau LHDTC+. Yn 1985, cafodd hybu hawliau LHDTC+ ei fabwysiadu i bolisi swyddogol y Blaid Lafur, a'i ymgorffori. Digwyddodd hyn diolch i gefnogaeth unfrydol gan Undeb Cenedlaethol y Glowyr. Cyfrinfeydd undeb Cymru a lobïodd am hyn, fel gweithred o ddiolch ac o undod am help gan y grŵp Lesbians and Gays Support the Miners. Cododd y grŵp arian i helpu glowyr a oedd ar streic wrth herio llywodraeth Thatcher. (A dweud y gwir, y grŵp hwn gyfrannodd fwyaf at achos y glowyr!) Daeth dau grŵp oedd yn hollol wahanol i'w gilydd o hyd i achos cyffredin, a dod at ei gilydd i fod yn gynghreiriaid. Dyma wers o'n hanes y bydd yn dda i ni ei chofio a'i chadw'n fyw heddiw.

Dwi'n edrych ymlaen at rannu'r antur â'n gilydd.

alexis x

Nodyn am iaith ac amser

Mae iaith, y geiriau rydyn ni'n eu defnyddio a sut rydyn ni'n cyfeirio at bethau, yn newid. Weithiau mae'n newid yn gyflym, a gall agwedd dau berson tuag at ddefnyddio gair penodol fod yn gwbl groes i'w gilydd weithiau. Wrth i fi ysgrifennu'r llyfr hwn, dwi'n ymwybodol iawn fod yr iaith a'r ymadroddion dwi'n eu ffafrio yn mynd i newid rywbryd, ac na fyddan nhw'n cael eu hystyried y peth 'iawn' i'w ddweud. Yr hyn y byddwn i'n dweud ar y pwynt hwn yw mai gofyn PAM rydyn ni'n canolbwyntio cymaint ar y *gair* yn hytrach na'r *bwriad* y tu ôl iddo sy'n bwysig, yn fy marn i. Mae pob gair wedi cael ei greu, ac yn ddim byd mwy na dehongliad o ystyr bwriadol. Dydy'r ystyr sydd gen i mewn golwg, o ran unrhyw eiriau neu ymadroddion dwi'n eu defnyddio, ddim yn faleisus, ddim wedi'u llunio i adael neb allan, jest mai dyma'r ffordd orau sydd gen i o fy mynegi fy hun ar hyn o bryd, ond dwi'n ymddiheuro os oes unrhyw beth yn gwneud i ti deimlo'n anghyffordddus – nid dyna fy mwriad i o gwbl.

Er enghraifft, dwi'n mynd i ddefnyddio'r gair 'cwiar' yn aml yn y llyfr hwn, gair sy'n dal i greu trafferth i rai pobl. Cafodd y gair hwnnw ei boeri ata i fel sen (ynghyd â geiriau eraill, sydd ddim i'w gweld ar y tudalennau) ond mae'n cymuned ni wedi ei adfeddiannu, ac (yn fy marn i) mae'n ein grymuso ni. Gallen ni ildio a chytuno ag unrhyw bobl homoffobig neu drawsffobig fod *bod yn cwiar* yn beth gwael, neu gallen ni ddweud: wsti beth? Mi rydw i. Mi rydyn ni. A'n gair ni ydy o. Ac rydyn ni'n mynd i ddangos pa mor WYCH yw bod y gair hwnnw. Mae gan ein cymuned hanes hir o adfeddiannu'r pethau hyn (mae gwreiddiau'r faner enfys, hyd yn oed, yn ymwneud ag adfeddiannu ein grym o afael homoffobia).

Felly os oes unrhyw beth dwi'n ei ddweud yn achosi tramgwydd neu ofid oherwydd yr iaith dwi'n ei defnyddio, dwi'n ymddiheuro o waelod calon – mae dy deimladau di'n ddilys, a byddwn i'n ymddiheuro a defnyddio gair arall ar unwaith petai hon yn sgwrs. Yn anffodus, hanfod argraffu yw nad ydw i'n gallu ei newid, ond cofia nad ydw i'n bwriadu unrhyw falais. Yn yr un modd, pan fydd rhannau o'r llyfr (fel maen nhw'n siŵr o wneud) yn dyddio, a ninnau'n symud y tu hwnt i rai o'r pethau sydd ar ddu a gwyn yma, dwi hefyd yn ymddiheuro – dyna oedd y farn orau ar y pryd, ac a dweud y gwir, dwi'n methu aros i rai o'r pethau dwi'n eu dweud ddyddio a'n bod ni'n symud ymlaen i lefydd gwell.

Shout

Wrth ysgrifennu'r llyfr hwn, roeddwn i hefyd eisiau i Shout fod yn bartner i fi – llinell decst gyfrinachol, am ddim, sydd ddim yn barnu. Galli di gysylltu 24/7 i drafod dy deimladau. Mae Shout yn elusen wych, gyda staff eangfrydig, gofalgar a thosturiol (dwi'n gwybod hyn, oherwydd 'mod i'n un o'r gwirfoddolwyr!) sydd ar gael pryd bynnag ac os bydd byth angen ychydig bach mwy o help llaw arnat ti. Tecstia 'SHOUT' i 85258 i ddechrau'r sgwrs (mae rhagor o wybodaeth am Shout ar dudalennau 244–245).

cwestiynu

Anadla.

Dim ond anadlu.

Mae'n debygol iawn bod dy ben di'n llawn cwestiynau ar hyn o bryd, fel:

- Pam dwi'n teimlo fel hyn?
- Ydy hyn yn normal?
- Ydy hi'n iawn i deimlo fel hyn?
- Beth yn union rydw i'n ei deimlo beth bynnag?
- Sut mae gwneud synnwyr o hyn?
- Oes unrhyw un arall yn teimlo fel hyn?
- Ydw i i fod i deimlo fel hyn?
- Fydd y teimlad hwn yn diflannu?

Wel! Dyna beth yw llwyth o gwestiynau, ac mae'n bosib bod 'na lawer mwy. Efallai hyd yn oed, 'Rargol fawr, be fyddan nhw'n feddwl ohona i os gwelan nhw fi'n darllen y llyfr hwn?' Am y tro, anadla. Rwyt ti'n mynd i fod yn iawn.

Yn y llyfr hwn, fyddwn ni ddim bob tro yn cynnig atebion plaen, na hyd yn oed atebion hoyw, i ti. Rydyn ni yma (ac mae 'ni' yn addas – dwi wedi sicrhau help llaw gan griw anhygoel o bobl ddisglair o bob cwr o'r sbectrwm cwiar i roi barn a rhannu eu profiadau hefyd) i dy helpu di i ddod o hyd i atebion ac i lywio drwy'r cyfnodau dyrys. Bydd yna berlau o ddoethineb, byddwn ni'n rhannu camgymeriadau a wnaeth i ni gochi, profiadau na fydden ni wedi dymuno'u cael – fel nad wyt ti'n gorfod gwneud yr un camgymeriadau annifyr (croeso, gyda llaw) – a bydd sawl gair o gyngor ac awgrym ar hyd y daith.

Ond sut galla i dy helpu di? Wel, un o'r pethau sy'n mynd â fy amser i yw fy ngwaith ym maes iechyd meddwl. Dwi'n trafod teimladau'n aml, ac yn helpu pobl i ddeall pam rydyn ni yma a beth rydyn ni'n ei wneud. Ond nid therapi yw'r llyfr hwn. A phaid â phoeni – dydy o ddim yn mynd i fod yn llawn awgrymiadau afrealistig o ran lles, fel chwifio perlysiau o dy gwmpas di. Ar y llaw arall, bydda i'n rhannu awgrymiadau ymarferol am sut i hacio dy ben a chadw llygad ar dy emosiynau (fel y gwnes i wrth dy atgoffa i anadlu funud yn ôl). Mae popeth yn deillio o 'mhrofiad i fel therapydd ac o gynnal ymyriadau argyfwng. Chwilia am yr adrannau gweithgareddau a chyngor 'Gofalu amdanat ti dy hun'.

cysur cwiar ••• cwestiynu

15

Yn y dechreuad yr oedd ... dryswch?

Mae cwestiynau'n gallu bod yn ddryslyd. Maen nhw'n gallu teimlo'n llethol, ac mor niferus fel bod eu pwysau mor drwm, rydyn ni'n methu meddwl am ddim byd arall. Ond mae cwestiynau'n bwerus hefyd. Y sbarc sy'n tanio allwedd yr injan a fydd yn mynd â ni ar daith hunanddarganfod. Mae'r angen i ofyn cwestiynau yn dangos dy fod ti'n glyfar ac mewn cytgord â ti dy hun. Dwyt ti ddim jest wedi derbyn y templed 'pawb yr un peth' mae cymdeithas a thraddodiad weithiau yn ei wthio arnon ni. Felly dyna dy ateb cyntaf. Na, dwyt ti ddim ar dy ben dy hun – mae'r awydd i ofyn cwestiynau yn 'normal' ac mae hi'n 'normal' i fod yn ddryslyd. Nid ti yw'r cyntaf i ofyn cwestiynau am dy deimladau, am dy gorff, am dy hunaniaeth ac am bwy wyt ti.

Nesaf, cwestiwn mawr iawn ... Wyt ti'n cwiar? Wyt ti'n lesbiad? Traws? Hoyw? Deurywiol? Ddim un o'r rheini'n union efallai, ond rhywbeth arall sydd ddim yn hollol syth?

Wn i ddim. Alla i ddim ateb hynny. Mae'n bosib dy fod ti. Os felly, y peth cyntaf i'w ddweud yw ... LLONGYFARCHIADAU! Priflythrennau bwriadol – dwi eisiau i ti ddarllen hwn fel pe bawn i'n gweiddi fy llongyfarchiadau, yn llawn cyffro!).

Croeso i'r clwb, neu'n hytrach, croeso i'r teulu. Dwi'n cwiar hefyd, mae 'na lwyth ohonon ni. A dweud y gwir, mae mwy a mwy o bobl yn uniaethu'n agored fel 'gwahanol i'r norm heterorywiol cisryweddol' (term academaidd hynod ddiflas y bydda i'n ei esbonio yn y man), ac mae mwy yn sylweddoli eu bod nhw rywle o dan enfys y teulu LHDTC+. Cwiar, mewn geiriau eraill (a dyna sut bydda i'n ei ddefnyddio yn y llyfr hwn).

Ond BETH a phwy yw'r "gymuned LHDTC+"?!

Mae weithiau'n cael ei hadnabod fel LHDT, neu LHDT+, LHDTCRhA+, pobl cwiar neu grwpiau llai, fel y gymuned hoyw neu'r gymuned draws. Rydyn ni'n gymuned falch ac amrywiol, ac mae pob un ohonon ni (ryw ffordd neu'i gilydd) yn uniaethu fel pobl sydd ddim yn gwbl heterorywiol ('syth') neu cisryweddol (yn uniaethu fel y rhywedd a bennwyd i ni adeg ein geni). Gyda'n gilydd, rydyn ni'n sefyll yn un criw o werinos o dan faner yr enfys, 'baner balchder'.

Mae enw'r gymuned yn newid yn gyson ac yn esblygu wrth i'n dealltwriaeth ni o rywedd a hunaniaeth rywiol dyfu. Does dim un enw'n gywir; does dim un enw'n anghywir. Defnyddia beth sydd orau gen ti.

Mae'r acronym yn esblygu'n aml, sy'n arwydd gwych ein bod ni'n tyfu ac yn ehangu; does dim llawer ers i ni gael ein hadnabod fel "HLDT", ond ar ôl i gymaint o fenywod lesbiaidd ymgyrchu, nyrsio a gofalu am gymaint o ddynion hoyw yn ystod yr argyfwng AIDS, symudwyd yr L i'r dechrau fel arwydd o barch ac i danlinellu eu pwysigrwydd yn ein cymuned.

'L' i '+' y wyddor cwiar

Lesbiad: menyw sy'n cael ei denu at fenywod eraill

Hoyw: dyn sy'n cael ei ddenu at ddynion eraill

Deurywiol: pobl o unrhyw rywedd sy'n cael eu denu at rywedd gwrywaidd a benywaidd

Trawsryweddol: pobl y mae eu hunaniaeth a'u mynegiant rhyweddol yn wahanol i'r rhywedd a bennwyd adeg eu genedigaeth. Sylwch: dydy trawsryweddol ddim yn awgrymu unrhyw atyniad rhywiol, felly mae pobl draws yn gallu uniaethu fel unrhyw rywioldeb

Trawsrywiol: gair tebyg i trawsryweddol, ond sy'n awgrymu newidiadau meddygol i rywedd, fel llawdriniaeth neu hormonau. Mae'n well gadael i bobl ddefnyddio'r term hwn i uniaethu eu hunain, os ydyn nhw'n dewis gwneud hynny

Cwiar: unrhyw un sydd ddim yn heterorywiol neu'n cisryweddol

Cwestiynu: rhywun sydd ddim eto'n sicr o'i rywioldeb neu rywedd ac sy'n treulio amser i ddod o hyd i'w hun

Rhyngrywiol: pobl sy'n naturiol (nid drwy ymyriadau meddygol) yn meddu ar nodweddion rhywedd biolegol sydd ddim yn cyd-fynd â'r ddealltwriaeth ystrydebol o fod yn wrywaidd neu'n fenywaidd

Anrhywiol: term ambarél am bobl sydd ddim yn profi unrhyw atyniad rhywiol o gwbl, neu ychydig iawn o atyniad rhywiol

Cynghreiriaid: pobl sy'n uniaethu fel cisryweddol a heterorywiol, sy'n credu mewn cydraddoldeb cymdeithasol a chyfreithiol llwyr i bob person cwiar. Yn aml, mae ein ffrindiau a'n perthnasau mwyaf cefnogol yn perthyn i'r garfan hon!

Felly pwy sy'n perthyn i'r '+'?

Panrywiol: neu 'pan' – pobl sy'n cael eu denu at unigolion eraill waeth beth yw eu rhyw neu eu hunaniaeth rhywedd. Ydy hyn yr un peth â deurywioldeb? Mae rhai'n dweud ydy, rhai'n anghytuno a rhai'n dweud ei fod yn cynnwys yn benodol atyniad at bobl sy'n mynegi eu rhywedd mewn ffordd sydd ddim yn draddodiadol. Yr hyn sy'n bwysig yw sut mae pobl sy'n uniaethu fel panrhywiol yn teimlo – dim byd arall

Demirywiol: mae 'demi' yn cyfeirio at rywun sydd ddim ond yn gallu profi atyniad rhywiol ar ôl ffurfio cwlwm emosiynol. Fel anrhywioldeb, mae pobl o unrhyw duedd rhywiol yn gallu profi hyn

Doethrywiol (sapiosexual): atyniad at ddeallusrwydd a'r meddwl yn hytrach na rhywedd

Dirywedd: yn union fel mae'n swnio – mae hyn yn cyfeirio at bobl sy'n uniaethu fel bod heb unrhyw hunaniaeth rhywedd

Rhywedd cwiar: mae llu o hunaniaethau sydd ddim yn cydymffurfio o ran rhywedd, ynghyd ag enwau fel rhywedd cwiar, rhyweddhylifol, panryweddol, sy'n cynnwys pobl sydd â'u rhywedd yn teimlo'n symudol, hyblyg ac ansefydlog

Dydy'r rhestr hon ddim yn cynnwys popeth. Nid dyma'r unig ffyrdd y mae/y gallai/y dylai pobl uniaethu ac mae llawer iawn mwy o hunaniaethau na'r rhai a restrwyd yma – ond dyna un o ryfeddodau bywyd a'r sbectrwm rydyn ni'n rhan ohono. Gyda CHYMAINT o liwiau ac arlliwiau ar gael, galli di ddewis lliwio dy fywyd yn y ffordd sy'n gweddu orau i ti.

Beth yw'r sbectrwm?

Un ffordd o leddfu'r pwysau ar ein hysgwyddau ac ysgafnhau baich cwestiynau mawr brawychus fel 'Beth rydw i?', 'Ydw i?' a 'Sut bydda i'n gwybod?' yw drwy feddwl yn nhermau'r sbectrwm yn hytrach na threfn ddeuaidd. Fel gyda chyfrifiaduron, mae hynny'n golygu dewis rhwng dau beth, fel du a gwyn neu un a sero. Byddai syniadaeth draddodiadol (hen ffasiwn) yn gwneud i ni feddwl ein bod ni'n wynebu dewis deuaidd rhwng bod yn heterorywiol a bod yn gyfunrhywiol – *homosexual* … a dyna ni. Y naill neu'r llall. Wrth gwrs, mae rhywioldeb a hunaniaeth yn llawer *iaaaaaaaaaawn* mwy cymhleth na hynny. Dyna pam mae'n well meddwl am rywioldeb a rhywedd fel sbectrwm. Yn hytrach na meddwl am ddu a gwyn, byddai sbectrwm yn symud o'r gwyn mwyaf llachar ar un pen a'r du tywyllaf ar y pen arall, gyda pheth wmbreth o arlliwiau ac amrywiaethau yn y canol rhyngddyn nhw.

Paid â phoeni os yw hyn yn swnio'n ddryslyd – mae'r llyfr yma i dy helpu di gyda hynny, a dyna'n union pam rydyn ni wedi dechrau gyda phennod ar gwestiynau.

Cwiar drwy'r canrifoedd

Oeddet ti'n gwybod bod yna enghreifftiau o atyniad, chwant a phriodas rhwng pobl o'r un rhyw yn y byd hynafol? Mae cofnod o ddyddiadur offeiriades o'r Aifft Hynafol a cherfluniau bychan o gyplau o'r un rhyw yn dangos bod uniadau o'r un rhyw yn bodoli mewn gwareiddiadau hŷn. Daeth archaeolegwyr o hyd i ddau sgerbwd yn yr Eidal sy'n dyddio'n ôl bron 3,000 o flynyddoedd. Y gred yw bod 'Cariadon Modena' yn gwpl o'r un rhyw, ac roedd y ddau sgerbwd yn gafael yn nwylo'i gilydd. Mae rhyw fath o far hoyw Rhufeinig wedi cael ei ddarganfod yn olion Pompeii hyd yn oed. Daeth i'r fei ar ôl cyfieithu hen ysgrifau ar y safle a oedd yn cyfeirio at gwsmeriaid cyfunrhywiol.

Hefyd, mae pobl draws wedi bodoli mewn diwylliannau hynafol ym mhob cwr o'r byd. Yn y Weriniaeth Tsiec yn 2011, daeth archaeolegwyr o hyd i fedd person traws hyna'r byd, o bosib: claddfa 5,000 o flynyddoedd oed, lle'r oedd y sgerbwd wedi cael ei gladdu fel menyw, gydag anrhegion a nwyddau coffa traddodiadol ar gyfer beddi menywod, ond roedd y sgerbwd yn wrywaidd o ran geneteg.

Rydyn ni wedi'n galw ni'n hunain yn bob math o enwau gwahanol, gan gynnwys dim enw o gwbl, ond mae'r hyn sydd nawr yn cael ei galw'n gymuned LHDTC+ wedi bod yma erioed. Dydyn ni ddim yn newydd. Dydyn ni ddim yn mynd i ddiflannu. Ac rydyn ni'n rhan o waddol cyfoethog a hirhoedlog.

cysur cwiar ••• cwestiynu

Ond beth mae'r labeli hyn yn ei olygu i fi?

Mae'n help i ti ddeall ystyr y labeli oherwydd eu bod nhw'n bwysig i lawer o bobl. Mae'n gallu bod o gymorth i ni ddeall ein gilydd yn well. Ond dydy'r termau rydyn ni'n eu defnyddio i ddangos sut rydyn ni'n uniaethu, y rhagenwau rydyn ni'n eu defnyddio, y labeli rydyn ni'n dewis eu defnyddio (ai peidio) ddim yn dweud y stori gyfan. Dydyn nhw ddim yn diffinio pwy ydyn ni. Mae'r naratif difyr a hwyliog, a datblygiad y cymeriad, yn digwydd ar y tudalennau wrth i ni ysgrifennu ein stori ein hunain.

Felly ydy, mae hi'n bwysig i ni ddeall ystyr y labeli, ond mae'r un mor bwysig i beidio â theimlo eu bod nhw'n faich trwm ar dy ysgwyddau, neu dy fod ti'n gorfod gwasgu dy hun i mewn i focs. Mae gen ti berffaith ryddid i ddewis peidio â labelu dy hun. Yn hytrach na gweld ein gilydd drwy labeli penodol, dylen ni eu defnyddio fel canllaw bras a gadael i bob un ohonon ni benderfynu beth mae hynny'n ei olygu i ni, a'i fynegi fel rydyn ni'n gweld yn dda.

Dwi'n cyfeirio at fy hun fel LHDTC+ neu fel person cwiar. Dydy rhai pobl ddim yn hoffi'r term cwiar, oherwydd iddo gael ei feddiannu a'i ddefnyddio fel sarhad yn ein herbyn ni. Ond fel mae'n digwydd, mae'n hen derm ar gyfer ein cymuned ni, ac ar ôl iddo gael ei adfeddiannu, mae llawer ohonon ni wedi closio ato unwaith eto. Dyna pam dwi mor hoff o'r term cwiar – mae'n rhoi mymryn o hyblygrwydd a rhyddid i ni i gyd! Ond fy newis *i* ydy hynny! Mae gan ein cymuned ni hanes hir o adfeddiannu pethau (y faner balchder, y triongl pinc), felly dwi'n cofleidio'r grym sydd ynghlwm wrth adfeddiannu cwiar.

O ran fy hunaniaeth fy hun, dwi'n ei lunio ar fy nghyfer i fy hun. Dwi'n uniaethu fel dyn hoyw, sy'n rhan o'r sbectrwm cwiar. Ar bapur, o fabwysiadu dull ticio bocsys, mae hynny'n golygu fy mod i'n hollol wrywaidd ac yn cael fy nenu at ddim ond dynion eraill. Ond y gwir amdani yw fy mod i wedi cael perthnasoedd a chyfarfyddiadau rhamantus, emosiynol a rhywiol â dynion a menywod, a phobl draws a rhywedd cwiar. Mae fy rhywedd i fy hun yn parhau'n gyfnewidiol – dwi wedi bod yn hynod androgynaidd yn fy nydd (sy'n golygu fy mod i wedi arddangos nodweddion y ddau ryw, yn gwisgo dillad 'gwrywaidd' a 'benywaidd', lle nad oes modd i bobl bennu fy 'rhywedd' ar sail yr olwg sydd arna i). Bellach, mae gen i gyhyrau a chysgod barf oherwydd fy mod i'n mwynhau'r cyflwyniad hwn o 'ddyn drag', ond yn teimlo'n fwy benywaidd ar y tu mewn, ac yn falch o hynny. Dwi'n gwybod bod fy nhu mewn – fy ysbryd, fy nghalon, fy mhen, fy nghraidd – yn eithaf cyfnewidiol ac y byddai hynny'n fy rhoi i'n gadarn yn y grŵp anneuaidd/ rhyweddhylifol. Mae fy mam yn fy nghofio i'n bedair neu bump oed yn rhuthro adref o'r ysgol i wisgo ffrog ac ymlacio ar unwaith – mae'n rhan annatod ohona i, er fy mod i bellach yn gwisgo dillad 'addas i ddynion' ar y cyfan ac yn edrych yn fwy gwrywaidd oherwydd (er gwaetha'r hen air) dydy dillad *ddim* yn gwneud y dyn.

Y peth pwysig yw dy fod ti'n symud wrth dy bwysau dy hun, yn gwneud synnwyr o bwy wyt ti ar y tu mewn a sut rwyt ti eisiau byw dy fywyd, ac yn ceisio creu heddwch rhwng y ddau beth. Fel dwi wedi sôn eisoes, mae *beth* rwyt ti yn llai pwysig na *phwy* wyt ti. Ti wyt ti, yn hoffus ac yn arbennig – dydy uniaethu fel hyn neu fel arall ddim yn mynd i newid hynny.

Wrth gwrs, mae'n bosib dwyt ti ddim yn cwiar – efallai dy fod ti wedi gafael yn y llyfr ar ôl ei weld ar silff a bod gen ti gwestiynau am fywyd a phrofiadau pobl eraill. Mae hynny'n beth da hefyd – a dweud y gwir, mae cymryd diddordeb mewn pobl eraill a bod ag awydd dysgu sut i gefnogi'r bobl hynny yn beth da *iawn*. Mae pobl syth o'r fath yn cael eu galw'n 'gynghreiriaid', ac mae adrannau 'Gair o gyngor i gynghreiriaid' i'w gweld drwy gydol y llyfr. Bellach, wrth gwrs, mae pobl cwiar yn gallu bod yn gynghreiriaid hefyd. Er enghraifft, mae menyw lesbiaidd cisryweddol yn gallu bod yn gynghreiriad i fenyw draws heterorywiol. Mae'r un peth â chadw rhan dy berthnasau neu dy ffrindiau gorau.

Beth os dwyt ti jest ddim yn gwybod? Beth os dwyt ti ddim yn siŵr iawn i ble rwyt ti'n perthyn neu ddim yn hollol siŵr beth sy'n digwydd o ran dy emosiynau, dy feddyliau a dy deimladau? Does dim byd o'i le ar hynny chwaith. I rai pobl (fel fi), roedd eu natur cwiar yn rhan annatod ohonyn nhw erioed. Fel llawer o fechgyn naw mlwydd oed, roeddwn i'n caru'r Power Rangers, ond … wel … roeddwn i *wir* yn caru'r Power Rangers. I eraill, mae'n brofiad arafach, mwy graddol. I eraill, mae fel mellten yn taro heb unrhyw fath o rybudd. Rydyn ni i gyd yn unigryw, ac oherwydd ein bod ni i gyd yn wahanol, mae sut rydyn ni'n tyfu yn ein croen yn wahanol i bawb. Mae ein rhywioldeb a'n hunaniaeth yn fwy na dim ond sbectrwm, mae'n gyfanfyd di-ben-draw o gyfle i fynegi sut rwyt ti'n teimlo – ac i ddisgleirio'n llachar er ei fwyn.

Gofalu amdanat ti dy hun: delio â chwestiynau llethol

Pan mae cant a mil o gwestiynau'n rhuthro drwy ein meddyliau, mae'n gallu teimlo'n llethol – yn enwedig pan maen nhw'n teimlo'n drwm ac yn bwysig. Mae'r cyngor dwi'n ei rannu yn mynd i dy helpu di i ymdopi pan fyddi di'n teimlo'n bryderus neu'n ofidus, p'run ai yw hynny oherwydd straen sy'n gysylltiedig â'r cwestiynau yn y llyfr hwn neu hyd yn oed oherwydd arholiadau yn yr ysgol.

- **Cydnabod a derbyn y teimladau:** Oeda a meddylia am funud – sut rwyt ti'n teimlo? Gorbryderus? Dan straen? Nerfus? Wedi dychryn? Mae hynny'n iawn. Dydyn nhw ddim yn deimladau arbennig o ddymunol, ond maen nhw'n rhan annatod o fywyd ac mae pawb yn eu cael nhw. Paid â blino dy hun yn brwydro'r emosiynau hyn na gwneud i dy hun deimlo'n euog oherwydd sut rwyt ti'n teimlo. Mae angen i ti gydnabod sut rwyt ti'n teimlo ac atgoffa dy hun nad oes dim byd o'i le ar hynny.

> Dwi'n teimlo dan dipyn o straen ar hyn o bryd. Mae hynny'n ddealladwy. Dwi heb fod drwy hyn o'r blaen – mae teimlo'n nerfus am rywbeth anghyfarwydd yn beth normal.

cysur cwiar ••• cwestiynu

- **Ailfframio dy feddyliau:** Weithiau, mae'n gallu bod yn anodd meddwl am ffordd o ailfframio pethau sy'n teimlo'n ddrwg neu'n frawychus. Mae'n fwy cymhleth na dileu rhywbeth – meddylia amdano fel gwneud dewis ymwybodol i newid sianel. Os oes rhaglen sydd ddim at dy ddant ar y teledu, rwyt ti'n newid y sianel. Iawn, dydy dy hoff raglen di ddim ymlaen chwaith, ond mae'n well na'r rhaglen oedd gen ti gynt. Gallwn ni drio newid ein barn ni am y meddyliau sy'n achosi gofid i ni a symud tuag at deimlo'n well ac yn fwy cadarnhaol.

> Iawn, dydy'r holl atebion ddim gen i rŵan hyn. Mae hynny'n ddryslyd. Ond dwi'n mynd i gael gafael arnyn nhw, a bydda i'n gwybod cymaint yn fwy amdana i fy hun. Alla i ddim aros i weld sut dwi'n tyfu.

- **Cofia anadlu:** Mae atgoffa rhywun i anadlu yn gallu swnio'n wirion – rydyn ni'n gwneud hyn yn reddfol. Ond, dydyn ni ddim. Weithiau, pan fyddwn ni dan straen, rydyn ni'n dal ein gwynt neu'n anadlu'n ysgafn a chyflym, a dydyn ni ddim yn ymwybodol ein bod ni'n gwneud hynny. Mae anadlu'n ddwfn yn ymlacio'r corff a'r ymennydd. Pan fyddi di'n teimlo dan straen, tria ymlacio dy ysgwyddau, ac anadla'n araf a dwfn.

> Sut mae fy ysgwyddau i'n teimlo? Sut mae fy anadlu i? Bydda i'n teimlo'n well os ydw i'n arafu popeth a dim ond yn anadlu.

- **Byw yn yr ennyd:** Mae poeni am y dyfodol yn naturiol. Pan mae cymaint o atebion anhysbys, cwestiynau diddiwedd a phosibiliadau di-ben-draw, mae cwestiynau 'Beth os?' brawychus yn gallu'n llethu ni. Rydyn ni'n gallu twyllo'n hunain bod meddwl ymlaen yn mynd i'n helpu ni i gynllunio, ond y cyfan mae hynny'n ei wneud, mewn gwirionedd, yw ein blino ni. Os yw digwyddiadau i ddod neu feddyliau am y dyfodol yn dy lethu di'n emosiynol, ceisia ganolbwyntio ar y presennol. Edrycha o dy gwmpas ac atgoffa dy hun ble rwyt ti.

> Dwi'n poeni am yr hyn sydd o 'mlaen i. Mae'n frawychus. Ond os ydw i'n canolbwyntio ar ble rydw i'r eiliad hon, galla i gadw fy nhraed ar y ddaear. Galla i ymdopi â'r hyn sydd i ddod.

cysur cwiar • • • cwestiynu

Cwestiynau cwiar mawr

Gan ein bod ni'n gwybod nawr am ffyrdd o ddelio â'n meddyliau pan mae pwysau cwestiynau heb eu hateb yn mynd yn ormod, beth am i ni edrych ar rai o'r cwestiynau MAWR gyda'n gilydd?

Pryd oeddet ti'n gwybod gyntaf?

Mae cymaint o bobl cwiar yn cael y cwestiwn hwn. Weithiau, mae'r ateb yn un llithrig a bachog. "Pryd wnes i sylweddoli 'mod i'n lesbiad? Pan wnes i ddeall mai'r dewis arall oedd dynion syth!" (Diolch i ffrind am yr ateb yna.) Dro arall, mae'n ateb mwy meddylgar, "Sylweddolais i fod y teimladau oedd gen i tuag at ffrind y tu hwnt i awydd bod yn ffrind gorau, gorau iddo a sylweddoli'n sydyn 'mod i mewn cariad â dyn arall." (Ateb rhywun sydd ar yr un tîm â fi.) Mae gwybod ein bod ni rywle ar y sbectrwm LHDTC+ yn un peth, ac mae sawl un ohonon ni'n cofio'r adeg gwnaethon ni sylweddoli, a dod i ddeall ac adnabod ein hunain yn well. Ond cyn hynny, mae'r cwestiynau.

Sut bydda i'n gwybod?

Ydy hi'n iawn i deimlo fel hyn?

Beth ydw i?

Ydy teimlo fel hyn yn normal?

Beth os?

Ac ydyn, rydyn ni hyd yn oed yn holi'n hunain weithiau, ydy'r teimlad hwn yn mynd i ddiflannu?

Mae llawer o gwestiynau eraill yn mynd i godi yn ystod y llyfr, wrth gwrs, ond am y tro, rydyn ni'n mynd i ddechrau gyda'r rhain ac edrych arnyn nhw bob yn un.

Beth os?

Wel, beth os wyt ti? Ydy o'n dy newid di fel person? Ydy o'n dy wneud ti'n od? Ydy o'n golygu mai ti yw'r unig un? Ydy o'n golygu rhywbeth drwg?

Yr ateb i bob un o'r cwestiynau hyn yw 'na' cadarn, cynnes a chysurlon. Dydy bod yn unrhyw le ar y sbectrwm LHDTC+ ddim yn golygu dim byd drwg. Dydy o ddim yn dy wneud ti'n berson gwahanol. Ti wyt ti o hyd – ond mewn lliw llachar a thrawiadol.

Does dim ateb hawdd. Alla i ddim cynnig 'diagnosis' o bell. Paid â theimlo pwysau i dderbyn label er mwyn hwylustod a chysur pobl eraill.

Beth ydw i?

Yn y pen draw, mae beth wyt ti yn llai pwysig na phwy wyt ti – a sut bynnag rwyt ti'n uniaethu, dydy pwy wyt ti ddim yn newid. Mae'n bosib dy fod ti'n ffansïo pobl o'r un rhywedd, mae'n bosib dwyt ti ddim yn ffansïo neb, mae'n bosib dy fod ti'n ffansïo'r ddau rywedd – ac o sôn am rywedd, mae'n bosib dy fod ti'n cwestiynu dy rywedd dy hun neu dy fod ti'n teimlo'n ddirywedd. Paid â rhuthro i'w labelu, cymer dy amser a bydd a meddwl agored ar archwilio dy galon a dy feddwl.

> **Sut bydda i'n gwybod?**

Mae'n bosib dy fod ti wedi profi teimladau newydd ar ôl gweld golygfa mewn ffilm newydd sydd wedi arwain at freuddwydion diddorol am un o'r cymeriadau, a bod hynny wedi sbarduno dy ymennydd i ofyn cwestiynau. Efallai dy fod ti wedi sylweddoli, aros funud, dwi'n *hoffi-hoffi* ffrind. Efallai dy fod ti wedi gwisgo farnais ewinedd fel jôc a hynny'n teimlo'n beth iawn i'w wneud. Gallai hyn swnio'n od – ond byddi di'n *gwybod* pan fyddi di'n barod i dderbyn dy hun a bydd popeth yn gwneud synnwyr. Ac o sôn am dderbyn ...

> **Ydy teimlo fel hyn yn iawn?**

Yn berffaith iawn. Dyna un dwi yn gallu ei ateb – ydy, gant y cant, ddeg mil y cant – ydy, mae hi *yn* iawn. Mae'n bosib y bydd yn dal i deimlo'n frawychus, ond mae bod yn cwiar, neu sut bynnag rwyt ti'n uniaethu, yn berffaith iawn. Mae cymhlethdodau, mae'n rhaid cyfaddef. Weithiau, mae ein cefndir neu'n diwylliant yn chwarae rhan wrth wneud i ni deimlo ein bod ni'n dwyn gwarth arnon ni'n hunain neu'n teulu a'n ffrindiau. Ond bydd popeth yn iawn.

Mae crefydd yn gallu chwarae rhan hefyd. Gan fod testunau crefyddol wedi cael eu rhoi ar gof a chadw amser maith yn ôl, mae ganddyn nhw agweddau hen ffasiwn iawn tuag at oddefgarwch a derbyn pobl eraill. (Cofia, roedd y Beibl hyd yn oed yn gwahardd pysgod cregyn ar un adeg.) Ond mae amserau'n newid. Mae'r eglwys Gristnogol wedi dechrau ar daith tuag at newid. Mae sawl rabi Iddewig blaenllaw wedi siarad o blaid cydraddoldeb LHDTC+, ac mae sawl imam Islamaidd wedi gwneud yr un peth. Os wyt ti'n cael trafferth, mae grwpiau cymorth crefyddol cwiar ar gael ar gyfer pobl sy'n cael trafferth dod i delerau â'u ffydd a'u calonnau. Mae rhestr o adnoddau ar gyfer crefyddau penodol yn y canllaw cymorth yng nghefn y llyfr.

> **Ydy hyn yn normal?**

Mae arolwg diweddar o ddata cyfrifiad wedi dangos bod y gymuned LHDTC+ tua un rhan o ddeg o'r boblogaeth. Yr un ganran â'r rhai sy'n llawchwith. Dydy'r ffaith fod pobl lawchwith yn gwneud pethau ychydig bach yn wahanol ddim yn golygu dydyn nhw ddim yn normal – ac mae'r un peth yn wir amdanon ni. A dweud y gwir, mae astudiaeth arall wedi awgrymu ei bod yn fwy tebygol bod un o bob saith o'r boblogaeth yn uniaethu fel LHDTC+, sy'n golygu bod 'na FWY ohonon ni nag o bobl lawchwith!

Mae angen i ni ystyried mwy na byd pobl – mae yna anifeiliaid hoyw hefyd! WIR-YR! Chwilia ar Google am bengwiniaid hoyw Sw Sydney yn Awstralia neu Sw Llundain. Yn yr un modd, mae yna anifeiliaid traws, anifeiliaid anneuaidd ac anifeiliaid sydd ddim yn cydweddu â nodweddion gwrywaidd a benywaidd cyfyng – morfeirch gwryw sy'n geni'r babanod! Felly ydyn – rydyn ni'n 'normal'.

> **Fydd y teimlad hwn yn diflannu?**

Mae'r ateb yn un od. Nid cyfnod yw ein hunaniaeth rywiol a rhyweddol, nid rhywbeth y byddwn ni'n 'tyfu allan ohono'. Ond mae angen un gair o rybudd – diolch i ruthr o hormonau yn ystod y glasoed, mae rhai pobl yn teimlo chwa o atyniad at yr un rhywedd am gyfnod byr. Os ydyn ni'n meddwl yn ôl i'r sbectrwm LHDTC+, mae'n bosib y byddai yna Ch am Chwilfrydig. I'r bobl hynny, dyna'n union yw'r atyniad byrhoedlog – rhywbeth sydd yno am gyfnod byr ac yna'n diflannu. Ond dydy hynny ddim yn golygu am un funud mai rhywbeth dros dro a fydd yn diflannu yw ein hunaniaeth ni. A does dim o'i le ar hynny, ar bwy ydyn ni, ar sut rydyn ni'n teimlo, ar bwy rydyn ni'n ei garu. Yr hyn fydd yn diflannu, ac rwy'n addo hyn, yw unrhyw ofn neu bryder sydd gen ti. Mae'r rheini'n diflannu ac yn cael eu disodli gan hyder, ymdeimlad o dderbyn, grym a balchder.

Cofleidio twf

Wrth i ni fyw ein bywydau, rydyn ni eisiau tyfu ac esblygu. Mae twf a datblygiad personol wedi'i wreiddio mewn bod yn agored i newid (mae'n bur debyg y byddi di'n gallu dyfalu beth sy'n dod nesaf), ac er mwyn newid, mae'n rhaid i ni fod yn agored i gwestiynau. Fel therapydd, fy ngwaith pwysicaf yw helpu pobl i deimlo'n ddiogel a'u helpu wrth iddyn nhw ofyn cwestiynau mawr am eu bywydau: Ydyn nhw'n hapus? Beth maen nhw eisiau? Sut bydden nhw am gael eu hadnabod a'u cofio? Beth fyddai'n gwneud iddyn nhw deimlo'n gyfan?

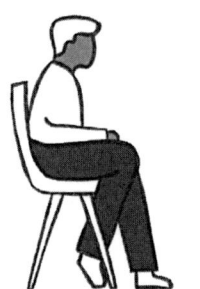 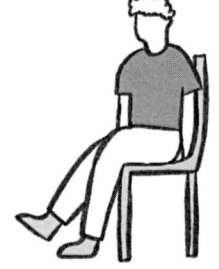

I gael atebion i'r cwestiynau hyn, i fyw ein bywydau mor llawn â phosib, mae'n rhaid i ni ddal ati i fod yn agored i brofiadau a chwestiynau newydd. Cymhara hyn â bwyd – oes, mae gen ti ffefrynnau rwyt ti'n gwybod dy fod ti'n eu mwynhau, ond un diwrnod, rwyt ti'n gofyn i ti dy hun, 'Tybed sut flas sydd ar hwn?' ac yn rhoi cynnig ar rywbeth newydd. Gofyn cwestiynau am ein hunain yw'r ffordd i ddod o hyd i flasau newydd ac atyniadol, a'u cyflwyno i'n bywydau.

Rhai o'r bobl fwyaf diddorol dwi'n eu cyfarfod yw'r rhai hynny sy'n dal i ofyn cwestiynau mawr amdanyn nhw'u hunain pan maen nhw yn eu 50au, eu 60au a'u 70au, a hyd yn oed yn hŷn. Y bobl fwyaf cŵl dwi'n eu hadnabod yw'r rhai sydd wastad yn agored i gwestiynau am deimladau ac anturiaethau newydd. Dyna ddiflas a chyfyng fyddai bywyd petaen ni'n bwyta'r un peth o hyd a byth yn fodlon blasu pethau newydd.

Mae gan bobl fwy eangfrydig rywbeth sy'n cael ei alw'n feddylfryd twf, ac maen nhw'n aml yn hapusach wrth gofleidio bywyd a'i heriau. Mae pobl sydd â meddylfryd caeedig, sy'n credu eu bod nhw'n cael eu geni'n sefydlog, yn aml yn cael trafferth dod o hyd i gyfleoedd i ddatblygu a thyfu. Cofleidia dy gwestiynau a chadwa agwedd agored at dy esblygiad dy hun, oherwydd mae dod i adnabod ein hunain yn llafur oes.

Cwiar a chwestiynu

Ryan Lanji, cynhyrchydd diwylliannol a chyflwynydd (fe)

Mae pobl bob tro yn fy holi i pryd oeddwn i'n gwybod 'mod i'n cwiar a dwi wastad yn ateb, "Wel, pryd oeddet ti'n gwybod dy fod ti'n syth?" Dwi bob amser wedi bod yn agored i'r anhysbys, ond dwi'n cofio'n glir yr adeg wnes i ddysgu am y gair 'hoyw'. Wrth weld ymateb pobl a'u hagweddau tuag ato, ces fy ngyrru i ddigalondid dwys, dan fantell optimistiaeth. Mae wedi bod yn dipyn o daith (yn enwedig i rywun sy'n hanu o Dde Asia).

Kayza Rose, gwneuthurwr ffilmiau a sefydlydd BLM Fest (blmfest.co.uk) (hi)

Mae'n rhaid 'mod i'n saith neu wyth oed. Roedd merch arall yn fy nosbarth, merch newydd, wedi fy nghyfareddu. Y cyfan roeddwn i eisiau oedd bod yn agos ati, roeddwn i'n caru'r olwg oedd arni, roedd popeth amdani'n anhygoel. Roeddwn i'n gwybod 'mod i eisiau bod yn fwy na ffrind iddi hi, ond doeddwn i ddim eisiau bod yn hi. Doedd yr iaith i ddisgrifio hynny ddim gen i ar y pryd, doeddwn i ddim yn deall yn union beth roedd hyn yn ei olygu, ond dyna lle'r oedd hi, ac roedd hi'n bopeth i fi.

Masuma Rahim, seicolegydd clinigol (hi)

Fyddet ti ddim yn credu cymaint o ffyrdd sydd i ddehongli'r ysgrythur – ac mae Duw a ffydd yn golygu rhywbeth gwahanol i bawb. Mae'n bosib y bydd dy berthynas di â ffydd yn cryfhau a gwanhau, ond mae lle i ti wrth y bwrdd, os wyt ti eisiau un. Mae'n demtasiwn i fod yn ddig tuag at ffydd sydd ddim yn fodlon dy dderbyn di, ond mae bob tro'n bosib ystyried dy berthynas eto. Mae yna wastad bobl yn y grŵp ffydd hwnnw fydd yn fodlon dy groesawu di, dy garu di a dy dderbyn di.

Chris Bryant, digrifwr a dylunydd (nhw/fe/hi)
I fi, mae'n ddoniol bod enfys a sbectrwm yn cael eu defnyddio fel symbolau o rywedd, rhywioldeb ac awtistiaeth. Dwi wir yn teimlo bod fy mywyd cyfan ar sbectrwm, a mwya'n byd dwi'n ei ddysgu amdanaf i fy hun a sut mae fy ymennydd yn gweithio, mwya'n byd o gwestiynau sydd gen i. Dwi wedi gorfod ymdrechu i ddod o hyd i gysur ac amynedd mewn ansicrwydd. Mae bywyd a thwf yn broses ailadroddus, ac mae rhyw harddwch yn yr amhendant. Weithiau, mae'n anodd i bobl fy rhoi mewn categori neu focs, ac mae hynny'n rhwystredig iddyn nhw. Dwi wedi dysgu gosod ffiniau a pheidio â chymryd pwysau rhwystredigaeth pobl eraill.

Teddy Edwards, cynhyrchydd a sefydlydd LICK Events (hi)
Dwi'n cofio dyddiau'r ysgol gynradd a ffrindiau'n cwympo mewn cariad â sêr gwrywaidd a minnau'n meddwl, "O mam bach, dwi wir yn ffansio Shania Twain!"

Marc Thompson, cyfarwyddwr The Love Tank (thelovetank.info) a chyd-sefydlydd PrEPster (prepster.info) a Black & Gay Back in the Day (fe)
Roeddwn i'n ymwybodol 'mod i'n cael fy nenu at fechgyn eraill pan oeddwn i'n ddeg oed, ond doedd y geiriau na'r iaith i ddisgrifio fy nheimladau ddim gen i nes roeddwn i'n 13 neu 14 oed. Doedd fy rhywioldeb i ddim yn achosi unrhyw fath o ddryswch i fi, ond es i drwy gyfnod byr pan doeddwn i ddim eisiau bod yn hoyw oherwydd 'mod i'n amau y byddai'n fywyd unig. Roeddwn i yn fy arddegau yn ystod yr 80au, felly roedd hi'n anodd iawn dod o hyd i lyfrau neu ffilmiau lle gallwn i weld pobl debyg i fi. Yn fy arddegau cynnar, gwnes i ddarganfod pornograffi hoyw ac ambell gylchgrawn hoyw, fel *Gay Times*. Roedd hyn yn gyfrwng i fi ddeall nad oeddwn i ar fy mhen fy hun yn y byd.

Gair o gyngor i gynghreiriaid

Sut brofiad oedd darllen y ddwy dudalen ddiwetha? Ydyn nhw wedi codi cwestiynau ynghylch sut roeddet ti'n 'gwybod' dy fod ti'n heterorywiol? Neu gwestiynau am dy brofiadau di o atyniad neu dy farn di am dy rywedd?

Fel y galli di weld, mae llawer o gwestiynau MAWR yn mynd trwy feddyliau pobl. Cwestiynau dirfodol dwys sy'n creu pwysau sylweddol. Dyna pam mae hi mor bwysig ein bod ni fel cynghreiriaid – ffrindiau, perthnasau – yn rhoi lle, amser a chefnogaeth ddiamod i bobl. Drwy afael yn y llyfr hwn a chymryd diddordeb, rwyt ti eisoes ar dy ffordd i wneud hynny.

y T yn LHD...

*Gan **Charlie Craggs** a **Kuchenga***

Mae sawl hunaniaeth a rhywioldeb yn y cyfarwyddiadur LHDTC+. Ond yn hawlio lle amlwg yn yr acronym (ac yn ein hanes a'n diwylliant) mae'r llythyren T am trawsryweddol. Er bod trawsrywedd yn ymwneud â hunaniaeth rhywedd yn hytrach nag atyniad rhywiol, mae pobl draws wedi bod yn rhan bwysig o'n cymuned a'n hanes ers amser maith.

Er mwyn esbonio (neu'n waeth fyth, 'cyfiawnhau') pam mae croeso i'r T yn y teulu LHD, gallwn i gyflwyno'r ddadl gyfarwydd fod pobl draws wastad wedi bod yn gymeriadau hanfodol i fudiadau hawliau cwiar. Mae hynny'n wir – mae pobl draws yn haeddu parch, undod a chefnogaeth. Nid oherwydd yr hyn maen nhw wedi'i wneud a'i gyflawni, ond oherwydd bod pob un ohonon ni'n deilwng i gael hawliau. Allwn ni ddim dadlau o blaid rhyddid, cydraddoldeb ac amddiffyniad LHD a gadael rhai pobl ar ôl – nid ymladd dros gydraddoldeb yw hynny, ond ymladd am driniaeth ffafriol i rai a bod yn fodlon i anwybyddu pobl eraill. Dyna pam mae'n rhaid i ni hefyd weithredu yn erbyn hiliaeth, casineb at fenywod, senoffobia ac ableddiaeth a gwneud safiad yn erbyn pob math o wahaniaethu. Dydy cydraddoldeb i rai ddim yn ddigon da – mae'n rhaid iddo fod yn gydraddoldeb i bawb. Mae pobl draws yn deilwng o'n cefnogaeth a lle yn ein mudiad oherwydd eu bod nhw'n bobl, ac rydyn ni'n gryfach, yn fwy llewyrchus, yn fwy disglair pan fyddwn ni gyda'n gilydd.

Er fy mod i newydd grybwyll stori ein cymuned ni, nid fy lle i yw adrodd stori'r bennod arbennig hon. Er nad ydw i'n uniaethu'n llwyr yn cisryweddol, ac yn ystyried fy hun yn fwy anneuaidd o lawer, mae hon yn wers bwysig i ni i gyd. Ddylen ni ddim ceisio arwain pob sgwrs ar faterion cwiar, arwain pob gorymdaith; mae angen i ni gamu'n ôl weithiau a rhoi'r meicroffon yn nwylo rhywun arall, a chydnabod bod lle i ni i gyd. O gofio hyn, dwi'n mynd i dy gyflwyno di i ddwy fenyw anhygoel dwi'n eu hadnabod fel dy fod ti'n gallu manteisio ar eu doethineb, eu gwybodaeth, eu hiwmor heintus a'u hysbryd.

Dyma Charlie a Kuchenga.

Shw'mae!

Kuchenga ydw i.

Pan oeddwn i'n blentyn, dywedodd fy nhad wrtha i mai ystyr fy enw i oedd amddiffynnwr y pentref, sy'n dipyn o ddweud. Ers hynny, dwi wedi cwrdd â llawer o bobl o Zimbabwe sy'n dweud ei fod yn golygu rhywbeth hollol wahanol. Ond mae'n deg dweud fy mod i bob amser wedi ysgwyddo fy nghyfrifoldebau i'r gymuned yn gwbl o ddifri.

Dwi'n fenyw draws Ddu. Oherwydd amgylchiadau fy mywyd, roedd fy llwybr i tuag at fywyd iach yn un peryglus. Cefais sawl profiad lle'r oeddwn i'n amau a fyddwn i'n byw trwyddyn nhw. Er hynny, dwi'n falch o ddweud, diolch i gariad a chefnogaeth pobl sy'n rhannu'r un hunaniaeth â fi – a'n cynghreiriaid – dwi wedi dod i gredu fy mod i'n haeddu bywyd hir ac iach ac y bydda i'n ei fyw.

Roeddwn i'n darllen llenyddiaeth ffeministaidd Ddu er mwyn goroesi. Pan oeddwn i'n oedolyn, ac oherwydd esiampl awduron benywaidd Du, ces fy ysgogi i weithio gyda mudiadau a oedd yn gwella bywydau pobl eraill. Dwi wedi ysgrifennu at ferched traws yn y carchar, ac wedi gwirfoddoli gyda mudiadau sy'n helpu'r digartref. Drwy wneud hynny, dwi wedi cael llawer mwy na dwi wedi ei roi. Bellach, dwi'n gweld fy ysgrifennu fel math o ymgyrchu, ac yn gobeithio bod fy ngwaith yn dod â chysur, sicrwydd a gobaith i gymaint o bobl wahanol â phosib.

Haia!

Fy enw i yw **Charlie Craggs**. Dwi'n ymgyrchydd traws ac yn awdur, ac at ddiben llyfr anhygoel Lex, dwi'n chwaer fawr i ti, gyda fy chwaer Kuchenga.

Dechreuais i ymwneud ag ymgyrchu traws yn gynnar yn fy mhroses drawsnewid yn 2013. Roedd hi'n gyfnod gwahanol iawn yr adeg honno, cyn bod pobl draws wedi'u cynrychioli fel y maen nhw heddiw. Yr unig bryd byddet ti'n gweld unigolyn traws yn y cyfryngau oedd pan oedden rhywun wedi ymosod arnyn nhw. Llinell glo jôc neu fag dyrnu – dyna'r cyfan oedden ni bryd hynny.

Mae'n debyg 'mod i'n fwyaf adnabyddus am yr ymgyrch dwi'n ei rhedeg, Nail Transphobia. Dwi'n teithio o gwmpas y Deyrnas Unedig gyda siop addurno ewinedd, a chriw o dechnegwyr ewinedd traws yn cynnig trin ewinedd am ddim, yn gyfnewid am sgwrs â pherson traws go iawn. Y bwriad yw chwalu camsyniadau a meithrin cynghreiriaid.

Rwyf wedi ysgrifennu llyfr, *To My Trans Sisters* hefyd, ac wedi gwneud rhaglen ddogfen ar y BBC o'r enw *Transitioning Teens*.

Mae fy holl waith yn y cyfryngau ac ar y cyfryngau cymdeithasol yn ymwneud ag addysgu pobl am faterion traws, a dyma mae Lex wedi fy ngwahodd i wneud yma gyda Kuchenga. Ac yn yr un ffordd ag y bydd pobl yn deall materion a phobl draws yn well ar ôl gadael y salon ewinedd dros dro, dyna fy ngobaith i ti ar ddiwedd y bennod hon hefyd.

Charlie: Gwnaethon ni gyfarfod ar set prosiect i'r BBC tua chwe blynedd yn ôl. Mae'n wallgo sut mae'n bywydau ni wedi newid ers hynny. Roedden ni'n ddau fabi bach traws ar ddechrau'n siwrneiau. Dwi mor falch o ba mor bell rydyn ni wedi dod!

Kuchenga: Roedden ni mor ddibrofiad a bregus. Mae trawsnewid cynnar yn gofyn am gymaint o ddewrder. Dwi'n cofio teimlo'n bod ni'n gallu anadlu poen ein gilydd oherwydd, ar y pryd, roedd cerdded y strydoedd fel byw drwy ryfel. Roedd yr aflonyddu a'r trais wnaethon ni ei ddioddef mor ddwys, ond roedden ni'n dwy'n gallu ymlacio pan oedden ni gyda'n gilydd. Mae'r ymadrodd 'man diogel', a'r syniad hwnnw, weithiau'n destun sbort mewn sgyrsiau cyhoeddus, ond dyna roedden ni'n ei gynnig i'n gilydd. Hafan i'n chwiorydd rhag y storm.

Charlie: Ie, yn sicr. Y tro nesaf i ni gysylltu â'n gilydd, gwnest ti fy ngwahodd i draw am swper un noson i ni gael amser yng nghwmni ein gilydd yn iawn. Dwi'n cofio, ar y bws draw i dy dŷ, sylweddolais i ei bod hi'n Ddydd San Ffolant a dechrau mynd i banig. Ai dêt oedd o? Hahaha. Ond roedd hi'n noson mor hyfryd ac yn ddechrau ar ein cyfeillgarwch.

Kuchenga: Wel, roedd o'n ddêt, mewn ffordd! Er bod ein perthynas ni'n hollol blatonig, roeddwn i yn bendant eisiau creu cwlwm parhaol rhwng y ddwy ohonon ni. Roeddwn i'n gwybod cymaint roeddwn i am ddibynnu arnat ti. Roeddwn i eisiau gallu dy ffonio di'n gwbl ddirybudd i gael sgwrs emosiynol hir. Prynais i'r cyw iâr gorau oedd gan Marks & Spencer i'w gynnig, a'i baratoi'n ofalus y noson cynt. A thanio cannwyll o *The Sanctuary* i greu awyrgylch. Mae cyfarfod ciwed o fenywod traws yn achlysur rhamantus, mewn rhyw ffordd.

Charlie: Roedd honno'n noson ofnadwy o bwysig i fi. Dyna'r tro cyntaf i fi dreulio amser yn sgwrsio o ddifri â merch draws arall. Dysgais i pa mor bwysig ydy hynny. Darganfod cymaint o brofiadau roedden ni wedi'u rhannu, cymaint roedden ni'n hoffi'r gyfres *T-Time with the gurlz* ar YouTube. Roedden ni'n rhannu cymaint o'r un trafferthion, o ran bod mor gynnar yn trawsnewid, a'r holl sarhad ac ati a gawson ni. Profiad mor ddilys.

Kuchenga: Oedd, a ninnau'n gallu rhoi cyd-destun i'n trawma, ac yn annog ein gilydd i gredu ei bod hi'n bosib cael bywyd gwell, ac ar ben hynny, ei fod o'n agos iawn hefyd.

Charlie: Ti oedd fy chwaer draws gyntaf, yn bendant. A nawr, rydyn ni'n ddwy chwaer fawr i bawb sy'n darllen hwn!

Beth yw'r 101?

Waeth i ni ddechrau o'r dechrau'n deg. Mae 'traws' yn derm cyffredinol am bobl sydd ddim yn cydymffurfio o ran rhywedd. Mae disgwyliadau penodol ynghlwm wrth y rhywedd sy'n cael ei bennu ar ein cyfer adeg ein geni. Os nad yw dy ymddygiad di'n cydymffurfio â'r disgwyliadau ar gyfer y rhywedd hwnnw, dwyt ti, yn syml iawn, ddim yn cydymffurfio o ran rhywedd.

Mae'r term yn cael ei ddefnyddio amlaf ar gyfer pobl 'drawsryweddol' – pobl sydd ddim yn gyfforddus â'r rhywedd sy'n cael ei bennu ar eu cyfer adeg eu geni, ac sydd eisiau cymryd camau meddygol a llawdriniaethol i fynd i'r afael â'r broblem honno. Ond mae 'traws' hefyd yn gallu cyfeirio at hunaniaethau rhyweddol amrywiol, fel pobl anneuaidd neu freninesau drag – pobl sydd ddim yn teimlo'n gyfforddus gyda'r rhywedd (ac o ganlyniad, y rolau rhyweddol) a bennwyd iddyn nhw adeg eu geni.

Oddi mewn i'r sbectrwm hwn, mae pob math o ryweddau a mynegiant sydd 'heb fod yn draddodiadol' (h.y. lleiafrifol) – unrhyw un sydd ddim yn gweddu i ddiffiniad cisryweddol.

Mae gwahaniaeth rhwng rhyw a rhywedd. Mae rhyw yn fwy gwyddonol ac mae'n cael ei ddiffinio gan gyfres o nodweddion biolegol – fel bod â gwain a bronnau, ond mae rhywedd yn fwy o deimlad: sut rwyt ti'n gwisgo, sut rwyt ti'n ymddwyn, beth rwyt ti'n ei hoffi. Dydy o ddim yn seiliedig ar ffaith na gwyddoniaeth, mae'n bersonol.

Does dim math o gysylltiad rhwng bod yn draws a bod yn hoyw – heblaw ein bod ni i gyd yn rhan o'r gymuned

LHDTC+ ac mae hyn yn gallu bod yn ddryslyd. Galli di fod yn draws ac yn syth neu'n hoyw neu'n ddeurywiol, neu beth bynnag. Mae dy rywedd yn gyfan gwbl ar wahân i dy rywioldeb – traws/cis yw dy rywedd, a bod yn cwiar/syth yw dy rywioldeb, ac rwyt ti'n gallu bod yn unrhyw gyfuniad o'r ddau. Y ffordd hawsaf o'i ddeall yw mai dy rywioldeb yw pwy rwyt ti'n ei ffansïo ac sy'n dy ddenu di, a dy rywedd yw sut rwyt ti'n gweld dy gorff dy hun.

> **Charlie**: Os oes unrhyw un byth yn trio dadlau mai dewis yw bod yn hoyw, dywed hyn wrthyn nhw. Ers i fi drawsnewid, yn dechnegol dwi'n syth, yn anffodus, sy'n gymaint o siom. Dydy heterorywioldeb ddim yn ddewis neu byddwn i'n dewis bod yn hoyw! Yn yr un ffordd, dydy bod yn draws ddim yn ddewis. Dwi ddim yn meddwl 'mod i'n adnabod un person traws a fyddai'n dewis bod yn draws. Paid â 'nghamddeall i – dwi'n falch o fod yn draws, ac yn hapus fy mod i, ond mae wedi gwneud fy mywyd cymaint yn anoddach. Dwi'n ei oresgyn, dwi'n ffynnu er ei waethaf, ond mae'n rhaid cydnabod hynny.

Torri'r system ddeuaidd

Yn union fel y mae rhywioldeb yn sbectrwm o ddu a gwyn ag ardal fawr lwyd yn y canol, mae'n hanfodol ein bod ni'n edrych ar rywedd yn yr un modd, a throi cefn ar y syniad mai dim ond dau rywedd sydd: gwrywaidd a benywaidd. Mae edrych ar rywedd (a rhywioldeb, o ran hynny) mewn ffordd ddu a gwyn haearnaidd yn gwneud drwg i bawb, hyd yn oed pobl sydd (yn eu geiriau nhw) yn 'normal' (neu yn fy ngeiriau i, yn … 'ddiflas').

Mae'r system rywedd ddeuaidd yn dalp o reolau cadarn am beth mae dynion a menywod yn cael ei wneud a ddim yn cael ei wneud, a phwy ddylai pawb fod. Mae'r syniad ei bod yn rhaid i ddynion fod yn galed ac yn wrol yn niweidiol i bob dyn, nid dim ond dynion sy'n fwy 'benywaidd', ond y dynion caled a gwrol hefyd. Mae'n eu rhoi nhw mewn carchar lle maen nhw'n methu dangos emosiwn na bod â theimladau, ac yn destun plismona os ydyn nhw. Dyna pam byddai symud tuag at gymdeithas sy'n gadael i bawb fod yr un maen nhw eisiau bod, ac ymddwyn fel maen nhw eisiau ymddwyn, yn ein helpu ni i gyd. Dyna dylen ni fod yn ymdrechu i'w gyflawni.

Wrth sôn am hyn, mae hefyd yn bwysig deall: pan fyddwn ni'n sôn am 'traws' fel term cyffredin am bobl sydd ddim yn cydymffurfio o ran rhywedd, dydy bod yn ddyn merchetaidd ddim yn dy wneud ti'n draws … os nad wyt ti'n teimlo ei fod o, os yw hynny'n gwneud synnwyr. Mewn ffordd, mae'n system lle mae'n rhaid optio i mewn iddi. Mae iaith a labeli'n bwysig er mwyn i bobl allu esbonio sut maen nhw'n teimlo a dod o hyd i bobl sy'n teimlo'n debyg iddyn nhw, ond ddylen ni ddim roi'r labeli hynny ar bobl eraill.

I esbonio hyn ymhellach, os yw person syth yn cusanu rhywun o'r un rhyw, dydy hynny ddim yn golygu ei fod o'n hoyw os nad yw'n teimlo'n hoyw – cusan oedd o, dim byd ofnadwy o ddwys. Yn yr un modd, os wyt ti'n ddyn sy'n hoffi gwisgo colur a ffrogiau ac ati, dydy hynny ddim yn dy wneud di'n draws – dim ond yn ddyn sy'n hoffi gwisgo colur a ffrogiau ac ati. Unwaith eto, dydy o'n ddim byd dwys. Dilledyn yw ffrog, nid hunaniaeth. Yr hyn rydyn ni'n ceisio'i ddweud yw hyn: dim ond un ffordd sydd yna i wybod os wyt ti'n draws, a hynny yw gwybod dy fod ti'n draws.

Kuchenga: Roeddwn i'n gwybod fy mod i'n draws yn ifanc iawn, iawn. Roeddwn i'n dair neu bedair oed yn y feithrinfa, ac yn mynnu gwisgo gŵn nos o sidan porffor a les du i chwarae ynddi bob dydd. Yn amlwg, 'dim ond ffrog' oedd hi, ond i fi, roedd hi'n rhan annatod o fyd merched, y byd roeddwn i'n dyheu am fyw ynddo'n barhaol. Dyma ffordd dawel a hyfryd o fynegi fy rhywedd fel plentyn ifanc, cyn i bethau droi'n fwy cymhleth ac annymunol.

Charlie: Roedd hi'r un peth i fi. Dwi'n credu bod llawer ohonon ni'n sylweddoli ein bod ni'n draws, neu o leia'n wahanol i fechgyn a merched eraill, tua'r oed hwn – oherwydd dyma'r oed pan mae ein rhywedd yn dechrau cael ei blismona, yn enwedig yn yr ysgol. Er enghraifft, clywed bod rhaid i ni wisgo dillad ysgol, defnyddio toiledau neu chwarae gyda theganau sy'n gweddu i'n rhywedd, neu bydd ein cyd-ddisgyblion a'n hathrawon yn ein ceryddu ac yn dweud 'ddim dyna mae bechgyn/merched yn ei wneud'. Fel ti, roeddwn i'n arfer chwarae gwisgo dillad merched gartref, a doeddwn i ddim yn sylweddoli nad oedd hynny'n 'normal' nes i blant chwerthin ar fy mhen yn y feithrinfa a bachgen arall yn dweud wrtha i fod bechgyn ddim yn gwisgo ffrogiau. Doedd gen i mo'r geiriau i ddisgrifio sut roeddwn i'n teimlo. Doeddwn i ddim yn gwybod ystyr traws na bod trawsnewid hyd yn oed yn bosib, ond roeddwn i'n gwybod 'mod i ddim fel bechgyn eraill.

Cwiar drwy'r canrifoedd

Oeddet ti'n gwybod bod diwylliannau eraill, yn hanesyddol, wedi cydnabod mwy nag un rhywedd? Mae tystiolaeth ar gael o bobl yn byw yn unol â thrydydd rhywedd (pobl sy'n bodoli rhwng y gwrywaidd a'r benywaidd) yn y rhan fwyaf o ddiwylliannau hynafol. Roedd pobl draws yn y diwylliannau hynafol hyn – pobl Dau Ysbryd yn niwylliant yr Americanwyr Brodorol, er enghraifft – yn aelodau uchel eu parch o'r gymdeithas. Yn aml, roedden nhw'n bwysig fel iachawyr, bodau arbennig oedd yn ymgorffori'r gwrywaidd a'r benywaidd. Pan ddaeth lluoedd trefedigaethol Cristnogol i gysylltiad â'r diwylliannau hynafol hyn, a'u dysgu nad oedd pobl draws (a phobl hoyw) yn iawn, dyna pryd y cawson ni'n esgymuno o gymdeithas. Rydyn ni wedi bod yn brwydro yn erbyn y credoau hyn ac yn ymladd am barch byth ers hynny.

Roedd diwylliannau o bob cwr o'r byd yn ein cydnabod ni, o'r waria yn Indonesia i'r hijra yn India. Mae enghreifftiau hyd yn oed yma ym Mhrydain a gogledd Ewrop. Roedd dilynwyr *seidh* (crefydd Llychlynwyr sy'n dyddio'n ôl i'r cyfnod cyn Cristnogaeth) yn credu bod rhai pobl yn wrywaidd ac yn fenywaidd (o'r enw Ergi ac Argr) a'u duwiau (rwyt ti wedi clywed sôn am Loki!) yn newid rhywedd yn ddidrafferth. Mae anifeiliaid traws yn bodoli hefyd, fel y pysgodyn clown, er enghraifft – pwy fyddai'n meddwl bod Nemo yn eicon traws?!

Mae'r cofnodion am elfennau traws ym myd natur a hanes yn tanlinellu cymaint sut mae'n rhan naturiol o fywyd.

cysur cwiar ••• y T yn LHD…

Cyflwyno terminoleg

Charlie: Mae iaith yn bwysig. O ran y bobl hynny sydd ddim yn deall hyn, y rhai sy'n mynnu gwneud hwyl am ben terminoleg ein cymuned, mae'n debygol eu bod nhw heb erioed deimlo bod iaith yn eu brifo neu yn eu cau allan. Dyma'r bobl sy'n teimlo yn aml does dim hyd yn oed angen gair i esbonio cisryweddol oherwydd ei fod yn 'normal'. Ond mae hynny fel dweud nad oes angen gair i ddisgrifio bod yn syth. Mae dweud dy fod ti'n 'normal' yr un peth â dweud bod pobl sy'n wahanol i ti yn annormal, a dydy hynny ddim yn iawn. Does dim angen i ti fod yn dod o gymuned benodol, yn adnabod rhywun o'r gymuned honno neu hyd yn oed ddeall y gymuned honno i allu *parchu'r* gymuned honno.

Kuchenga: Mae'n beth mor hawdd i'w wneud hefyd. Dyma ychydig o derminoleg draws sylfaenol i dy roi di ar ben ffordd.

Rhywedd: teimlad, a ffordd o ddosbarthu pobl ar sail nodweddion a gwahaniaethau sydd wedi eu pennu'n ddiwylliannol neu'n gymdeithasol, fel sut rydyn ni'n gwisgo, yn ymddwyn, yn cerdded ac yn siarad.

Dysfforia rhywedd: teimlo'n anghyfforddus neu'n anhapus o ran dy rywedd/rhannau corfforol rhyweddol

Ddim yn cydymffurfio o ran rhywedd: rhywun sydd, fel mae'r term yn awgrymu, yn mynd yn groes i normau rhyweddol o ran edrychiad neu ymddygiad

Anneuaidd (NB)/rhyweddhylifol: term am bobl sy'n uniaethu y tu allan i ffiniau rolau rhywedd traddodiadol fel gwrywaidd a benywaidd, a hyd yn oed 'breninesau drag', sy'n gwisgo dillad y rhyw arall, ar gyfer perfformio neu er pleser. Sut bynnag, yn sylfaenol, mae'r term cyffredinol traws yn cwmpasu'r arlliwiau llwyd gwahanol sydd rhwng du a gwyn gwrywaidd a benywaidd

Rhyw: ffordd fiolegol o ddosbarthu pobl, ar sail eu horganau rhywiol

AFAB: pennwyd fel benywaidd adeg eu genedigaeth (*assigned female at birth*)

AMAB: pennwyd fel gwrywaidd adeg eu genedigaeth (*assigned male at birth*)

Trawsryweddol: term am bobl sydd ddim yn uniaethu â'r un rhywedd â'r un a bennwyd ar eu cyfer adeg eu genedigaeth, ac sydd felly'n trawsnewid yn gymdeithasol (ac yn aml yn feddygol) yn ddiweddarach fel bod eu hunaniaeth fewnol ac allanol yr un fath

Trawsnewid: y broses (sydd fel yn arfer yn un feddygol, er nid bob tro) o newid rhywedd a/neu ryw

MTF: gwrywaidd i fenywaidd

FTM: benywaidd i wrywaidd

Trawsrywiol: person sydd wedi trawsnewid yn dilyn llawdriniaeth. Fel mae'r enw'n awgrymu, newid rhyw

Trawswisgwr: unigolyn sy'n gwisgo fel y rhywedd arall, yn aml er mwyn mwynhad rhywiol

Brenin/brenhines drag: unigolyn sy'n gwisgo fel y rhywedd arall i berfformio

GCS: llawdriniaeth cadarnhau rhywedd – fel arfer yn cyfeirio at lawdriniaeth hanner isaf ar gyfer pobl drawsryweddol

FFS: cyfres o driniaethau i wneud yr wyneb yn fwy benywaidd, gan ddad-wneud effeithiau glasoed gwrywaidd

FMS: cyfres o driniaethau i wneud yr wyneb yn fwy gwrywaidd, gan ddad-wneud effeithiau glasoed benywaidd

Llawdriniaeth hanner uchaf: llawdriniaeth ar ardal y frest, naill ai i ychwanegu bronnau ar gyfer menywod traws neu i'w tynnu ar gyfer dynion traws

Llawdriniaeth hanner isaf: llawdriniaeth ar yr organau rhywiol, naill ai newid gwain i bidyn neu bidyn i wain

Felly ... sut deimlad ydy hyn?

Mae'n anodd esbonio sut rwyt ti'n gwybod dy fod ti'n draws. Mae fel ceisio disgrifio lliw neu sut mae dŵr yn blasu – mae'n llais sy'n dod o'r tu mewn, rhywbeth rwyt ti'n ei wybod yn dy hanfod. Mae'n debyg i sut mae rhai pobl yn dechrau synhwyro eu bod nhw'n hoyw. Mae'r awduron a'r podledwyr Tom a Lorenzo, awduron y llyfr rhagorol *Legendary Children: The First Decade of RuPaul's Drag Race and the Last Century of Queer Life*, wedi tynnu ein sylw fod plant hoyw, cwiar a thraws i gyd wedi profi ein bod ni'n 'wahanol' mewn rhyw ffordd, er bod pen draw'r daith o deimlo'n gyfforddus gyda'n hunaniaeth yn gallu bod mewn llefydd gwahanol iawn. Mae'n rhywbeth rwyt ti'n ei synhwyro ac yn ei deimlo amdanat ti dy hun. Sut rwyt ti'n gwybod? Rwyt ti'n gwybod, a dyna fo. Dyna pwy wyt ti. Yn y bôn, mae'n deimlad o fod yn anghyfforddus â'r rhywedd a gafodd ei bennu ar dy gyfer.

Kuchenga: Fel rhywun a aeth trwy ei blentyndod a'i arddegau yn unigolyn traws, roedd cael cymaint o ferched yn ffrindiau yn fendigedig – a phob un ohonyn nhw mor frwd am gerddoriaeth a diwylliant pop â fi. Roeddwn i'n cael fy nenu gan ddiniweidrwydd hoffus a hyderus merched pop y cyfnod: y Spice Girls, Britney Spears, Christina Aguilera ac, wrth gwrs, Destiny's Child. Am wych oedd gallu ymhyfrydu mewn merched ifanc ysbrydoledig, gyda 'grym y genod' yn chwa o awyr iach. Wrth dyfu i fyny, waeth beth oedd fy amgylchiadau corfforol, roeddwn i'n gwybod bod diwylliant a chyfryngau menywod yn fy nenu i hefyd. Gwnes i'n siŵr fy mod i'n talu sylw ac yn derbyn yr holl negeseuon am ystyr 'bod' yn ferch. Gwnaeth hyn gyfraniad aruthrol at fy ymdeimlad o bwy oeddwn i, gan fy ngwneud i'r fenyw rydw i heddiw.

Charlie: Nid sylweddoli 'mod i'n draws oedd y peth mawr i fi (doeddwn i ddim hyd yn oed yn gwybod bod pobl draws yn bodoli nes i fi gyrraedd fy arddegau) ond yn hytrach sylweddoli doeddwn i'n sicr ddim yn fachgen. Roedd rhan fawr o hynny'n ymwneud â dillad a sut roeddwn i'n fy nghyflwyno fy hun i'r byd: roeddwn i'n teimlo MOR anghyfforddus yn gwisgo dillad bechgyn, sy'n eironig achos mae dillad bechgyn (a bod yn fachgen yn gyffredinol hyd yn oed) yn llawer mwy cyfforddus na dillad/disgwyliadau benywaidd ystrydebol. Ond doedd o ddim yn teimlo'n *iawn*, a dyna ni. I fi, roedd o fel bod mewn drag – fel petawn i'n actio bod yn fachgen. Roedd mor annaturiol i fi – roeddwn i eisiau bod y rhywedd arall. Yn bedair oed, byddwn i'n gweddïo am gael deffro yn ferch, cyn cael fy llorio a theimlo'r fath boen wrth ddeffro yn y bore a minnau'n dal mewn corff bachgen.

Yn ystod y glasoed, roeddwn i'n ffieiddio pan ddechreuodd fy nghorff newid mewn ffyrdd oedd yn mynd yn groes i'r graen. Roeddwn i'n casáu fy hun. Dyma pam mae'n deimlad sy'n anodd esbonio i neb. Does dim rhaid ei esbonio i neb traws oherwydd mae'n deimlad rwyt ti'n methu ei osgoi na'i anwybyddu. Mae'n gyfarwydd i ni i gyd. Mae'n debyg mai'r ffordd orau o'i esbonio i rywun sydd ddim yn berson traws yw gofyn iddyn nhw sut maen nhw'n gwybod eu bod nhw'n cis. Dydyn nhw ddim yn gallu esbonio'r peth – maen nhw jest yn gwybod eu bod nhw. Mae'n debyg i'r gymhariaeth hoyw, pan fydd person syth yn gofyn i ti sut rwyt ti'n gwybod dy fod ti'n hoyw, a tithau'n troi ac yn gofyn iddyn nhw sut maen nhw'n gwybod eu bod nhw'n syth. RWYT TI'N GWYBOD, A DYNA NI!

Kuchenga: Beth rydw i'n ei garu am fod yn draws? Y nerth, y bwrlwm a'r gonestrwydd i fod yn fi fy hun, heb falio dim. Pan wnes i sylweddoli faint o ddrwgdeimlad oedd yn y byd tuag at bobl draws, roedd yr ofn yn gwneud i fi gilio. Ond wrth i fi guddio'r fi go iawn rhag y byd, roeddwn i'n creu cynlluniau ar fy nghyfer i fy hun. Ers hynny, dwi wedi ceisio cael gafael ar bopeth roedd y byd wedi dweud wrtha i na fyddwn i byth yn ei gael. Roeddwn i eisiau cael fy ngharu, fy nathlu a chael fy nghroesawu i lefydd roeddwn i wedi clywed na fyddwn i byth yn perthyn iddyn nhw. Wrth geisio cyflawni'r uchelgeisiau hynny, roedd yn rhaid i fi ddysgu peidio ag ymddiheuro am fynnu cymryd lle roeddwn i'n ei haeddu. Mae 'na heddwch hyfryd o fod yn fodlon gyda fy nghorff a fy mynegiant rhywedd. Wrth drawsnewid rhywedd, dwi wedi cael fy siomi ar yr ochr orau. Dwi wedi profi llawer o gyfnodau gwych ac, ar ben hynny, dwi wedi creu cysylltiadau â phobl sydd wedi fy helpu i ddeall yr hyn sy'n bosib i ddynoliaeth yn gyffredinol.

Charlie: Y peth gorau am fod yn draws i fi yw nad oeddwn i erioed wedi meddwl y byddai'n bosib. Fel dwi wedi sôn, doeddwn i ddim yn gwybod y gallwn i fod yn draws, felly roedd gallu bod y person roeddwn i'n ei deimlo y tu mewn wastad wedi teimlo fel dim ond breuddwyd. Cafodd fy mreuddwyd ei gwireddu. Weithiau, pan dwi'n gwneud rhyw dasg fach syml, fel gwisgo colur cyn mynd i'r gwaith, dwi'n cael teimlad cyffrous a phlentynnaidd yn fy mrest. Teimlad gorau'r byd, fod breuddwyd yn llythrennol wedi ei gwireddu.

Gair o gyngor i gynghreiriaid

Un o'r pethau anoddaf am fod yn draws yw sut mae pobl eraill yn dy drin di, yn enwedig os yw'r sylwadau negyddol neu'r sarhad yn dod gan ffrindiau a theulu, neu hyd yn oed gan bobl sydd ddim yn *bwriadu* bod yn sarhaus. Ond fel rydyn ni'n gwybod, nid y bwriad sy'n bwysig bob tro, ond yr effaith. Mae'r mân ymosodiadau cynnil neu anuniongyrchol mae pobl draws yn eu hwynebu yn ein bywydau bob dydd yn crynhoi i achosi effaith sylweddol.

Yn anffodus, fel pobl draws, rydyn ni'n wynebu cwestiynau busneslyd am rannau personol a thrawmatig iawn o'n hunain. Os yw rhywun yn poeni am ein tramgwyddo ni ac ychwanegu at yr effaith hon, y cyngor gorau yw holi'u hunain a fydden nhw'n gofyn neu'n gwneud beth maen nhw ar fin ei wneud i rywun sydd *ddim* yn draws. Er enghraifft, fyddai neb yn gofyn i rywun sydd ddim yn draws am ei organau rhywiol, felly ddylen nhw ddim holi am ein rhai ni chwaith! Os yw menyw briod yn rhoi ei henw newydd, byddet ti'n derbyn hynny. Fyddet ti ddim yn gofyn iddi beth yw ei 'henw go iawn' (ei henw cyn priodi). Pan mae hi'n newid ei henw, dydy pobl ddim yn gwneud ffỳs am ddod i arfer â'r enw newydd fel maen nhw pan mae pobl draws yn newid enwau.

Dydy pobl draws ddim eisiau hawliau arbennig, rydyn ni eisiau hawliau dynol. Rydyn ni eisiau cael ein trin fel pawb arall. Dyma'r cyfan mae angen i bobl ei gofio – petaet ti ddim yn gofyn cwestiwn penodol i neb arall, paid â'i ofyn i ni. Ac o ran y cwestiynau mae gwir angen i ti eu gofyn ond rwyt ti'n poeni eu bod nhw'n sarhaus, mae adnoddau dibynadwy ar gael ar ddiwedd y llyfr hwn.

Trawsffobia a bwlio

Mae bod yn draws yn eithaf hawdd. Ond fel rydyn ni wedi sôn, sut rydyn ni'n cael ein trin gan bobl eraill am fod yn draws sy'n anoddach. Yn anffodus, does dim y gallwn ni ei ddweud i hwyluso'r profiad o wynebu peth felly, ond gobeithio bod ein clywed ni'n sôn am y peth, a gwybod ei fod yn ein hwynebu ni i gyd, yn ei wneud ychydig yn haws i'w oddef. Mae pob un person traws o dy flaen di wedi mynd trwy'r un peth ac os ydyn nhw'n gallu gwneud hynny – GALLI DI HEFYD!

Yn hanesyddol, mae bod yn wahanol i bobl eraill wedi bod yn wirioneddol beryglus i lawer o bobl. Mae pobl yn ofni'r hyn dydyn nhw ddim yn ei wybod na'i ddeall, neu wedi cael profiad uniongyrchol ohono. Mae'r ofn yna'n golygu bod bwlio wedi bod yn nodwedd o fywyd sawl person ifanc traws. Mae mor bwysig i bawb wybod nad oes neb yn haeddu dioddef trais. Rwyt ti'n haeddu teimlo'n ddiogel, heb neb yn peryglu dy ffiniau. Rydyn ni i gyd yn haeddu cadw'n hurddas heb i weithredoedd pobl eraill ei danseilio. Mae'r llwybr at garu dy hunan yn hanfodol bwysig. Mae trawsffobia yn ceisio'n argyhoeddi ni ein bod ni'n annheilwng. Dydy hyn ddim yn wir. Rwyt ti YN deilwng!

Dysfforia

Mae dysfforia – yr ymdeimlad bod nodweddion rhyw yn achosi poen oherwydd gwrthdaro rhwng y corff rwyt ti wedi'i etifeddu a sut rwyt ti'n dy weld dy hun – yn fwystfil sy'n newid yn gyson. Ar un adeg yn dy fywyd, mae'n bosib nad wyt ti'n sylw rhyw lawer ar dy nodweddion rhyw. Yna – WAM! Mae pwy rwyt ti'n ei weld wrth edrych yn y drych yn gwneud i dy galon suddo, hyd yn oed os wyt ti wedi cymryd camau i helpu i gadarnhau dy rywedd ac yn teimlo'n iawn, ar ôl i ti newid dy edrychiad a sut mae'r gymdeithas yn dy weld di. Dro arall, mae un person yn gallu dweud rhywbeth annifyr neu rwyt ti'n gweld person traws arall yn dioddef rhywbeth sy'n teimlo fel petai'n digwydd i ti – a BAM! – rwyt ti'n profi poen ddirdynnol roeddet ti wedi gobeithio na fyddet ti byth yn gorfod ei theimlo eto.

Ar yr adegau hyn, mae'n hanfodol cofio mai ni yw'r cyfan sydd gennym ni. Efallai dy fod ti mewn penbleth, ond os wyt ti'n rhannu dy ofid, mae'n bosib cael help. Gallai fod mor syml â sgwrs. Cofia, does dim byd yn para am byth, a bydd hyn hefyd yn pasio. Mae'n rhaid i ti fod yn ffyddiog bod y dyfodol bob amser yn gallu bod yn well na'r presennol. Galli di ddod drwyddi.

Gofalu amdanat ti dy hun: cyngor ar ymdopi

Os wyt ti'n draws ac yn darllen hwn, yn gyntaf oll, CROESO I'R TEULU! Roedden ni'n meddwl y bydden ni'n rhoi ambell awgrym am sut i gadarnhau dy rywedd a theimlo'n fwy cyfforddus yn dy groen yn ystod y camau cynnar, yn enwedig os wyt ti ar un o'r rhestrau aros hir (mae'r ddwy ohonon ni wedi bod arnyn nhw) i gael hormonau neu os wyt ti'n rhy ifanc i fynd arnyn nhw. Sut bynnag, dyma ambell beth wnaethon ni i'n helpu ni i deimlo'n fwy cyfforddus.

- **Ymarfer corff:** Yn ogystal â chael effaith gadarnhaol ar dy iechyd meddwl (a allai helpu yn ystod y cyfnod hwn), galli di wneud ymarferion i wneud y corff yn fwy gwrywaidd neu fenywaidd, fel ymarferion cwrcwd i dyfu'r pen-ôl os wyt ti'n ferch draws neu i chwyddo bôn braich a thyfu rhan uchaf y corff os wyt ti'n ddyn traws.

- **Cynilo:** Mae trawsnewid yn gallu bod yn ddrud, felly dechreua gynilo arian ar gyfer llawdriniaethau yn y dyfodol nawr. Hyd yn oed os wyt ti'n bell iawn, iawn o dy nod corfforol, os wyt ti'n dechrau cynilo heddiw, byddi di'n teimlo dy fod ti'n gwneud rhywbeth ymarferol a chynhyrchiol i wella dy ddyfodol.

- **Ymarfer:** Defnyddia'r amser i ymarfer pethau fel gwneud y ffordd rwyt ti'n siarad, cerdded, gwisgo, yn gwneud dy wallt a dy golur ac ati, yn fwy gwrywaidd neu fenywaidd. Rwyt ti'n dysgu drwy arbrofi, felly dechreua heddiw. Mae'n ffordd o gael un cam lletchwith allan o'r ffordd.

cysur cwiar ••• y T yn LHD...

- **Cymuned:** Gwna beth galli di i ddod o hyd i dy lwyth. Mae'n amser allweddol ac fe gei di gefnogaeth amhrisiadwy. Os nad wyt ti'n gallu dod o hyd iddyn nhw go iawn, mae'r cyfryngau cymdeithasol yn ffordd wych o ddod o hyd i dy lwyth, ond cofia gadw'n ddiogel.
- **Caru dy hunan:** Gwna dy orau glas i weithio ar dy berthynas â ti dy hun yn ystod y cyfnod hwn. Mae trawsnewid yn anodd, yn enwedig yn y dyddiau cynnar, felly bydd angen sylfaen gref a chyson arnat ti. Mae cymaint o bwyslais ar ochr gorfforol trawsnewid, ond os wyt ti'n anhapus gyda phwy wyt ti y tu mewn, byddi di'n dal i fod yn anhapus waeth sawl llawdriniaeth gei di.

Bod yr unig un

Mae pobl drawsryweddol yn y lleiafrif. O ganlyniad, rydyn ni'n gweld mai ni yw'r unig berson traws sydd ar gael i rywun cisryweddol siarad â nhw neu ddod i'w adnabod. Os mai ti yw'r 'unig un', mae'n golygu y byddi di weithiau yn y sefyllfa o gael dy holi am fod yn draws. Yn y sefyllfa hon, mae'n gallu teimlo dy fod ti'n siarad fel petaet ti'n cynrychioli'r gymuned drawsryweddol gyfan, er bod y rheini ohonon ni sy'n uniaethu fel pobl drawsryweddol, anneuaidd neu ddim yn cydymffurfio o ran rhywedd, yn grŵp gwirioneddol amrywiol.

Bydd pobl yn gofyn pryd oeddet ti'n gwybod dy fod ti'n draws a sut roeddet ti'n gwybod. Weithiau, mae hyn yn teimlo fel cael dy groesholi gan yr awdurdodau, fel petaet ti'n gorfod cyfiawnhau dy natur arall. Wrth glywed pobl eraill yn diffinio'u hunain fel pobl drawsryweddol, anneuaidd, neu ddim yn cydymffurfio o ran rhywedd, mae'n bosib y byddi di'n teimlo'n agos atyn nhw oherwydd bod eu hymdeimlad nhw o'u hunain yn debyg i dy ymdeimlad di tuag atat ti dy hun. Yn rhyfedd ddigon, mae'n bosib y byddi di'n teimlo'n bell iawn o bobl sy'n rhannu nodau hunaniaeth tebyg i ti.

Ambarél trawsrywedd

Mae rhai ohonon ni'n teimlo'n ffem, yn masc, y ddau neu'n ddim un o'r ddau. Mae rhai ohonon ni'n gweld ein hunaniaethau rhywedd fel pethau gyda dechrau a diwedd; ein bod ni'n arddangos benyweidd-dra dwyfol neu wrywdod tanbaid ac yn mynd trwy fywyd yn mwynhau'r personoldeb roedden ni wedi ymladd i'w fwynhau. Mae eraill yn ystyried eu hunain yn hylifol ac yn esblygu'n gyson; maen nhw'n esblygu ac yn newid i gyflyrau newydd o fodoli.

Wrth symud oddi wrth hunaniaethau rhywedd deuaidd tuag at ddealltwriaeth o sbectrwm rywedd, mae cymdeithas yn ad-drefnu ei hun ac mae'r sgyrsiau sy'n deillio o hynny yn gallu teimlo'n hudolus o anhrefnus. Mae ehangu ambarél trawsrywedd i gynnwys cymaint â phosib o hunaniaethau sydd ddim yn cydymffurfio o ran rhywedd yn golygu dy fod ti'n perthyn i griw hynod o eang ond yn dal i deimlo braidd yn anghyfforddus. Yn hanesyddol, mae'r rheini ohonon ni sydd ddim yn cisryweddol neu heterorywiol wedi tueddu i wynebu mwy o rwystrau wrth ddod o hyd i gariad, agosrwydd, perthyn a chymuned. O ganlyniad, mae'n aml wedi teimlo fel bod angen i ni ddibynnu ar ein gilydd. Rwyt ti'n haeddu dod o hyd i bobl y galli di uniaethu â nhw, sy'n rhannu dy brofiadau di ac sy'n gwybod sut deimlad yw bod yn ti.

Ti ar dy orau

Gallai'r ymdrech i geisio heddwch gyda dy hunaniaeth rhywedd arwain at ofyn cwestiynau i ti dy hun, a dim ond ti sy'n gallu eu hateb. Mae meddylgarwch a myfyrdod yn adnoddau amhrisiadwy i dy helpu i wrando ar dy wirionedd dy hun a chael sgwrs fwy dwys â ti dy hun. Rydyn ni'n byw mewn cyfnod lle mae rhyddid i ni fod yn onest am ein hanghenion a'n dymuniadau. Galli di estyn i mewn i ti dy hun ac amlygu dy hanfod – y ti go iawn.

Mae'n hanfodol dy fod ti'n dod yn ffrind gorau i ti dy hun. Diogela dy hun. Gofala amdanat ti dy hun. Amddiffynna dy hun. Yn bennaf oll, dathla a mwynha dy hun. Rhaid i ti gredu dy fod ti'n deilwng o'r llawenydd sy'n dod yn sgil bod yn ti ar dy orau.

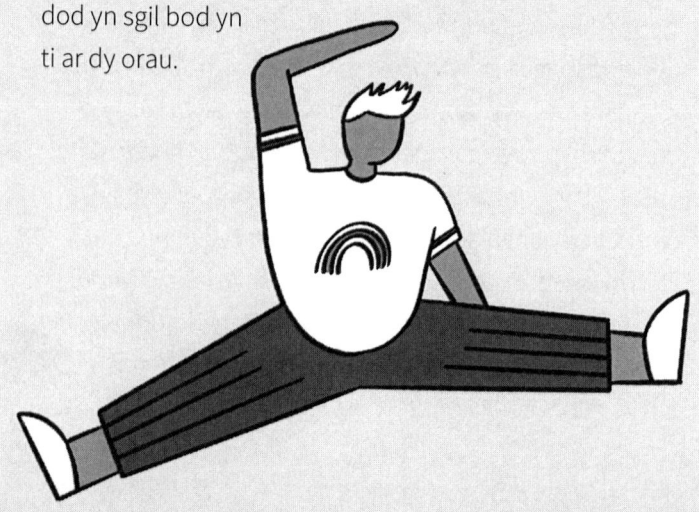

Trawsnewid

Yn hanesyddol, mae pobl draws ledled y byd wedi cynnal defodau dod i oed sy'n ffordd o ailgyflwyno eu hunain i'r byd neu'n esblygiad o'r hunan go iawn. Mae hyn yn gallu cynnwys newidiadau corfforol, enwi neu ailenwi cymdeithasol neu fabwysiadu arferion ysbrydol newydd.

Roedd gan lwyth y Lango o Uganda arferion cymdeithasol ar gyfer integreiddio pobl draws i'w cymdeithas drwy ailenwi rhyweddol a mabwysiadu tasgau yn gysylltiedig â rôl eu rhywedd.

Yn Haiti, soniodd Romaine-la-Prophétesse am gael ei feddiannu gan ysbryd benywaidd a rheolodd wrthryfel a oedd yn rhan o Chwyldro Haiti rhwng 1791–92. Arweiniodd hwn at ryddhau'r nifer uchaf o gaethweision Affricanaidd yn hanes gogledd a de America.

Rydyn ni'n defnyddio'r enghreifftiau hyn fel prawf ein bod ni wedi bod yma erioed.

Mae modd edrych ar drawsnewid rhywedd yn y cyfnod modern fel proses sydd â thair elfen: trawsnewid meddygol, cymdeithasol ac ysbrydol.

Trawsnewid meddygol: bu Doctor Magnus Hirschfeld ynghlwm wrth waith arloesol yn y Sefydliad Rhywoleg yn ninas Berlin yn ystod cyfnod Weimar (y cyfnod rhwng y ddau ryfel byd pan ffynnodd cymdeithas fwy gwleidyddol a chymdeithasol ryddfrydol yn yr Almaen). Nododd ei ymchwil fod therapi hormonau rhyw a llawdriniaethau cadarnhau rhywedd yn ddulliau effeithiol a lliniarol o leddfu dysfforia rhywedd mewn cleifion trawsryweddol. Dyma ddechrau go iawn y broses o bobl trawsryweddol yn uniaethu eu hunain ac yn ceisio cymorth meddygol i deimlo'n gyfforddus yn eu cyrff. Wedyn roedden nhw'n gallu defnyddio'r llwybr hwn i sicrhau ymdeimlad o hawl i fyw mewn cymdeithas, drwy newid enw a chofnodi'r rhywedd cywir ar ddogfennau personol swyddogol. Yn ystod yr 20fed ganrif, defnyddiodd meddygaeth Orllewinol ddulliau tebyg yn eu systemau iechyd. Llwyddodd y rhai a oedd â'r wybodaeth a'r gallu i fanteisio ar hynny i oresgyn y rhwystrau a sicrhau cymorth meddygol a achubodd lawer o fywydau. Heddiw, yn ogystal â therapi hormonau, mae'n bosib cael llawdriniaeth hanner uchaf, llawdriniaeth hanner isaf, llawdriniaethau i wneud yr wyneb yn fwy gwrywaidd neu fenywaidd a thriniaethau laser gwahanol i ddileu blew.

Trawsnewid cymdeithasol: mae llawer o bobl draws yn newid eu henwau wrth drawsnewid, er nad yw hynny'n hanfodol. Mae trawsnewid meddygol yn digwydd er mwyn i ti fod yn gyfforddus yn dy gorff, ond mae trawsnewid cymdeithasol yn digwydd er mwyn i ti fod yn gyfforddus yn y byd. Mae'n bosib y bydd newid dy ddogfennau a chael y rhywedd priodol wedi'i nodi ar bapurau hunaniaeth bersonol yn ei gwneud hi'n haws i ti fyw dy fywyd o ddydd i ddydd, ac yn rhoi rhyddhad bod dy ymdeimlad o bwy wyt ti yn cyfateb i sut mae pobl yn siarad â ti a sut mae cymdeithas yn dy ystyried ti.

Trawsnewid ysbrydol: mae'r digymar Laverne Cox, yr actor Americanaidd a'r eiriolwr dros bobl LHDTC+, yn sôn am ei thrawsnewid rhywedd fel ffordd i arddangos benyweidd-dra dwyfol. Mae hyn yn golygu bod yr hunan fenywaidd yn destun ymdeimlad ysbrydol, bod egni duwies fenywaidd yn mynnu byrlymu allan ohonot. Wrth wneud hynny, byddi di'n rhoi maeth i'r byd gyda dy hanfod benywaidd.

I Laverne Cox, roedd yr ysbryd benywaidd oddi mewn iddi yn gofyn iddi gymryd camau hunangariadus tuag at fynegi ei benyweidd-dra mewn ffordd bwrpasol, hudolus a hardd yn ei bywyd o ddydd i ddydd.

Actores a gwraig fusnes yw Angelica Ross ac mae ei gwaith anhygoel wedi helpu pobl draws yn y diwydiant technoleg. Mae hi'n sôn bod ymarfer Bwdhaeth Nichiren wrth wraidd ei derbyn ei hun ac arddangos ei hun ar ei gorau. Mae'r arfer hwn yn cynnwys defodau dwys o weddïo ac adrodd mantras sydd wedi eu trosglwyddo drwy'r canrifoedd. Mae teimlo dirgryniadau'r llais yn adrodd y gweddïau ystyrlon hyn yn glanhau'r meddwl a'r ysbryd.

Os ydyn ni'n grefyddol, yn agnostig neu'n anffyddiwr, mae'r datganiad awdurdodol sy'n mynnu ein bod ni i gyd yn fodau ysbrydol sy'n cael profiad dynol, yn berthnasol i ni i gyd. Bydd goblygiadau athronyddol pobl sy'n wfftio'r rhyw sy'n cael ei bennu ar eu cyfer adeg eu geni yn parhau i atsain i'r dyfodol ac yn achosi newid mawr i'r rhai sydd eto i fyw ar y ddaear. Mae'r grym gan bobl draws i drawsnewid ein byd yn ogystal â ni ein hunain.

Bydda'n driw i ti dy hun

Efallai na fyddwn ni yno i afael yn dy law di wrth i ti barhau ar y daith i ddarganfod dy hun, ond mae angen i ti wybod nad wyt ti byth ar dy ben dy hun. Dyma gyngor gwych gan ein ffrindiau a theulu LHDTC+ i roi ysbrydoliaeth a chefnogaeth i ti.

Jamie Windust, awdur, model a golygydd
(nhw)

Ychydig o gyngor? Wel … un peth mae'n rhaid i ti ei gofio yw bod dy stori di – dy hunaniaeth, dy brofiad a dy wychder – yn dy ddwylo di. Ti sy'n ei chreu hi. Mae gadael i bobl rannu'r stori honno, y profiad hwnnw, yn fraint – rwyt ti'n eu gwahodd nhw i ddysgu dy fod yn unigolyn gwych! Os dydyn nhw ddim yn deall ar unwaith neu os ydyn nhw braidd yn ddryslyd, mae hynny'n iawn. Mae pwy wyt ti, a phwy rwyt ti'n ei ffansïo, yn ddarnau bach hyfryd o'r jig-so sy'n dy ffurfio di, ac rwyt ti'n haeddu cael y darnau hynny yn ffitio mewn harmoni. Cofia fod cymdeithas allan yna i ti ei galw'n deulu. Bob amser. Rwyt ti'n seren, a does dim terfyn amser ar ba mor hir mae'n cymryd i ti ddysgu hynny. Bob dydd, byddi di'n dysgu faint o seren wyt ti.

Rhyannon Styles, awdur a cholofnydd *Elle*
(hi)

Gwranda ar dy reddf.

Chloe Filani, bardd ac artist
(hi)

Canolbwyntia ar y trawsnewid a phwy rwyt ti eisiau bod. Paid â bod yn llawdrwm arnat ti dy hun am beidio â deall pob un dim am dy drawsnewid bob amser. Chwilia am ffyrdd i wobrwyo dy hun â phleserau bach. Chwilia am bobl draws hŷn i'w hedmygu, hyd yn oed os ydyn nhw ddim ond yn bobl ar-lein. Cofia, pan wyt ti'n isel, does dim rhaid i ti fod yn hapus gyda dy gorff, ond cara'r corff sy'n dy helpu i anadlu, gweld a bodoli.

Francesca Martin, model
(hi)

Y cyngor byddwn i'n ei roi i'r fi iau wrth ddechrau fy nghyfnod trawsnewid – neu i unrhyw ddarllenydd sydd ar fin dechrau trawsnewid – fyddai canolbwyntio ar garu dy hun. Rwyt ti'n mynd i wynebu llawer o gasineb, ond byddi di'n gallu ymdopi os wyt ti'n caru dy hun. Fydd hi ddim yn gwneud gwahaniaeth os yw'r byd i gyd yn dy gasáu di (ac mae'n gallu teimlo fel hynny ar adegau) os wyt ti'n caru dy hun. Mae cymaint o'r broses drawsnewid yn canolbwyntio ar y gwaith sy'n cael ei wneud yn allanol, ond mae'n bwysig cofio mai'r gwaith sy'n digwydd ar y tu mewn yw'r peth pwysicaf.

Xandice, cyd-sylfaenydd Gal Pals (galpals.club)
(nhw)

Ti yw'r unig un sy'n gwybod sut rwyt ti'n teimlo – rho dy ffydd yn dy reddf a bydda'n raslon â ti dy hun wrth i ti ddod i ddeall pethau. Fydd yr atebion ddim i gyd gen ti ar unwaith. Rwyt ti'n berson a'r peth gorau am fod yn berson yw'r gallu i newid.

Fox Fisher, arlunydd, awdur a gwneuthurwr ffilmiau
(nhw/fe)

Mae hi'n ddigon anodd bod yn dy arddegau, heb sôn am orfod delio â phroblemau rhywedd. Mae'n bwysig teimlo'n ddigon diogel i archwilio dy rywedd. Bydda'n garedig â ti dy hun. Mae angen amynedd. Canolbwyntia ar y pethau rwyt ti'n gallu eu newid. Tria roi'r pryderon eraill o'r neilltu. Does dim byd yn gallu digwydd dros nos; chwilia am rywbeth i'w wneud er dy fwyn di dy hun bob dydd, pethau fydd yn crynhoi gydag amser. Chwilia am dy lwyth. Dewisa ffrindiau da dros rai gwenwynig. Mae'n iawn arbrofi gyda phethau fel enwau, rhagenwau neu ddillad. Mae rhywedd yn gallu bod yn gyfnewidiol. Mae bywyd yn symud i gyfeiriadau gwahanol yn gyson, felly paid â chanolbwyntio ar ganlyniad terfynol – dydy trawsnewid byth yn dod i ben. Yr hyn sy'n bwysig yw dy hapusrwydd dy hun, yma, nawr, yn yr ennyd hon. Yn y pen draw, yr anrheg fwyaf sydd gen ti i'r byd hwn yw bod yn ti dy hun. Rwyt ti'n bwysig ac yn haeddu cael dy garu a dy ddathlu. Paid byth â bodloni ar ddim byd llai na hynny.

Y 'T'

Charlie: Wrth i'n pennod fach ni dynnu at ei therfyn, gobeithio ei bod hi wedi dy helpu di! Os wyt ti'n cis, gobeithio dy fod ti wedi deall y pethau sylfaenol ychydig yn well. Os wyt ti'n draws, gobeithio y bydd yn dy helpu i ddeall *dy hun* ychydig yn well, er mwyn i ti fod yn barod i ddelio â'r *basic bitches* pan fyddan nhw'n dod amdanat ti. Mae hyn yn siŵr o ddigwydd – ond rwyt ti'n hen ddigon cryf i'w wynebu nhw. Rwyt ti'n un o linell hir o bobl draws gryf ac mae'r llyfr hwn a dy ddwy chwaer fawr, Kuchenga a fi, yma i dy gefnogi di. Galli di wneud hyn!

Kuchenga: Dwi'n hynod ddiolchgar ein bod ni wedi cael y cyfle hwn i rannu rhai o'n meddyliau. Mae'r broses o roi hyn at ei gilydd wedi fy atgoffa o faint roeddwn i'n dibynnu ar Charlie i adlewyrchu rhywfaint o fy mhrofiad i. Rydyn ni wedi rhannu cymaint â'n gilydd, a gobeithio wir y galli di gael yr un gefnogaeth a chariad yn dy fywyd di. Fyddwn i byth wedi dod drwyddi ar fy mhen fy hun a does dim angen i ti fod ar dy ben dy hun chwaith.

Mae'r broses o ysgrifennu hyn wedi fy atgoffa o faint dwi'n ysu i adrodd straeon a rhannu fy mhrofiadau. Dyna sut dwi'n hoffi cysylltu â'r cymunedau dwi'n perthyn iddyn nhw. Dwi'n edrych ymlaen at ddarllen y straeon rwyt ti am eu rhannu. Mae ein bywydau ni'n bwysig a dwi'n gobeithio cael dy gwmni wrth i ni ddathlu ein gwaddol cyffredin.

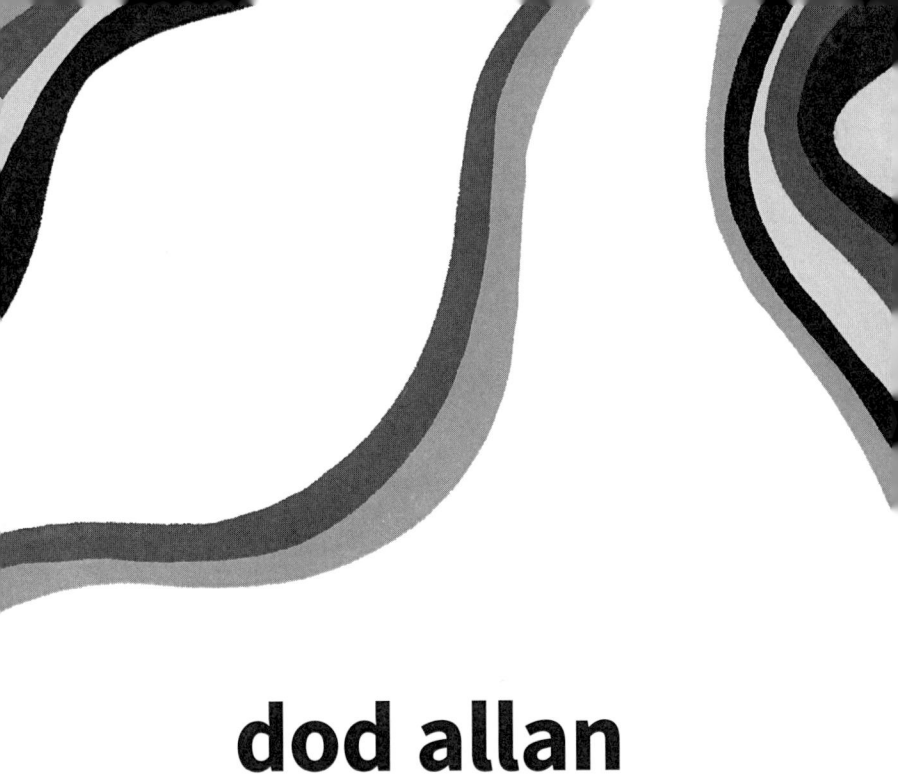

dod allan

Rydyn ni i gyd mor wahanol i'n gilydd – nid yn unig o ran sut rydyn ni'n uniaethu neu bwy rydyn ni'n ei garu – ond hefyd y ffaith ein bod ni'n credu mewn pethau gwahanol, yn pleidleisio dros bleidiau gwahanol, yn cefnogi timau gwahanol, yn hoffi difas pop gwahanol ac yn caru neu'n casáu bwydydd, sioeau teledu a llyfrau gwahanol. Er gwaethaf beth mae'r label 'y gymuned LHDTC+' yn ei awgrymu, does dim un ffordd o feddwl sy'n ein huno ni, dim un set o reolau i bobl cwiar gadw atyn nhw. Mae pawb yn wahanol (a gwych o beth yw hynny). Wedi dweud hynny, mae un profiad unigryw, ar ryw adeg, y bydd pob un ohonon ni'n ei ystyried, a'r rhan fwyaf ohonon ni'n ei brofi. Mae'n debygol dy fod ti'n agosáu ato.

Ar ryw adeg yn ein bywydau, mae'n rhaid i bob person cwiar benderfynu ydyn nhw'n mynd i rannu eu meddyliau a'u teimladau mewnol â'r bobl o'u cwmpas. Gallai hynny olygu rhannu eu hatyniad at rywun o'r un rhywedd neu ddatgelu eu gwir hunaniaeth rhywedd. Dydy hi fawr o syndod fod rhannu rhywbeth mor hynod bersonol yn gam go fawr. Dyma'r foment pan rwyt ti'n dweud yn y bôn nad wyt ti'n ffitio i batrwm arferol y byd, heterorywioldeb cisryweddol … dy fod ti'n 'arall'. Dyma yw dod allan.

Mae penderfynu dod allan a bod yn agored ac yn onest am ein teimladau, atyniadau, rhywioldeb neu hunaniaeth rhywedd go iawn yn gallu bod yn frawychus, ac mae'n gam mawr i lawer o bobl, felly mae'n syniad i ni ei drafod.

Yr un peth dwi wedi'i ddysgu trwy brofiad personol, a thrwy siarad â phobl eraill, yw nad oes ffordd gywir nac anghywir o ddod allan. (Wyt ti'n cofio fi'n sôn ein bod ni i gyd yn wahanol?) Felly beth mae pennod am ddod allan yn gallu'i ddweud wrthot ti mewn difri? Wel, dwi eisiau i ti glywed hanes rhai pobl cwiar eraill am sut aethon nhw ati, wedyn edrychwn ni ar rai awgrymiadau i'w wneud yn brofiad cadarnhaol i ti – oherwydd y peth pwysicaf yn hyn i gyd yw dy fod ti'n rhoi dy hun yn gyntaf.

Cyn mentro i'w chanol hi, dyma drindod o fomiau gwirionedd i'w cadw mewn cof.

1. Dwyt ti byth yn stopio dod allan

Dydy dod allan ddim yn brofiad 'unwaith ac am byth', lle nad wyt ti byth yn gorfod egluro na chywiro neb eto. Hyd yn oed nawr, ar ôl bod allan ers dros ddegawd, dwi'n dal i orfod dod allan mewn rhai sefyllfaoedd cymdeithasol neu yn y gweithle. Dwi'n dweud hyn nawr er mwyn dy helpu i reoli dy ddisgwyliadau. Dydy dod allan byth yn diflannu, ond mae'n dod yn haws. Weithiau, mae'n bosib i ti gael ychydig o hwyl gyda'r profiad hefyd.

2. Mae dod allan yn golygu gadael pobl i ddod i mewn

Yn hytrach nag edrych arno fel datgelu cyfrinach ddofn amdanat ti dy hun, meddylia amdano fel anrheg rwyt ti'n dewis ei rhannu â phobl arbennig a breintiedig sydd wedi cael cyfle i weld dy fywyd mewn ffordd fwy gonest a dilys. Drwy rannu'r rhan hon ohonot ti dy hun â phobl eraill, rwyt ti'n eu croesawu ac yn rhoi cyfle iddyn nhw ddod i dy adnabod di a dy garu yn dy gyfanrwydd. Mae dod allan yn gallu bod yn weithred o gariad.

3. Ti yw'r flaenoriaeth yn y broses hon

Dyma un o'r eiliadau prin a gwerthfawr hynny lle mae'n hollol iawn i ganolbwyntio arnat ti dy hun a blaenoriaethu'r hyn sydd orau i ti. Paid â bod yn ddihid o emosiynau pobl eraill, ond gofala dy fod ti'n rhoi dy gysur, dy hapusrwydd a dy ddiogelwch dy hun yn gyntaf. Does dim angen i ti ddod allan nes y byddi di'n teimlo'n barod ac yn ddiogel i wneud hynny. Os yw eraill yn ymateb yn wael pan fyddi di'n dweud wrthyn nhw, eu problem nhw yw hynny, nid dy un di. Does dim rhaid i ti ddal gafael na chario baich pryderon neu drafferthion neb arall. Rwyt ti'n wych fel rwyt ti.

Cwiar drwy'r canrifoedd

Mae dod allan yn dalfyriad o'r ymadrodd Saesneg *'coming out of the closet'* – ond o ble mae'r ymadrodd hwnnw yn tarddu? Y gred yw bod yr ymadrodd 'dod allan' wedi tarddu o gymdeithas fonheddig Fictoraidd, lle byddai *debutantes* (merched teuluoedd cyfoethog) yn 'dod allan' o'u cartrefi teuluol *'closeted'* a chael eu cyflwyno i gymdeithas fel menywod ifanc sy'n barod i briodi. Cafodd hyn ei ddynwared a'i fenthyg gan bobl cwiar wrth iddyn nhw ddod allan i bobl cwiar eraill cyn ymuno â'r gymdeithas hoyw – mewn mannau cwiar, fel tai cyfarfod penodol yn ystod oes Fictoria, ac yn ddiweddarach mewn dawnsfeydd drag yn sin cwiar Efrog Newydd. Mae rhai'n credu i'r ychwanegiad *out of the closet* ddod yn boblogaidd oddeutu'r 1960au i ddynodi'r cam o ddod i'r golwg ar ôl cuddio. Yn union fel rydyn ni'n cuddio pethau mewn cypyrddau, rydyn ni'n cuddio'r rhannau cwiar o'n hunain nes ein bod ni'n barod i'w dangos. A phan fyddwn ni'n eu harddangos, ac yn camu allan, mae'r parti'n dechrau.

cysur cwiar ••• dod allan

Oes rhaid i fi ddod allan?

Ddylet ti ddim teimlo pwysau gan neb i ddod allan – ddim hyd yn oed gan gariad cudd. Os nad wyt ti'n barod eto, mae hynny'n iawn. Dy daith di yw hon, yn dy amser dy hun, felly paid â theimlo dan bwysau a phaid â chael dy ruthro. Rydyn ni i gyd yn dod ato ar adegau gwahanol.

Mae rhai pobl yn dewis peidio â dod allan a byw eu bywydau yn gyfrinachol a chuddio oddi wrth eraill. Ac er nad dyna'r dewis oedd yn iawn i fi, maen nhw'n gwneud y penderfyniad sy'n teimlo orau iddyn nhw ar yr adeg honno o'u bywydau, a'u hawl nhw yw hynny. Mae penderfynu peidio â dod allan yn gallu digwydd am nifer mawr o resymau, megis diogelwch, magwraeth ddiwylliannol a chrefyddol, cywilydd neu hyd yn oed fyw mewn gwledydd â chyfreithiau cwiarffobig. Gyda'n gilydd, fel cymuned, rydyn ni'n wynebu'r dewis yn gyson ac yn aml. Ac ydyn, weithiau rydyn ni'n penderfynu peidio – oherwydd hwylustod pan fyddwn ni wedi blino egluro ein hunain i eraill neu oherwydd diogelwch pan fyddwn ni mewn sefyllfa sy'n teimlo'n ansicr.

Wna i ddim dro gwael â ti a dweud celwydd drwy esgus bod dod allan bob amser yn hawdd neu'n ddidrafferth. Weithiau, dydy pethau ddim yn mynd yn ôl y disgwyl, ac mae hynny'n iawn – anodd ymdopi ag o, ond yn dal i fod yn iawn. Yn yr un modd, mae'n normal i fod yn ofidus, yn bryderus neu'n ofnus. Byddwn ni'n edrych ar sut i ddelio â'r emosiynau hynny mewn ffordd fuddiol yn y man, ond dydy teimlo'n nerfus ddim yn golygu dim byd negyddol – dwyt ti ddim yn wan, na dim byd felly. Wyt, rwyt ti yn teimlo'r emosiynau hyn, ond nid dyna pwy wyt ti.

Enfys o emosiynau

Efallai y byddi di'n penderfynu bod yr amser yn iawn i ti a dy fod ti eisiau dod allan. Mae manteision anhygoel i wneud hynny. Mae dod allan yn gallu gwneud i ti deimlo:

- fel ti dy hun
- rhyddhad
- yn feddalach
- yn lwcus
- yn fyw
- yn rhydd
- yn llawen
- yn gryf
- wedi dy garu
- yn ddilyffethair
- yn hyderus
- yn fyrlymus
- yn nerthol
- yn ddibynadwy
- yn ysgafnach
- yn onest
- yn gyflawn
- yn gyfanwaith
- yn real
- yn ddilys
- ar ben dy ddigon
- wedi cyffroi
- wedi dy rymuso
- yn dalach
- yn rhydd o faich
- mewn cysylltiad

cysur cwiar ••• dod allan

Bydd popeth yn iawn. Pam? Dwyt ti ddim ar fai, dwyt ti ddim wedi dweud na gwneud dim byd o'i le, dwyt ti ddim yn anghywir. Rwyt ti'n rhan o linach hir o bobl cwiar sy'n mynd yn ôl filoedd o flynyddoedd. Rwyt ti'n perthyn i gymuned a diwylliant sydd wedi siapio celf, gwyddoniaeth, hanes, diwylliant pop, iaith, ffasiwn a chwaraeon ers miloedd o flynyddoedd – a byddi di'n iawn. Gwell na iawn, a dweud y gwir. Rwyt ti'n mynd i fod yn wych, yn mynd i ddysgu sut i dy gofleidio dy hun a disgleirio'n fwy llachar yn sgil hynny, ac rydyn ni'n methu aros i dy groesawu di i'r teulu.

Sut brofiad yw dod allan?

Rydyn ni'n dod allan i lawer o bobl wahanol mewn llawer o lefydd gwahanol. Mae pob sefyllfa'n unigryw a bydd angen i ti werthuso pob un ychydig yn wahanol – mae dod allan i bobl rwyt ti wedi'u hadnabod ers amser maith ac yn meddwl y byd ohonyn nhw yn wahanol i ddod allan i bobl rwyt ti newydd eu cyfarfod yn dy swydd dydd Sadwrn newydd. Mae hyd yn oed dod allan i aelodau'r teulu yn gallu amrywio o'r naill i'r llall – mae oedran a disgwyliadau yn gallu gwneud dod allan i frawd neu chwaer deimlo'n wahanol i ddod allan i riant, ac yn fwy gwahanol i ddod allan i nain neu daid. Yn yr un modd, mae dod allan i bob un o dy ffrindiau yn brofiad unigryw, ac mae'n gallu bod yn wahanol i ddod allan i athrawon neu aelodau o'r un tîm. Mae'n bosib dy fod ti wedi deall erbyn hyn ei bod hi'n wahanol bob tro, ond er ei bod hi'n wahanol bob tro, mae popeth yn iawn yn y pen draw.

Dwi'n dod allan

Nesaf, dyma ambell stori gan bobl wych yn sôn am eu profiadau nhw o ddod allan i'w ffrindiau a'u teuluoedd.

Jason Kwan, canwr-gyfansoddwr (fe/nhw)

Roedd dod allan yn anodd. Wrth i fi dyfu i fyny yn Hong Kong, doeddwn i ddim yn adnabod neb cwiar felly doedd gen i ddim byd i gyfeirio ato o ran beth roedd dod allan yn ei olygu i fi. Cefais fy ysgogi i ddod allan oherwydd fy mod i eisiau bod yn fwy gonest gyda fy rhieni am bwy ydw i. Roedd y sgyrsiau'n anodd ac yn loes calon, ond wrth lwc, roedden nhw'n sbardun ar gyfer taith o dderbyn, iddyn nhw ac i fi.

Chris Bryant

Paid â chymharu dy brofiad personol â dod allan i dy ffrindiau cwiar. Weithiau, er mwyn diogelu dy les ariannol, emosiynol a chorfforol, mae'n bosib bod dod allan ddim yn opsiwn. Does dim byd o'i le ar hynny! Does dim angen i dy fywyd di fod yn debyg i fywyd neb arall, a dydy hi ddim yn bosib i neb arall dy farnu di am wneud penderfyniadau sy'n effeithio ar dy ddiogelwch. Os dwyt ti ddim mewn man lle rwyt ti'n teimlo'n ddiogel neu'n cael dy gefnogi i ddod allan gan y bobl o dy gwmpas, paid â theimlo dan bwysau i wneud hynny. Cymer dy amser yn creu rhwyd ddiogelwch well o gefnogaeth ariannol ac emosiynol cyn gwneud penderfyniad a fydd yn newid dy fywyd. Does dim terfyn amser, a dylet ti flaenoriaethu dy iechyd meddwl a dy iechyd corfforol bob amser.

Teddy Edwards

Ches i ddim sgwrs fawr, dim ond dod â merch adref un diwrnod ac ymddwyn fel petai hynny'n beth cwbl normal. Gofynnais i Mam yn ddiweddarach sut roedd hi'n gwybod fy mod i'n hoyw, ac atebodd hi fod "posteri o ferched noeth dros fy waliau i gyd yn datgelu'r gyfrinach rywsut."

Shane ShayShay Konno, awdur, cyfarwyddwr a sylfaenydd @bittenpeachuk (nhw)

Fe wnes i gynllun manwl ar gyfer dod allan, gan gynnwys rhestr drefnus o bwy fyddai'n cael clywed a phryd. Trwy gyd-ddigwyddiad, cododd fy nau riant, heb ymgynghori â'i gilydd, y mater â fi cyn eu hamser nhw ar fy amserlen dod allan.

Marc Thompson

Roeddwn i'n lwcus pan ddes i allan. Yn gyntaf, dywedais i wrth fy mhennaeth blwyddyn, a oedd yn gefnogol. Rhoddodd fanylion cyswllt y Gay Switchboard, fel yr oedd yn cael ei adnabod ar y pryd, ac ambell grŵp ieuenctid hoyw lleol. Dywedais i hefyd wrth fy nau ffrind gorau yn yr ysgol, ysgol i fechgyn yn ne Llundain. Siom ar yr ochr orau oedd eu hymateb cwbl ddidaro, malio dim. Bydda i'n ddiolchgar iddyn nhw am byth am hynny.

Yasmin Benoit, model, ymgyrchydd ac awdur (hi)

Un o'r pethau mwyaf llafurus am fod yn anrhywiol yw clywed barn pobl eraill am hynny. Paid ag ofni boddi eu sŵn nhw. Does dim angen i ti esbonio i neb, a dydyn nhw ddim yn gwybod mwy na ti am dy rywioldeb. Paid â theimlo bod angen iddyn nhw ddeall er mwyn i ti deimlo'n ddilys. Y peth pwysig yw i ti fod yn fodlon ynot ti dy hun.

Gofalu amdanat ti dy hun: cysylltu â'r ddaear

Mae'r pwysau, y meddyliau a'r ofnau am ddod allan yn dipyn o beth, ac yn gallu teimlo'n llethol weithiau. Dyma un o fy hoff dechnegau i gadw cysylltiad â'r ddaear. Y nod yw dy helpu i deimlo'n fwy cartrefol yn dy groen, i wneud dy emosiynau'n llai llethol a dy roi di yn y lle emosiynol a meddyliol gorau i fynd i'r afael â'r hyn sydd o dy flaen di – mae'n wych ar gyfer yr adegau hynny pan fyddi di'n teimlo wedi dy lethu, yn nerfus neu'n bryderus.

Y dull 54321

Mae angen i ti ofyn pum cwestiwn syml i ti dy hun, a chymryd amser i ganolbwyntio ar yr atebion.

- Wrth edrych o dy gwmpas, enwa **bum** peth rwyt ti'n gallu eu gweld. Sylwa ar rywbeth am bob un o'r gwrthrychau, er enghraifft, eu lliw neu eu siâp – 'cwpan glas' neu 'plât crwn'.
- Gan ganolbwyntio ar dy gorff, chwilia am **bedwar** peth rwyt ti'n gallu eu cyffwrdd. Sut maen nhw'n teimlo? Siwmper gysurus? Sanau cynnes? Blanced glyd? Carreg oer?
- Nesaf, gwranda ar y byd o dy gwmpas. Pa **dri** pheth rwyt ti'n gallu eu clywed? Sylwa ar y rhythmau a'r tempo – oes adar yn canu o gwmpas y lle? Beth am synau cerddoriaeth neu deledu sy'n dod o rywle? Oes unrhyw leisiau yn siarad neu sŵn peiriant golchi yn y cefndir?

cysur cwiar ••• dod allan

- Beth am flas ac arogl – edrycha am **ddau** beth rwyt ti'n gallu eu harogli neu eu blasu. Oes persawr ar yr awel neu arogl powdwr golchi? Beth am flas siocled? Canolbwyntia i weld beth sy'n daro di.
- Yn olaf – ac mae hyn yn bwysig iawn – meddylia am **un** peth GWYCH amdanat ti. Wyt ti'n garedig? Yn feddylgar? Yn weithgar? Yn ddibynadwy?

Un o'r pethau gwych am y dull 54321 yw mai'r cyfan mae angen i ti ei wneud yw canolbwyntio dy feddwl, sy'n golygu dy fod ti'n gallu ei wneud yn rhywle – hyd yn oed yn yr ystafell ddosbarth – a fydd neb ddim callach!

Yr amser iawn i ddod allan

Mae meddwl am yr 'amser perffaith' i ddod allan a cheisio'i ragweld yn gallu ychwanegu llawer o straen at y digwyddiad, yn enwedig pan mae'r byd ar-lein yn llawn straeon am bobl ifanc yn eu harddegau a ddaeth allan mewn ffyrdd mawreddog a dramatig – fel cyhoeddi eu hunaniaeth rhywedd i'w hysgol gyfan yn ystod y gwasanaeth, neu ddod i ddawns ysgol a synnu pawb gyda dêt golygus neu brydferth o'r un rhyw. Chwarae teg i'r bobl hynny (os yw'r profiadau hynny'n wir), ond paid â theimlo unrhyw bwysau i fesur dy hun yn ôl y safonau hynny. I lawer ohonon ni, mae'n dechrau mewn ffyrdd llawer tawelach.

Does dim brys i ddweud wrth bawb na chael trefn ar bopeth ar unwaith. Mae hunaniaeth a rhywioldeb dynol yn hynod gymhleth, a rhan o wychder bod yn ddynol yw tyfu a datblygu – felly treulia amser yn archwilio dy hunaniaeth a dod i ddeall ambell beth drosot dy hun. Dydy peidio â rhuthro i ddod allan ddim yn golygu bod yn ffug nac yn annilys. Mae'n gallu bod yn weithred o hunanddarganfod sydd, yn ei thro, yn weithred o hunangariad.

Mae rhai pobl yn hoffi aros am 'ddigwyddiadau bywyd' gwahanol, fel dechrau ysgol newydd (neu ddechrau gwyliau'r haf) neu symud i'r brifysgol. Mae eraill yn cyfarfod â phartner ac eisiau rhannu hynny fel rhan o'u perthynas newydd. I rai, mae'n ymateb i eitem newyddion, pen-blwydd pwysig neu weld portread cadarnhaol o gymeriadau cwiar ar y teledu. Mae gan bawb ei resymau, ond dyna'r pwynt – eu rheswm nhw ydyn nhw. Y cwestiwn pwysicaf i ti ofyn i ti dy hun yw 'Pryd mae'r adeg iawn i mi?'

Pan ddywedais i wrth ffrind y tro cyntaf, yr unig eiriau ddaeth allan oedd, "Dwi'n meddwl 'mod i'n hoffi bechgyn." Aeth y gair H yn sownd yn fy ngwddf, oherwydd doeddwn i erioed wedi dweud "dwi'n hoyw" yn uchel wrthyf i fy hun. Yn raddol, gwnes i ddatblygu a thyfu'n fwy hyderus gyda fi fy hun, fy hunaniaeth a beth roedd fy rhywioldeb yn ei olygu i fi, a daeth hyder gyda geiriau yn sgil hynny. Ond yn fwy na dim, fodd bynnag, mae'r broses hon wedi esblygu dros flynyddoedd. Dwi wedi colli cyfri sawl gwaith dwi wedi gorfod dod allan – i ffrindiau, aelodau'r teulu, cyd-fyfyrwyr prifysgol, cyd-chwaraewyr, cyd-weithwyr, cyflogwyr. Os ydy hynny'n teimlo'n frawychus, paid â phryderu na digalonni. Mae'n bersonol i ni i gyd. Rho dy ffydd ynot ti dy hun a dy reddf er mwyn gwybod beth sy'n iawn i ti ym mhob sefyllfa. A'r tro cyntaf hwnnw i fi ddweud wrth rywun, yr achlysur "Dwi'n meddwl 'mod i'n hoffi bechgyn", beth oedd ymateb fy ffrind? A dweud y gwir, dydw i ddim hyd yn oed yn gallu

cysur cwiar ••• dod allan

cofio. Y cyfan dwi'n ei gofio yw'r nerfusrwydd cyn dweud a'r rhyddhad roeddwn i'n ei deimlo ar ôl dweud.

Yr eiliad "O na!"

Weithiau dydy pethau ddim yn mynd yn ôl y drefn, ac mae dy sgwrs dod allan yn digwydd mewn ffordd hollol wahanol i ti ei rhagweld. Weithiau, mae negeseuon preifat yn cael eu darllen; weithiau, mae pwysau hel clecs yn gallu cynyddu. Yn anffodus, ces i fy owtio yn yr ysgol cyn i fi fod yn barod i ddod allan yn gyhoeddus (ffrind wedi agor ei geg ar ôl i fi ymddiried ynddo). Byddet ti'n synnu pa mor gyffredin yw trafodaeth deuluol letchwith dros ginio yn holi pwy sydd wedi bod yn gwylio pornograffi hoyw ar y cyfrifiadur. Er bod y sefyllfaoedd hyn yn gallu bod yn afiach o ysgytwol, ac yn rhai ddylai neb orfod eu profi, galli di amddiffyn dy hun drwy ddilyn yr un egwyddorion o flaenoriaethu dy hun, dy deimladau dy hun a pheidio â meddwl bod yn rhaid i ti ymddiheuro neu gynnig mwy o esboniad nag yr wyt ti'n hapus i'w gynnig.

Bydd yn driw i ti dy hun

Mae'r golwg sydd arnon ni'n gallu effeithio ar ddod allan hefyd. Mae rhai pobl allan oherwydd eu golwg, ond mae eraill yn meddu ar yr hyn sy'n cael ei alw'n 'fraint pasio fel rhywun syth'. Mae hwn yn syniad problemus iawn, sy'n awgrymu ein bod ni'n syml ddigon yn gallu edrych ar rywun a gwybod beth yw eu rhywioldeb. Fel arfer, mae'r meddylfryd hwn yn dod o syniadau rhywiaethol iawn o sut olwg ddylai fod ar ddynion a menywod a sut y dylen nhw ymddwyn. Ydy, mae'n iawn weithiau, ond mae rhywioldeb a mynegiant rhywedd yn bethau cyfnewidiol a phersonol sy'n amlygu eu hunain mewn cant a mil o ffyrdd. Y peth pwysig yw nad wyt ti'n poeni am sut rwyt ti'n cyd-fynd â syniad hen ffasiwn o sut olwg ac ymddygiad ddylai fod yn wrywaidd neu'n fenywaidd, a gwneud beth bynnag sy'n iawn, yn naturiol ac yn gyfforddus i ti.

Weithiau, pan fyddwn ni'n dod allan, rydyn ni'n clywed "Www, fyddwn i byth wedi dweud!" a byddwn yn gorfod ymdopi â'r cymysgedd annifyr hwnnw o falchder ac euogrwydd – "Www, fydden nhw ddim wedi gallu dweud 'mod i'n hoyw! AROS – pam rydw i'n falch o hynny?" Ond mae'r llais bach yna (llais cywilydd) y tu mewn i bob un ohonon ni. Mae homoffobia cymdeithasol wedi ein heintio ni i gyd, felly dydy'r ymateb hwn ddim yn dy wneud di'n fradwr, yn rhywun sy'n ei gasáu ei hun neu'n 'cwiar gwael'. Mae'n ddealladwy ond paid â phoeni, byddwn ni'n trafod sut i ymladd y teimladau drwg yma yn fanylach ym mhennod 7, 'hapus a hoyw'.

cysur cwiar ••• dod allan

Mae'n bryd dod allan

Felly, sut wyt ti'n mynd ati i ddod allan? Wyt ti'n agor cil y drws a chamu allan un cam ar y tro? Neu wyt ti'n agor y drws led y pen ac yn neidio allan? Dim ond ti all benderfynu hynny. Er mwyn dy helpu i bwyso a mesur, dyma ganllaw bras i ti o rai o'r pethau i ti feddwl amdanyn nhw a'u hystyried. Mae ystyried yn bwysig oherwydd nid cyfarwyddyd 'sut mae gwneud' yw hyn – mae angen i ti bersonoli'r pwyntiau hyn ar dy gyfer di a dy fywyd di, oherwydd mai ti yw'r arbenigwr arnat ti.

Penderfynu wrth bwy i ddweud: wyt ti'n dechrau gyda'r bobl bwysicaf yn dy fywyd, neu wyt ti'n dechrau'n fach ac yn gweithio dy ffordd i fyny? Pwy bynnag sy'n cael clywed, mae angen iddo fod yn rhywun rwyt ti'n ymddiried ynddo ac, yn dy farn di, yn trin dy newyddion â pharch (ac nid fel stori i'w rhannu). Os bydd rhywun yn flin oherwydd dy fod ti heb ddweud wrthyn nhw yn gyntaf, nid dy broblem di yw hynny. Paid â gadael i hyn fod amdanyn nhw – byddi di'n dweud wrth bobl pan mae'n teimlo'n iawn i ti, a dydy trefn dweud wrth bobl fawr ddim i'w wneud â faint rwyt ti'n eu gwerthfawrogi.

Pryd a lle: mae pryd a lle rydyn ni'n cael gwybod am rywbeth yn gallu cael effaith ryfeddol ar sut rydyn ni'n derbyn a phrosesu gwybodaeth, felly mae'n werth rhoi'r siawns orau o lwyddo i ti dy hun drwy feddwl ymlaen at y mathau o sefyllfa a allai fod fwyaf buddiol. Ces i drafodaethau un-i-un gwych am ddod allan gyda ffrindiau, pan oedden ni'n gallu trafod o ddifri. Ond dwi hefyd yn cofio adeg ofnadwy pan wnes i ddod allan i ffrind, heb feddwl am wneud hynny ymlaen llaw, mewn parti swnllyd heb ddim math o breifatrwydd. Hola dy hun, oes gen ti amser a lle i drafod yn agored ac yn onest, neu oes 'na rywun yn mynd i glywed, torri ar draws neu achosi i ti ruthro? Yn bwysig, wyt ti'n ddiogel? Os wyt ti'n dod allan i ffrind ar noson allan, wyt ti'n mynd i allu cyrraedd adref yn ddiogel? Os wyt ti'n dod allan i dy deulu ac yn poeni am eu hymateb, wyt ti wedi ystyried dy ddiogelwch ac – mewn achosion prin – wedi meddwl am gynllun i adael? Ond mae'n bwysig cofio bod yr achosion hyn yn brin. Mae agwedd cymdeithas tuag at atyniad at yr un rhyw, hunaniaeth rhywedd a phob peth cwiar yn gwella, ac mae'n fwy na thebyg y byddi di'n iawn.

Ymarfer dy eiriau: mae ymarfer beth rwyt ti eisiau ei ddweud yn gallu helpu. Roedd nifer o bobl dwi'n eu hadnabod – fi yn eu plith – yn 'ymarfer' drwy ddod allan ar-lein gan ddefnyddio proffiliau anhysbys, gan siarad ar y cyfryngau cymdeithasol â phobl LHDTC+ eraill yn ein sefyllfa ni. Cofia fod yn ymwybodol o'r hyn rwyt ti'n ei rannu ar-lein a gwna'n siŵr dy fod ti'n diogelu dy breifatrwydd.

Paid â theimlo dan bwysau i gydymffurfio â labeli: mae rhai ohonon ni'n gwybod yn gymharol gyflym ein bod ni'n lesbiaidd, hoyw, panrywiol neu ddeurywiol, traws neu anneuaidd. Dydy hynny ddim yn wir i lawer o bobl. Weithiau, mae cael gwared ar air hunaniaeth a dweud "Dwi'n hoffi …" neu "Dwi'n ffansïo …" yn gallu bod yn ffordd rwydd a haws i mewn i'r sgwrs. Bydda'n glir am beth rwyt ti eisiau ei ddweud a pha wybodaeth rwyt ti'n gyfforddus yn ei rhannu, a phaid â chrwydro y tu hwnt i hynny.

Ffiniau: bydd cael ffiniau clir o gwmpas y sgwrs – a chadw atyn nhw – yn dy helpu i deimlo'n fwy cyfforddus o lawer oherwydd mae'n ffordd o ofalu mai ti sy'n dal yr awenau. Does dim rhaid i ti rannu mwy o wybodaeth nag yr wyt ti'n hapus i'w wneud – am y math o berson sy'n dy ddenu di neu hyd yn oed pa label rwyt ti'n ei ddefnyddio (cofia, does dim rhaid i ti ddefnyddio label i ddisgrifio dy rywioldeb). Paid â theimlo dan bwysau i ddweud dim byd, nac ateb unrhyw gwestiwn, os nad wyt ti yn ei ddeall yn iawn dy hun eto.

Mae'r ail ffin mae angen i ti ei gosod yn ymwneud â'r ymateb rwyt ti'n ei gael. Mae dod allan i rywun yn rhoi golwg freintiedig iddyn nhw ar y ti go iawn. Os ydyn nhw'n ymateb yn wael, nid dy fai di yw hynny. Gosoda ffin glir o'r hyn sy'n dderbyniol i ti, a beth dwyt ti ddim yn fodlon ei dderbyn. Mae'n bwysig deall y gallai fod angen peth amser ar bobl eraill i brosesu'r newyddion, ond mae peidio â derbyn dim un o'u hemosiynau negyddol yr un mor bwysig – rwyt ti'n gyfan, yn berffaith ac yn arbennig, a dydy bod yn LHDTC+ ddim yn newid hynny (os rhywbeth, mae'n rhoi sglein ar bopeth ac yn gwneud i ti ddisgleirio'r fwy llachar fyth). Paid byth ag ymddiheuro am fod yn onest, am fod yn ddewr ac am fod yn ti dy hun, a phaid ag ysgwyddo problemau rhywun arall fel petaen nhw'n broblemau i ti.

Gair o gyngor i gynghreiriaid

Sut rwyt ti'n ymateb pan fydd rhywun arall yn dod allan i ti? Os wyt ti'n cwiar, neu'n gynghreiriad, dwi am ddechrau gyda rhai pethau i'w hosgoi, ac yna edrych ar ambell enghraifft fwy penodol.

Wyt ti'n dyfalu am rywedd neu hunaniaeth rywiol rhywun cyn iddyn nhw ddweud wrthot ti os ydyn nhw allan? Paid. Mae mor syml â hynny. Jest paid. Paid ag ychwanegu pwysau hel clecs arnyn nhw. Helpa i greu amgylchedd agored a chefnogol i bobl fynegi eu hunain yn eu hamser eu hunain. Mae clecs yn cynyddu gorbryder.

Y PethauiBeidioâ'uDweudarUnrhywGyfrif

"OMB! Mae fy ffrind *enw* yn hoyw! Dwi'n mynd i'ch cael chi at eich gilydd!" Llawn bwriadau da, ond braidd yn anystyriol. Ar y pwynt hwn, mae hyn yn ymwneud mwy â'n rhywioldeb ni yn hytrach na phwy ydyn ni, beth sy'n denu ein diddordeb neu sut bartner rydyn ni'n chwilio amdano.

"Dwi ddim yn hoffi ffrogiau chwaith." Felly rwyt ti'n dweud wrth rywun sydd newydd ddatgelu gwirionedd mawr am eu hunain, bod eu hunaniaeth a'u rhywedd go iawn nhw yr un fath â ti ddim yn hoffi gwisgo ffrogiau? Na, dydy o ddim yr un fath. Nid beth rwyt ti'n ei wisgo yw bod yn draws, ond pwy wyt ti – waeth sawl gwaith dwi'n gwisgo dillad *Wonder Woman*, nid dyna pwy ydw i, yn anffodus.

cysur cwiar ••• dod allan

"Dwi'n caru pobl hoyw." Peth neis i'w ddweud? Wel, ym, ddim wir. Mae'n dileu ein hunigolyddiaeth ac yn rhoi pawb gyda'i gilydd mewn un lwmp mawr. Yr hyn maen nhw ei angen yr eiliad hon yw dy gariad di fel eu ffrind ar lefel unigol.

"Dwi wastad wedi bod eisiau ffrind gorau hoyw!" Stori wir – dyma'r ystrydeb waeddodd cyd-fyfyrwraig yn y brifysgol wrth i fi ddod allan iddi (yn dawel) yn ystod wythnos y glas, a gwnaeth hyn y profiad yn un hynod anghyfforddus. Mae ymateb fel hyn yn gwneud dy ffrind yn dod allan yn rhan o dy stori di, ac yn cofleidio'r hen ystrydeb o 'ffrind gorau hoyw' – lle mae pobl LHDTC+ yn aelodau o gast cefndirol ffilmiau, teledu a hyd yn oed bywyd.

"Wyt ti'n fy ffansïo i?" neu **"Dwyt ti ddim yn ffansïo fi, wyt ti?"** Dwi wedi clywed y cwestiwn hwn fy hun, ar ôl dweud wrth ddyn syth a oedd yn ffrind i fi (doedd hynny'n bendant ddim yn gwneud i fi deimlo'n gwbl sicr a diogel yn y sefyllfa yna!) Dyma enghraifft arall o ddwyn naratif rhywun arall a'i wneud amdanat ti. Ar ben hynny, na'dw, dwi ddim. Dydy pobl heterorywiol ddim yn cael eu denu at bawb o rywedd gwahanol, a dydyn ni ddim yn cael ein denu at bawb o'r un rhywedd chwaith.

"Wyt ti'n meddwl y byddwn i'n gwneud menyw dda?" Nid 'gwneud' menyw mae menywod traws, maen nhw yn fenywod. Mae'r un peth yn wir am ddynion traws. Mae 'gwneud menyw dda' yn awgrymu mai'r olwg sydd arnyn nhw sy'n penderfynu eu hunaniaeth nhw, sydd ddim yn wir.

"Fyddwn i byth wedi dyfalu." neu **"Alli di ddim dweud."**
Am beth rwyt ti'n chwilio? Sicrwydd? Canmoliaeth? Beth bynnag yw'r cymhelliad y tu ôl i'r ymadrodd hwn, mae'n atgyfnerthu'r gred (hyd yn oed yn isymwybodol) mai heterorywioldeb yw'r norm dymunol. Norm maen nhw erbyn hyn yn gwyro oddi wrtho. Paid â'i ddweud.

"Peth dros dro ydy o, gwnei di dyfu allan ohono." Ydw i'n dal yn gorfod dweud hyn? Mae'n debyg 'mod i. Na. Paid.

"Does dim ots." neu **"Dwi ddim yn malio."** Iawn, dydy'r rhain ddim cynddrwg â'r lleill, mae'r bwriad yn well o lawer. Ond beth yw'r broblem yma? Rwyt ti'n dweud bod eu rhywioldeb ddim yn bwysig i ti. Maen nhw wedi magu'r dewrder i ddweud wrthot ti ac mae ymateb fel hyn yn gallu teimlo'n ddiystyriol ac yn chwithig. Yn hytrach, dywed rywbeth tebyg i: "Os wyt ti'n hapus, dwi'n hapus – dyna'r cyfan sy'n bwysig i fi." Mae hynny'n ei gwneud hi'n glir nad yw eu rhywioldeb yn broblem i ti yn eich perthynas chi, a ddim yn newid sut rwyt ti'n meddwl amdanyn nhw.

Ond beth os yw rhywun sy'n agos atat ti'n dod allan? Mae'n bosib bod rhywun wedi dod allan yn ddirybudd i ti'n ddiweddar, a dyna pam rwyt ti wedi gafael yn y llyfr hwn, neu wedi cael y llyfr hwn.

Deall: mae hon yn broses iddyn nhw. Efallai eu bod nhw wedi bod yn byw'n hapus a balch o'u hunaniaeth am gyfnod, ac mae clywed hyn fel dŵr dros gefn hwyaden. Neu efallai dydyn nhw ddim mor bell ar hyd y 'ffordd brics melyn' eto. Dylet ti allu gweld hyn o'r ffordd maen nhw'n dweud wrthot ti – oedd golwg nerfus arnyn nhw, oedd yna saib cyn dechrau, neu a oedd yn hawdd iddyn nhw drosglwyddo'r wybodaeth? Meddylia am y ffordd y gwnaethon nhw gyflwyno'r newyddion, oedd o'n beth mawr neu fach iddyn nhw? Dylai hynny roi syniad i ti o ble maen nhw arni a sut dylet ti ymateb. Ceisia wneud hynny mewn ffordd briodol. Dylet ti ddeall hefyd efallai fod yr atebion ddim i gyd ganddyn nhw eto, neu mae'n bosib eu bod nhw'n oriog (mae'n gallu teimlo'n eithaf lletchwith a phersonol iawn).

Diolch: pan mae rhywun yn dod allan i ti, maen nhw'n rhannu darn pwysig o wybodaeth amdanyn nhw'u hunain yn y gobaith y gallwch chi ddod i adnabod eich gilydd yn well. Ymateb cyntaf dymunol fyddai, "Diolch am ddweud wrtha i."

Cysuro: bydd lefel y cysur mae angen i ti ei gynnig yn amrywio yn ôl sut maen nhw'n rhannu'r newyddion a pha mor bwysig yw eich perthynas. Os ydi hi'n amlwg bod dweud wedi bod yn anodd iddyn nhw, bydd angen mwy o sicrwydd arnyn nhw bod hyn ddim yn newid dy farn di amdanyn nhw ac yn bwysicach, dy deimladau tuag atyn nhw – maen nhw'n dal i fod yn ffrind neu'n aelod o dy deulu.

Gadael iddyn nhw arwain: "Wyt ti eisiau trafod y peth?" Gad iddyn nhw benderfynu hyd a lled y sgwrs am y tro. Efallai eu bod nhw wedi ymlâdd ar ôl yr ymdrech o baratoi i ddweud wrthot ti, efallai eu bod nhw'n iawn ac eisiau dal ati i drafod (ac yn teimlo rhyddhad i ti wneud yn glir dy fod ti'n hapus i siarad) neu efallai fydd dim angen iddyn nhw hyd yn oed sôn amdano.

Gofyn pwy arall sy'n gwybod: efallai mai ti yw'r un cyntaf i gael clywed, efallai dy fod ti hanner ffordd i lawr y rhestr, neu efallai mai ti yw'r olaf un i glywed. Paid â digio os nad ti yw'r cyntaf i gael gwybod (unwaith eto, dydy o ddim amdanat ti).

Paid â dwyn eu stori: mae manteisio ar benderfyniad rhywun arall i ddod allan i ti ac i tithau redeg at bawb arall i rannu'r wybodaeth honno (heb eu caniatâd), ddim yn unig yn bradychu eu ffydd nhw ynot ti ond o bosib yn gallu eu rhoi nhw mewn sefyllfa anodd, letchwith neu anniogel.

Cadw llygad arnyn nhw: ychydig ar ôl iddyn nhw rannu eu newyddion â ti, mae ymdrech fach i'w hatgoffa bod popeth yn iawn, dy fod ti'n hapus drostyn nhw a bod pethau'n gallu cario 'mlaen fel o'r blaen – tecst, galwad ffôn, e-bost – yn hyfryd o gysurlon.

Parchu eu dymuniadau: os ydyn nhw wedi rhannu eu dewis o enw neu ragenwau newydd, parcha nhw a gwna'r ymdrech i'w dysgu nhw. Yn yr un modd, os ydyn nhw wedi gofyn i ti beidio â rhannu'r newyddion â neb arall, parcha hynny.

Cadw at y drefn arferol: os ydych chi'n cyfarfod bob bore Mawrth i drafod pennod newydd eich hoff gyfres deledu, yn cyfarfod am baned bob dydd Sul, yn mynd i'r sinema i weld y ffilm archarwyr ddiweddaraf, dal ati i wneud hynny i danlinellu bod popeth yn iawn – "wela' i di ddydd Mawrth – methu aros i weld beth ddigwyddith", "Bore dydd Sul, y lle coffi arferol", "Methu aros i weld *Capten Anneuaidd: Brwydro'r Batriarchaeth** ddydd Mercher". (*Iawn, fydd yr archarwr yna ddim ar y sgrin fawr yn fuan iawn!)

Fel cynghreiriad, os wyt ti'n ffrind, yn rhiant neu'n athro – pwy bynnag – dyma rywbeth mae angen i ti ei ddeall am y profiad o ddod allan. Fel pobl cwiar, mae'n rhaid i ni ofyn i ni'n hunain: "Ydy eu teimladau nhw tuag ata i wir yn ddiamod?" Mae yna wastad lais sy'n dweud,

"Beth os mai na ydi'r ateb?" Mae'n rhaid i ni fyw gyda'r teimlad hwnnw. Nid dy fai di ydi hyn, o reidrwydd. Gallai ddigwydd gyda'r person mwyaf derbyngar, ond dy gyfrifoldeb di yw mynd i'r afael â hyn.

cysur cwiar ••• dod allan

Paratoi dy ffordd enfys

Dyna ti wedi'i wneud! Rwyt ti wedi camu o'r cysgodion. Rwyt ti allan! Llongyfarchiadau! Da iawn! Hwrê! Beth nesaf? Wel, nawr dy fod ti wedi rhannu rhan o dy gymeriad â'r byd, y gwir amdani yw dy fod ti'n fwy parod i feddwl beth mae'r rhan honno o dy hunaniaeth yn ei olygu i ti a dechrau hawlio dy hunaniaeth ar dy delerau di. Yn fwy na dim, mwynha'r rhyddid newydd i archwilio, darganfod dy hun a charu dy hun.

Gan bwyll, rho dy ffydd yn dy reddf a symuda ar dy gyflymder dy hun. Paid â theimlo bod angen i ti ddeall popeth na gorfod esbonio neu ddweud gair yn fwy nag yr wyt ti'n hapus i'w wneud. Dydy bod 'allan' ddim yn gorfod newid dim byd amdanat ti. Does dim rhaid i ti ddechrau gwneud dim byd, na rhoi'r gorau i wneud dim byd o gwbl – dal ati i fyw dy fywyd er dy fwyn di, yn onest a dilys.

Dal dy ben yn uchel ar dy daith, gan wybod y byddi di'n iawn beth bynnag a ddaw i dy ran. Pam? Am dy fod ti'n union pwy wyt ti i fod. Yn wych, yn gyfan, yn berffaith a nawr … yn falch.

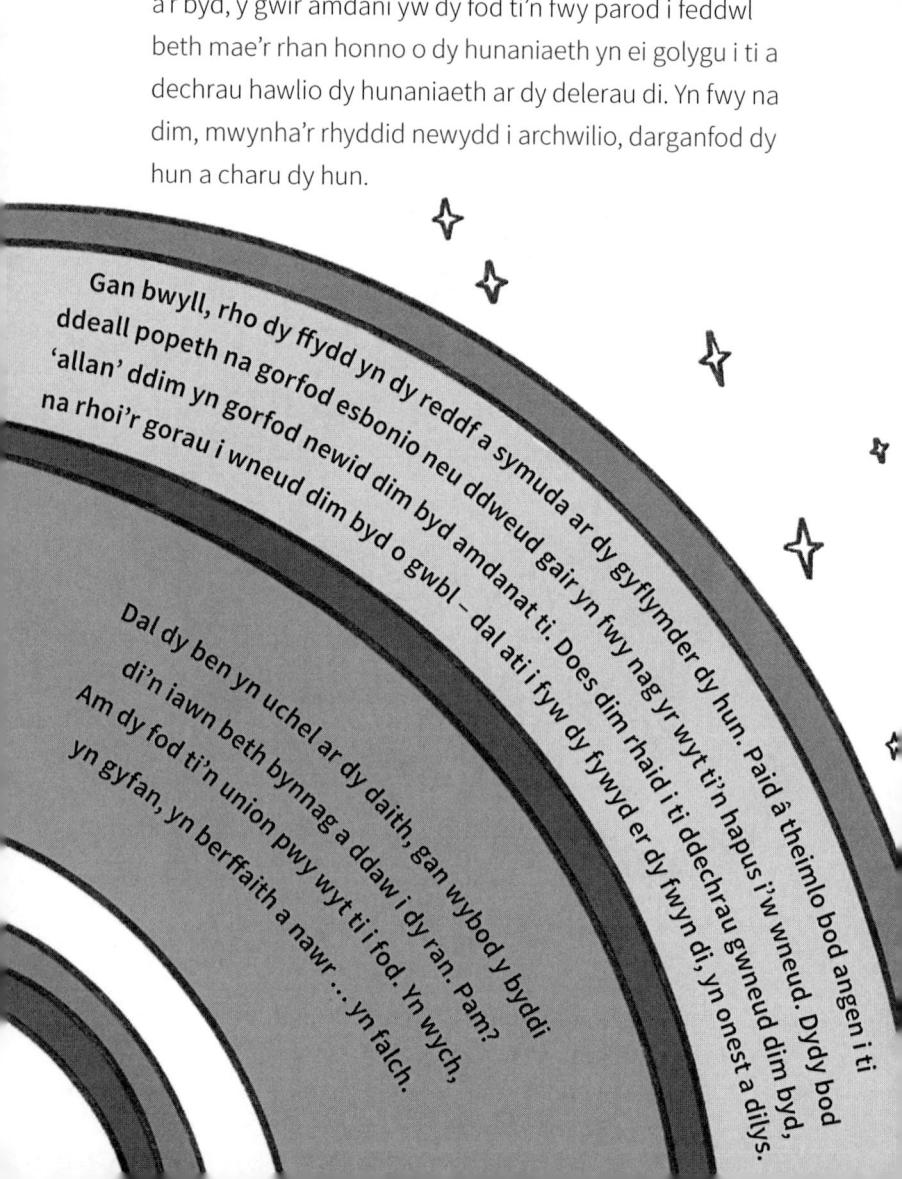

teuluoedd a ffrindiau

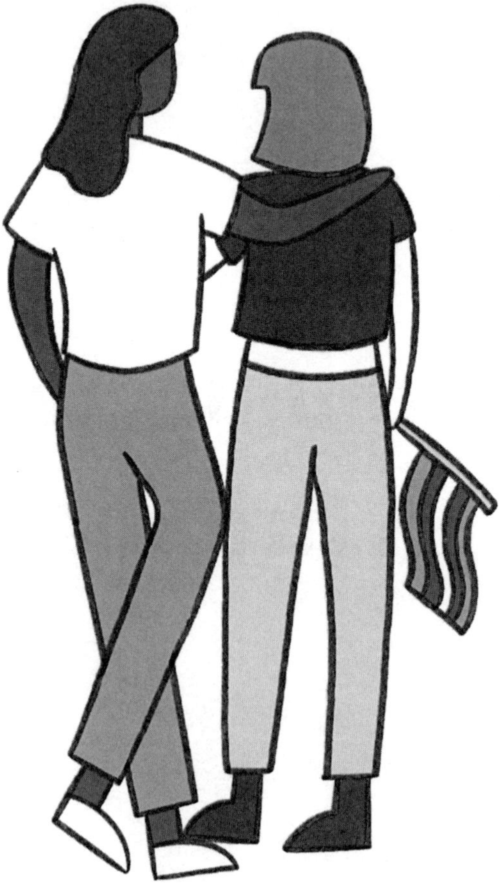

Teuluoedd. Maen nhw'n bethau rhyfedd, o ystyried, on'd ydyn nhw? Wnaethon ni ddim gofyn i fod yn rhan ohonyn nhw, maen nhw'n aml yn ein gwylltio ni'n gacwn, neu'n boenus o chwithig – fel yr adeg honno pan wnaeth fy nhad ateb y ffôn a dweud wrth fachgen roeddwn i'n ei ffansïo, "Na, dydy o ddim yn gallu dod at y ffôn ar hyn o bryd, mae o'n cael pŵ, dwi'n meddwl y bydd o yno am sbel" – ac mae ambell ffrae FAWR yn codi. Wedyn mae'r pethau da: yr adegau maen nhw wedi gofalu amdanon ni, y cariad rydyn ni'n ei deimlo, y gefnogaeth a'r caredigrwydd, y gofal pan fyddwn ni'n sâl, y ddealltwriaeth gyfforddus, y chwerthin. Fydd neb yn dy herio di'n fwy na dy deulu, ond fydd neb arall tebyg iddyn nhw am dy helpu i dyfu ac i dy gefnogi di chwaith. Ond dyma'r peth – mae teulu'n gallu bod yn unrhyw beth rydyn ni eisiau iddo fod.

    Mae'r dyddiau o fam a thad gan bawb, â 2.4 o blant yn union (ystadegyn rhyfedd am y teulu 'cyffredin', a'r cyfan mae'n ei brofi, yn fy marn i, yw nad oes yna'r fath beth â 'normal' – beth yw 0.4 o blentyn?!) wedi hen fynd. Dwi'n amau a oedden nhw erioed yn bodoli yn y lle cyntaf, a dweud y gwir. Iawn, mae teulu'n gallu cynnwys mam a thad, a nifer o blant. Ond mae teuluoedd yn dod mewn sawl ffurf wahanol hefyd. Teulu â dim ond mam, neu ddim ond tad. Mae plentyn yn gallu cael ei fagu gan ei nain a'i daid. Maen nhw'n gallu bod yn ddau hanner o deuluoedd eraill, wedi eu gwahanu a'u cymysgu drwy ysgariad a phriodas i ffurfio uned o rieni a llys-rieni a llysfrodyr a llyschwiorydd. Fel arall, mae teulu'n gallu bod yn uned o un person a'i ffrind gorau. Mae'n gallu cael ei greu drwy fabwysiadu, maethu neu nifer di-ben-draw o ffyrdd.

Y fi? A dweud y gwir, mae gen i ddau dad – na, dydyn nhw ddim gyda'i gilydd a dydyn nhw erioed wedi bod (odduwpaidâgwneudifiddychmyguhynnyafiach). Fy nhad biolegol yw un ohonyn nhw, a'r llall yw fy llystad. Mae'r ddau wedi fy magu i, mae'r ddau wedi dysgu gwersi bywyd i fi ac wedi fy helpu i dyfu i'r person rydw i. Ac wedyn dyna fy mam. Am flynyddoedd cyntaf fy mywyd, gwnaeth hi fy magu i fel rhiant sengl – uned deuluol ddilys ac anhygoel o bwysig arall. Wrth edrych ymhellach, mae gen i lysdeulu hefyd – llysfamau, llyschwiorydd a brodyr, llysneiaint a nithoedd hyd yn oed. Ond dwi'n ystyried eu bod nhw i gyd yn deulu i fi, pob un mor annwyl â'i gilydd.

Mae criw o ffrindiau yn gallu bod yn deulu hyd yn oed. Mae'r clymau a'r cariad yn ddwfn a chryf, yn gryfach na 'chysylltiadau teuluol', ac yn dod â nhw at ei gilydd. Mae gan lawer o bobl cwiar 'deulu dewisol' neu'r hyn roedd yr awdur cwiar enwog Armistead Maupin yn ei alw'n *logical families* (gan chwarae gyda'r gair *biological* i awgrymu pobl sy'n gwneud synnwyr i ti a dy fywyd). Mae gan lawer o fy ffrindiau le pwysig yn fy nghalon, yn fy mywyd ac yn fy nheulu dewisol – maen nhw'n gymaint o deulu i fi â neb, ac yn llawer agosach na rhyw gyfyrdryd pell!

Beth bynnag yw ffurf ein teulu, pwy bynnag sy'n rhan ohono, maen nhw'n unigryw i ni. Maen nhw'n bobl bwysig, rhai o'r bobl bwysicaf yn ein bywydau. Ond mae teuluoedd hefyd yn gallu bod yn gur pen cymhleth, yn enwedig o ran deall, archwilio a mynegi ein rhywioldeb a'n hunaniaeth rhywedd. Er mae'n rhaid i fi ddweud hyn – ti yw'r person cyntaf a phwysicaf yn dy fywyd, i fod. Felly, er ein bod ni'n teimlo'n wych am ein hunaniaeth … fyddan nhw?

Cofia, drwy ddweud wrth dy deulu a dy ffrindiau agosaf am dy daith bersonol, rwyt ti'n rhoi cyfle iddyn nhw gydnabod a dathlu dy fod ti wedi tyfu, pwy wyt ti mewn gwirionedd, ac i fod yno i ti ar hyd y daith. Mae'n debyg y byddi di hefyd yn gwneud iddyn nhw dyfu a myfyrio hefyd!

Mae bod yn nerfus am y sgyrsiau hyn yn naturiol (paid anghofio ein bod ni, yn y bennod gyntaf, wedi edrych ar beth i'w wneud pan fydd meddyliau gorbryderus yn mynd yn llethol). Mae penderfynu sut i ddweud wrth y bobl agosaf atat ti yn gam pwysig, felly beth am roi sylw i sut galli di baratoi ar gyfer hynny?

Cysylltiadau teuluol

Mae meddwl am drafod dy rywioldeb neu dy hunaniaeth â dy deulu yn gallu teimlo'n llethol. Ond cofia, rwyt ti hefyd yn rhan o deulu a chymuned cwiar fawr. Dyma ambell stori a negeseuon cefnogol i dy helpu ar dy daith.

Kayza Rose

Roeddwn i'n 24 oed a gyda fy mhartner benywaidd cyntaf, a oedd allan yn llwyr. Daeth hi'n rhwystredig oherwydd doeddwn i ddim yn ei hawlio hi fel fy mhartner pan oedd pobl eraill o gwmpas; rhoddodd hi rybudd olaf i fi. Gwnes i ymateb i hynny fel petai'n rhywbeth mae disgwyl i ti ei wneud os wyt ti'n 'cwiar go iawn', yn hytrach na dim ond cysgu gyda menywod yma ac acw. Mae'n rhyw fath o reol, does gen ti ddim dewis mewn gwirionedd – dyna sut roeddwn i'n teimlo, beth bynnag. Fy nghefnder agosaf oedd y cyntaf i glywed. Chwerthin wnaeth hwnnw, a dweud ei fod yn gwybod ers talwm ac wedi bod yn meddwl pryd byddwn i'n dod allan, neu a fyddwn i'n gwneud hynny byth. Roeddwn i wastad wedi meddwl ei fod yntau'n hoyw beth bynnag, felly roeddwn i'n meddwl mai fo oedd yr un mwyaf diogel i droi ato ar y pryd. Yn y pen draw, fe wnaeth fy owtio i i berthynas agos arall. Ddim y person mwyaf diogel yn y pen draw, felly, ond dyna ni.

Wedyn, dywedais i ryw stori ffug wrth fy nhad am ffrind hoyw i fi, a gofyn a fyddai'n dal i hoffi neu siarad â hwnnw ar ôl cael gwybod am ei rywioldeb. Dywedodd fy nhad na fyddai hynny'n poeni dim arno, mai'r un person fyddai fy ffrind o hyd. Gwnaeth hynny i fi deimlo'n falch fy mod i wedi dweud wrtho, felly dyma lamu ymlaen at gwestiwn atodol. "Beth os mai fi oedd y person hoyw?" Dyma fo'n chwerthin, yn dweud nad oedd hynny'n bosib gan geisio symud y sgwrs yn ei blaen. Dywedais i mai dyna oedd y gwir, fy mod i'n hoyw. Doedd o ddim yn gallu deall bod pobl mewn perthynas heterorywiol yn gallu cael plant a'u bod nhw'n dal i allu bod yn cwiar … roedd y cyfan y tu hwnt i ddeall dyn o Jamaica, y cradur. Llwyddodd i ddweud wrtha i mai fi oedd ei ferch o a'i fod yn fy ngharu i, ac roedd hynny'n gysur. Treuliodd y blynyddoedd nesaf yn cyffroi pan fyddai'n clywed am unrhyw ffrind gwrywaidd oedd gen i, yn y gobaith mai dyma'r un dyn fyddai'n gallu 'dod â fi'n ôl', LOL. Mae o wedi dod i dderbyn pwy ydw i gydag amser; dydy o ddim wedi cael dewis.

Roedd ymateb fy mam yn fwy emosiynol. Roedd hi eisiau gwybod a oedd unrhyw beth wedi digwydd i wneud i fi deimlo fel hyn. Gwnes i ei sicrhau hi mai jest dyma sut dwi'n teimlo, ond roeddwn i'n teimlo fy mod i'n ei siomi hi. Dydw i erioed wedi amau cariad fy mam. Mae hi wastad wedi bod yn annwyl a byth yn colli cyfle i ddweud ei bod hi'n fy ngharu i. Wnaeth hyn erioed newid. Wnaeth hi erioed fy nhrin i'n wahanol na chadw draw oddi wrtha i.

Dwi'n sylweddoli 'mod i'n freintiedig iawn i gael y fath ymateb gan fy rhieni, heb sôn am y ffaith 'mod i'n byw yn y Deyrnas Unedig lle mae cyfreithiau a gwasanaethau i fy amddiffyn i ac eraill sy'n caru'r un rhywedd neu ar y sbectrwm LHDTC+. Mae'n debyg na fyddwn i wedi teimlo mor ddiogel petawn i yn Jamaica neu Cameroon (rhan o fy nghefndir diwylliannol).

Chris Bryant

Mae fy nheulu i'n geidwadol iawn, felly doedd y broses ddim yn hawdd. Gwnes i ddod allan yn ystod yr ymgyrch *It gets better* i fy nheulu estynedig. Dwi'n cofio bod yn chwerw tuag at yr holl ffilmiau byr ar y teledu oedd yn sôn pa mor anhygoel a hawdd yw dod allan. Dwi'n teimlo bod fy meddylfryd wedi newid pan wnes i sylweddoli bod dod allan yn broses. Mae'n rhaid i ni ddod allan i bobl bob dydd, ac mae ein hunaniaethau rhywedd a rhywiol yn newid ac yn esblygu o hyd. Ambell ddiwrnod, bydd o'n hawdd; dro arall, bydd o'n anodd – a does dim byd o'i le ar hynny.

Jason Kwan

Mae deall pwy wyt ti, a helpu pobl eraill i ddeall pwy wyt ti, yn mynd i fod yn deithiau hir – ond byddan nhw werth y drafferth. Mae'n cymryd oes i rai pobl ddeall rhywbeth, felly rho gyfle iddyn nhw, ac i ti dy hun, ddysgu.

Ryan Lanji

Roedd dod allan yn anodd iawn, gan mai Mam gafodd wybod y gwir a gofyn i fi yn fy wyneb. Fedrwn i ddim dweud celwydd wrthi er mwyn cael llonydd a thorri ei chalon eto yn y dyfodol, felly doedd dim amdani ond mentro. Newidiodd ein cyfeillgarwch ni yn sylweddol y diwrnod hwnnw, ond yn ffodus, 11 mlynedd yn ddiweddarach, dwi'n gwybod bod ei chariad hi'n dal yr un fath.

Elliot Douglas

Roedd ymateb Mam yn wael pan ddes i allan yn ddeurywiol yn 14 oed, ac yn waeth fyth fel dyn traws yn 17 oed. Roedd yn gyfnod anodd iawn, yn enwedig gan fy mod i'n ddigartref am beth amser ar ôl iddi fy nhaflu allan. Amser yw'r meddyg gorau, ac erbyn hyn, rai blynyddoedd yn ddiweddarach, mae hi'n derbyn pethau'n well o lawer. Dwi'n hapus ei bod hi'n fy neall i'n well heddiw, ond fel plentyn a hithau'n rhiant, roedd angen ei chefnogaeth a'i chariad hi arna i yn fy mywyd pan oeddwn i'n dod allan.

Stu Oakley, swyddog cyhoeddusrwydd ffilmiau a chyd-gyflwynydd y podlediad *Some Families* (fe)

"O, wna i byth gael wyrion", "Dwi'n poeni y byddi di'n byw bywyd unig", "Dwi jest eisiau i ti gael teulu" – ers degawdau, dyma'r ymatebion ystrydebol gan rieni pan fydd eu plant yn dod allan. Mae'r syniad nad yw pobl LHDTC+ yn gallu cael teuluoedd bellach yn hen hanes, gobeithio. Yn union fel ein ffrindiau syth, dydy pawb ddim eisiau cael plant, ond dealla hyn: os wyt ti eisiau teulu, galli di gael un. Mae cymaint o ffyrdd i bobl cwiar gael plant, o fabwysiadu i fenthyg croth, o ymhadiad mewngroth (IUI) a ffrwythloni *in vitro* (IVF) neu hyd yn oed magu plant ar y cyd, fel bod modd i ti ddewis dull sy'n siwtio dy awydd i fod yn rhiant. Mae'n bosib dwyt ti ddim yn barod eto i ddechrau tyrchu yng nghanol llwyth o ymchwil, felly am y tro cofia hyn: os yw hi'n freuddwyd gen ti, mae'n bosib ei gwireddu.

Gofalu amdanat ti dy hun: sut i gael y sgwrs DECA

Dwi'n defnyddio'r acronym DECA i helpu i gael trefn ar sgyrsiau pwysig a gofalu eu bod wedi'u strwythuro ac yn iach. Mae'n ffordd fuddiol o atgoffa fy hun i wneud yn siŵr fy mod i'n dweud beth rydw i eisiau ei ddweud a'i gyfleu'n glir.

Disgwyliadau – nodi pam rwyt ti'n rhannu hyn â nhw a beth byddet ti'n hoffi i ddeillio o'r sgwrs, "Drwy rannu hyn â ti, dwi'n gobeithio y gallwn ni fod yn agosach, y byddi di'n gallu fy neall i'n well a fy helpu i ar y daith hon."

Effaith – rhannu effaith hyn arnat ti a sut rwyt ti'n teimlo, "Dwi'n teimlo'n eithaf nerfus ar hyn o bryd oherwydd mae hyn yn bwysig iawn i fi."

Canlyniadau – helpu nhw i ddeall pam mae'n bwysig i ti sôn am dy daith, "Mae wedi bod yn pwyso ar fy meddwl i ac mae peidio â gallu siarad â ti am hyn wedi bod yn anodd iawn i fi."

Anghenion – rhoi gwybod i'r person arall beth rwyt ti ei angen o'r sgwrs hon, "Mam, Dad, dwi eisiau siarad â chi a dwi angen i chi wrando nes y bydda i wedi gorffen, plis. Iawn?"

Dydw i ddim yn dweud bod yn rhaid i ti ddilyn yr union sgript yna – ti yw'r arbenigwr arnat ti a dy deulu. Y cyfan dwi'n ei wneud yw cynnig awgrymiadau ar sut i fframio'r sgwrs â phobl yn dy fywyd i'w helpu i ddeall pa mor bwysig yw hyn i ti, sut i wneud y sgwrs yma'n well i ti a'r hyn rwyt ti'n gobeithio fydd yn deillio ohoni. Rydyn ni'n caru ein teulu a'n ffrindiau, ond ni yw'r rhai pwysicaf yn y sgwrs hon, felly mae angen i ni ei threfnu fel ei bod yn cynnig y llwyddiant gorau i ni. Wedi'r cyfan, pan fydd rhywbeth yn teimlo'n fawr a brawychus, mae cynllunio sut i fynd i'r afael â'r peth yn ffordd wych o adfer rheolaeth arno a herio'r ofnau hynny.

Cadw rheolaeth

Rydyn ni wedi edrych ar lawer o elfennau craidd 'y sgwrs' wrth drafod dod allan yn y bennod ddiwethaf. Wrth ddelio â theulu neu ffrindiau agos, mae angen ystyried ambell beth ychwanegol.

Nodi'n bendant pwy sydd a phwy sydd ddim i gael gwybod: wyt ti'n un o griw agos o bedwar ffrind, ond dim ond eisiau dweud wrth un neu ddau ar hyn o bryd? Mae angen nodi'n glir eu bod nhw ddim i sôn wrth bobl eraill, mai tasg i ti yw honno pan fyddi di'n barod. Yn yr un modd, os wyt ti'n dweud wrth frawd, chwaer neu riant, mae angen i ti nodi â pha aelodau o'r teulu maen nhw'n cael rhannu'r wybodaeth.

Bod yn bositif: mae pobl sy'n ein caru ni eisiau'r gorau i ni. Os ydyn ni'n ei fframio mewn ffordd sy'n cyfleu ein bod ni eisiau rhannu'r wybodaeth â nhw oherwydd ein bod ni eisiau bod yn agosach atyn nhw, bydd hynny'n eu helpu i deimlo mwy o sicrwydd.

Deall bod angen amser arnyn nhw: o'r eiliad y cawn ni ein geni (yn aml hyd yn oed cyn hynny) mae ein rhieni'n breuddwydio am ein dyfodol, yn dymuno pethau ar ein cyfer ni ac yn gwneud cynlluniau ar gyfer ein dyfodol – mae darganfod bod eu plentyn yn berson cwiar yn gallu bod yn dipyn o sioc, a ddim oherwydd bod ganddyn nhw broblem gyda hynny bob tro. Weithiau, bydd angen ychydig o amser arnyn nhw i ailfframio'u meddyliau a newid y stori maen nhw wedi bod yn ei hadrodd wrthyn nhw eu hunain.

Pwysleisio bod hyn er dy fwyn di, nid er eu mwyn nhw: wedi dweud hyn, nid dy gyfrifoldeb di, na dy faich di i'w chario yw eu gobeithion nhw am dy ddyfodol di, na'r hyn maen nhw wedi'i ddychmygu ar dy gyfer di. Dim ond un bywyd sydd gennym ni, felly mae'n rhaid i ni fyw y bywyd rydyn ni eisiau ei fyw, nid y bywyd mae rhywun arall wedi ei ddychmygu droston ni.

Llunio cynllun diogelwch: yn ffodus, does dim angen un o'r rhain ar bawb. Mae'r rhan fwyaf o sgyrsiau dod allan yn mynd yn dda, ond mae canran fach o hyd ddim yn mynd fel rydyn ni'n ei haeddu (ac rwyt ti wir yn haeddu iddi fynd yn dda) ac felly mae angen cefnogaeth arnon ni. Os yw dy rieni wedi gwneud sylwadau cwiarffobig, mae'n ddealladwy dy fod ti'n fwy gofalus wrth fynd i'r afael â hyn. Cofia, dwyt ti ddim o dan unrhyw bwysau i ddod allan nes dy fod ti'n barod i wneud hynny – ac mae gwarchod dy ddiogelwch yn rhan o fod yn barod.

Pryderon ac ymatebion gwael

Yn anffodus, dydy pethau ddim yn mynd fel rydyn ni'n ei haeddu weithiau. Dyma rai camau ymarferol i ti eu cymryd a fydd yn dy helpu pan fydd anawsterau'n codi a phethau ddim yn mynd yn ôl y disgwyl gyda theulu a ffrindiau.

Rheoli gwrthodiad

1. **Deall dy deimladau:** dwyt ti ddim yn bod yn orsensitif neu'n wan, mae hyn yn bwysig. Rwyt ti wedi rhannu rhywbeth pwysig a phersonol a dwyt ti ddim wedi cael y gofal a'r cariad hwnnw'n ôl yn y ffordd rwyt ti'n ei haeddu. Mae hynny'n ein gadael ni'n teimlo wedi brifo. Cofia, rwyt ti'n iawn a dwyt ti ddim wedi gwneud dim byd o'i le.

2. **Blaenoriaethu dy hun:** cymer gam yn ôl, gan ddatgysylltu oddi wrth unrhyw negyddiaeth nes y bydd y sefyllfa wedi tawelu, a hynny er mwyn blaenoriaethu dy les a dy sefydlogrwydd dy hun. Os oes rhywun arall yn ymddwyn yn wael neu'n dweud neu'n gwneud rhywbeth amhriodol, does dim rhaid i ti ymateb yn yr un ffordd. Galli di amddiffyn dy ffiniau a gwrthod derbyn unrhyw un yn siarad â ti mewn ffyrdd nad wyt ti'n eu haeddu.

3. **Ailadeiladu:** cysyllta â phobl rwyt ti'n eu hadnabod sy'n barod i dy amddiffyn di ac sy'n cynnig cefnogaeth ddiamod. Mae'n bwysig atgoffa ein hunain bod pobl ar ein hochr ni. Fel rhan o hyn, gwna rywbeth rwyt ti'n dda am ei wneud, rhywbeth rwyt ti'n ei fwynhau. Mae'n ffordd wych o atgoffa dy hun dy fod ti'n anhygoel.

4. **Caru dy hun:** dyma adeg wych i ymarfer rhywfaint o hunanofal a gwneud pethau sy'n gwneud i ti deimlo'n dda. Treulia amser yn gofalu amdanat ti dy hun gan dy fod ti mor arbennig.

5. **Troi at Shout:** dwyt ti byth ar dy ben dy hun. Am gymorth cyfrinachol rhad ac am ddim, tecstia 'SHOUT' i 85258 a bydd rhywun yno i wrando ac i siarad â ti.

I gael rhagor o wybodaeth am wasanaethau cymorth, edrycha ar y rhestr adnoddau ar ddiwedd y llyfr.

Gair o gyngor i gynghreiriaid

Mae gan deulu a ffrindiau ran fawr i'w chwarae yn y daith hon. Mae gwaith i'w wneud – a dyna dy rôl di. Galli di helpu i wneud profiad gofidus ac anodd dipyn yn haws drwy gynnig cefnogaeth a dealltwriaeth. Mae'n bwysig gofalu bod dy blentyn, neu dy ffrind, yn gwybod dy fod ti'n hapus ac yn falch ohonyn nhw am gymryd cam ymhellach tuag at fod pwy ydyn nhw.

- Gwranda arnyn nhw a rho'r amser a'r lle mae ei angen arnyn nhw.
- Gad iddyn nhw wybod nad yw dy feddyliau na dy deimladau tuag atyn nhw wedi newid.
- Dealla – a dwi'n dweud hyn â'r parch mwyaf – dydy hyn ddim amdanat ti. Dydy hyn ddim yn ymwneud â dy deimladau, dy ofnau na'r dyfodol roeddet ti wedi'i ddychmygu ar eu cyfer (a thrwy hynny, dy ddyfodol di wrth i ti fynd yn hŷn). Mae hyn yn ymwneud â dy blentyn, neu dy ffrind, yn cael byw ei fywyd, yn hapus yn ei groen. Rydyn ni i gyd yn gwybod cymaint o straen sy'n gallu cael ei achosi gan ddisgwyliadau rhywun arall. Rhyddha nhw o hynny.
- Cara nhw. Dyna'r cyfan mae'n rhaid i ti ei wneud. Eu caru a'u derbyn yn ddiamod. A dyna fo. Os wyt ti'n eu caru nhw, bydd popeth arall yn dod yn naturiol gydag amser.

cysur cwiar ••• teuluoedd a ffrindiau

Y ffrind gorau hoyw

Ar ryw bwynt, mae'n ddigon posib y bydd hyn yn digwydd i ti. Mae rhywun yn mynd i weiddi'n llawn cyffro, "DWI WASTAD WEDI BOD EISIAU FFRIND HOYW!" arnat ti, ymddwyn yn orgyfarwydd, ac yngan pob math o ymadroddion maen nhw wedi'u dysgu wrth wylio *Drag Race* neu *Queer Eye*. Mae'n gallu bod yn hwyl, i ddechrau, a hyd yn oed yn rhyddhad i allu teimlo bod rhywun ar dy ochr chi sy'n dy ddathlu di … ond … nid dyna sy'n digwydd mewn gwirionedd. Yn eu meddwl nhw, ti yw'r creadur ystrydebol sydd am fynd i siopa gyda nhw, gwrando ar eu holl broblemau nhw a'u cysuro drwy eu problemau gyda bechgyn. Y broblem yw … mae popeth amdanyn nhw wastad.

Bydd cynghreiriad go iawn, ffrind go iawn, yn cofleidio dy rywioldeb fel rhan ohonot ti – nid ti yn dy gyfanrwydd – ac yn dy weld am bwy wyt ti, nid fel rhywbeth sy'n cydweddu'n gyfleus i'w bywyd nhw. Gan fod ein rhywioldeb yn bwysig, mae'n rhan fendigedig ohonon ni, ond rydyn ni'n unigolion unigryw ac arbennig ac yn haeddu cael ein gweld felly. Paid â gadael i neb roi pwysau arnat ti i chwarae rôl, dim ond oherwydd mai dyna maen nhw eisiau i ti fod.

Ffrindiau a theuluoedd dewisol

Er mor bwysig ydyn nhw, nid ein teuluoedd ni yw'r unig bobl yn ein bywydau. Mae ein ffrindiau, a'r perthnasoedd platonig rydyn ni'n eu ffurfio â phobl newydd yn ein bywydau, yn gallu bod yr un mor ddwys ac ystyrlon. Mae cwlwm arbennig rhwng y teuluoedd dewisol hyn – mae fy ffrind gorau o lesbiad, Jess, fel chwaer i fi; mae fy ffrind annwyl

Dillon a minnau'n rhannu cysylltiad brawdol dwfn (heb yr ymladd); dwi wedi mabwysiadu taid hoyw 85 oed; mae gen i ddwy ffrind syth, Ana ac Abbie, sydd wastad wedi bod yn gefnogwyr ac yn gynghreiriaid sy'n fy neall i i'r dim; a hyd yn oed cyn-gariad sydd wedi dod yn rhan o'r teulu, fel y cefnder od braidd rwyt ti'n ei garu er gwaetha hynny (Haia, Stinks!).

Paid â phoeni os dyw'r bobl hudolus hyn ddim yn rhan o dy fywyd eto – mae'r perthnasoedd hyn yn cymryd amser i dyfu a meithrin, ac mae pobl mor arbennig â hyn yn greaduriaid anhygoel ond prin. Ond rwyt ti'n siŵr o ddod ar eu traws wrth i ti dyfu a byw dy fywyd. A bod yn gwbl onest, dydw i ddim mewn cysylltiad â neb oedd yn yr ysgol ar yr un pryd â fi – doedd rhannu pobl ar hap fesul dosbarth ddim yn ffordd addas i fi ddod o hyd i bobl fyddai'n dod yn ffrindiau agos. Dwi wedi creu fy nheulu dewisol dros amser a thrwy gyfarfodydd ar hap, wrth i'n llwybrau groesi yn sgil rhannu diddordebau, angerdd ac antur – nid ar y sail ein bod ni wedi digwydd byw yn yr un ardal cod post yn 14 oed. Dyna'r cyfeillgarwch dwys fydd yn trawsnewid dy fywyd, ac maen nhw allan yno i ti.

Chris Bryant

Mae bod yn LHDTC+ yn golygu bod gen i deulu o bobl o bob cefndir rwy'n gallu cysylltu â nhw ar lefel emosiynol ddofn. Mae'n golygu fy mod i'n gallu creu fy mywyd a fy nheulu fy hun ar sail y moesau sy'n bwysig i fi, yn hytrach na thrwy reolau cymdeithas. Dwi'n cael byw tu allan i'r bocs, dwi'n cael bod yn rhydd, a dwi'n cael ailddiffinio fy hun yn ddyddiol.

Chwilio am dy bobl

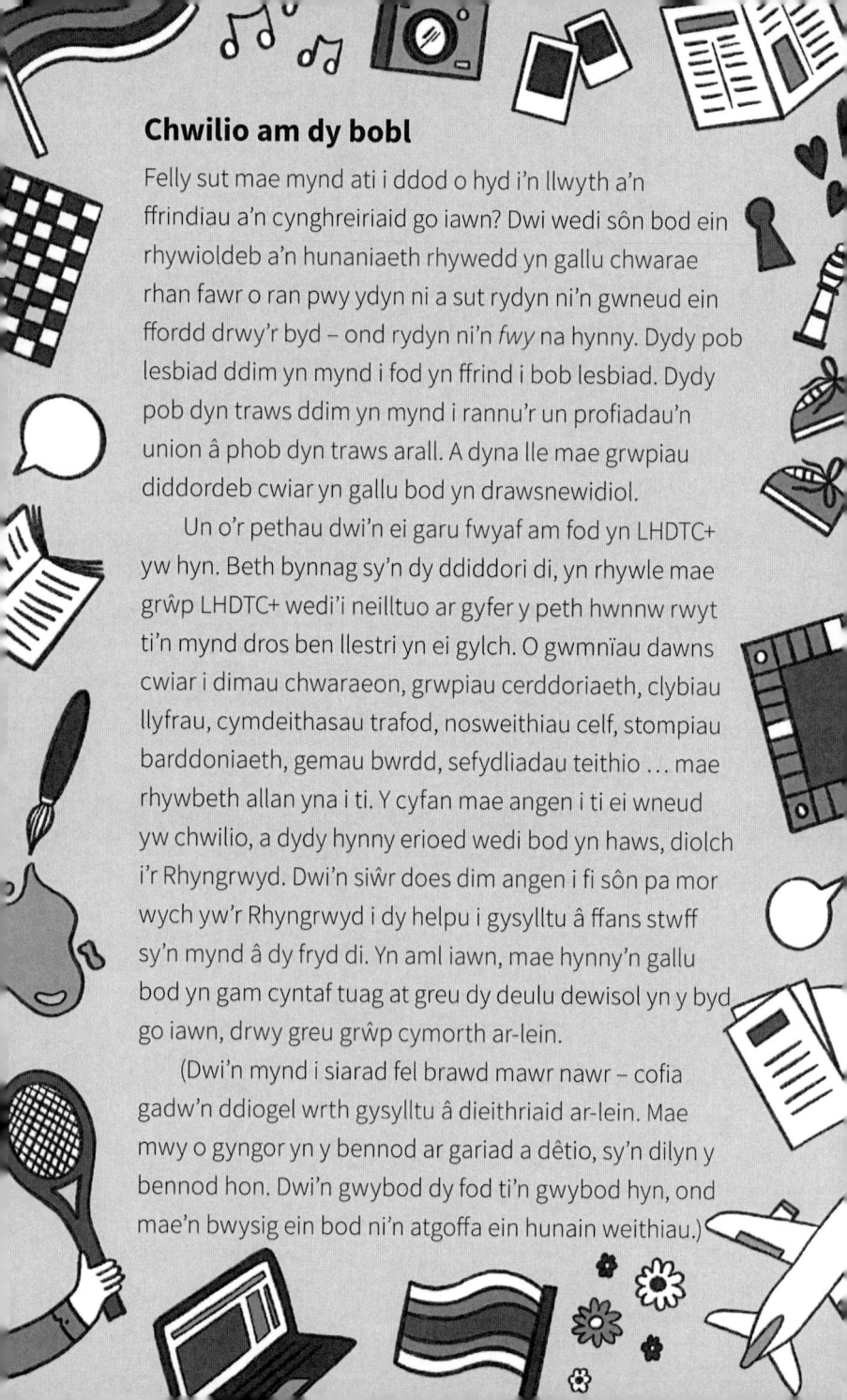

Felly sut mae mynd ati i ddod o hyd i'n llwyth a'n ffrindiau a'n cynghreiriaid go iawn? Dwi wedi sôn bod ein rhywioldeb a'n hunaniaeth rhywedd yn gallu chwarae rhan fawr o ran pwy ydyn ni a sut rydyn ni'n gwneud ein ffordd drwy'r byd – ond rydyn ni'n *fwy* na hynny. Dydy pob lesbiad ddim yn mynd i fod yn ffrind i bob lesbiad. Dydy pob dyn traws ddim yn mynd i rannu'r un profiadau'n union â phob dyn traws arall. A dyna lle mae grwpiau diddordeb cwiar yn gallu bod yn drawsnewidiol.

Un o'r pethau dwi'n ei garu fwyaf am fod yn LHDTC+ yw hyn. Beth bynnag sy'n dy ddiddori di, yn rhywle mae grŵp LHDTC+ wedi'i neilltuo ar gyfer y peth hwnnw rwyt ti'n mynd dros ben llestri yn ei gylch. O gwmnïau dawns cwiar i dimau chwaraeon, grwpiau cerddoriaeth, clybiau llyfrau, cymdeithasau trafod, nosweithiau celf, stompiau barddoniaeth, gemau bwrdd, sefydliadau teithio … mae rhywbeth allan yna i ti. Y cyfan mae angen i ti ei wneud yw chwilio, a dydy hynny erioed wedi bod yn haws, diolch i'r Rhyngrwyd. Dwi'n siŵr does dim angen i fi sôn pa mor wych yw'r Rhyngrwyd i dy helpu i gysylltu â ffans stwff sy'n mynd â dy fryd di. Yn aml iawn, mae hynny'n gallu bod yn gam cyntaf tuag at greu dy deulu dewisol yn y byd go iawn, drwy greu grŵp cymorth ar-lein.

(Dwi'n mynd i siarad fel brawd mawr nawr – cofia gadw'n ddiogel wrth gysylltu â dieithriaid ar-lein. Mae mwy o gyngor yn y bennod ar gariad a dêtio, sy'n dilyn y bennod hon. Dwi'n gwybod dy fod ti'n gwybod hyn, ond mae'n bwysig ein bod ni'n atgoffa ein hunain weithiau.)

Croeso i'r clwb!

Un o'r pethau gwych ac arbennig am fod yn cwiar yw ei allu i fod yn drawsnewidiol a phwerus ar gyfer perthnasoedd a chreu clymau arbennig.

Elliot Douglas

Roedd bod yn rhan o ddwy gymuned ymylol yn golygu fy mod i'n teimlo'n unig iawn pan oeddwn i'n tyfu i fyny. Doeddwn i ddim yn adnabod neb fel fi yn bersonol, nac yn gweld neb fel fi yn y cyfryngau. Er hynny, roeddwn i'n rhan o'r gymuned cwiar cyn i fi fod yn rhan o'r gymuned fyddar. Mae'r gymuned LHDTC+ wastad wedi teimlo'n gartrefol, wastad wedi gwneud lle i fi. Fy nghyngor i bobl ifanc cwiar fyddai ceisio mynychu grŵp LHDTC+ lleol. Dyna lle wnes i ddechrau dod i adnabod fy hun drwy fy hunaniaeth LHDTC+. Pan oeddwn i'n archwilio fy hunaniaeth draws, yn un o'r cyfarfodydd grŵp wythnosol y gwnes i roi cynnig ar enwau gwahanol a defnyddio fy enw dewisol am y tro cyntaf.

Ryan Lanji

Rwyt ti gartref. Ti yw dy lwyth di. Mae yna rai eraill tebyg i ti. Chwilia amdanyn nhw! CHWILIA! Mae'n bosib na fydd ffrindiau'n aros o gwmpas am byth ac ae teulu'n gallu bod yn air anodd i'w ddefnyddio. Ond dal ati i gredu y byddi di'n cyfarfod â'r eneidiau hoff cytûn, ac y bydd yr antur yn werth chweil wrth ei ailadrodd am genedlaethau i ddod. Dy lwyth di yw'r bobl sy'n gwneud i ti deimlo'n ddiogel a gweladwy. Mae'n cymryd amser, ond pan fyddi di'n dod o hyd iddyn nhw, mae'n beth MOR WERTHFAWR!

cysur cwiar • • • teuluoedd a ffrindiau

Masuma Rahim

Mae cymorth yn gallu dod o lefydd gwahanol. Chwilia am bobl rwyt ti'n ymddiried ynddyn nhw wrth i ti archwilio dy hunaniaeth a dy ymdeimlad o berthyn. Mae bwrw iddi ar dy ben dy hun yn anoddach o lawer. Mae'r gymuned yn beth cymhleth ac amlochrog. Dydy pob rhan ohoni ddim yn mynd i fod yn addas i ti, ac mae hynny'n iawn. Y peth allweddol yw dod o hyd i dy lwyth, ac mae'n aml yn cymryd amser i wneud hynny. Bydd â meddwl agored a dos ati i archwilio pob math o lefydd, ond gwna'n siŵr dy fod ti'n cadw dy hun yn ddiogel. Mae taflu dy hun i mewn i'r pen dwfn yn gallu bod yn demtasiwn, ond does dim byd o'i le ar gymryd dy amser.

Marc Thompson

Weithiau, mae dod o hyd i'n cymunedau yn fater o roi cynnig arni a gweld sut aiff hi. Dydyn ni byth yn 'un peth', a byddwn ni'n rhan o sawl cymuned. Fy nghyngor i fyddai eu rhoi nhw ar brawf. Os dydyn nhw ddim yn bodloni dy anghenion, bydda'n ddewr a dos ati i greu lle i ti dy hun. Mae fy ymgyrchu i wedi cael ei sbarduno gan y diffyg gofod, yn rhithiol a go iawn, sydd wedi bod ar gael i'n cymuned ni, i bobl Ddu a brown.

Shane ShayShay Konno

Gwnes i ddod i ddeall am y tro cyntaf yn ystod glasoed fy mod i'n llawn o atyniad cyfunrhywiol, ac arhosais i am yr amser iawn (i fi) i ddod allan yn hoyw, gan dybio y byddai hynny'n datrys yr holl deimladau anesmwyth y tu mewn i fi. Ond roeddwn i'n dal i deimlo allan ohoni yn y sin wrywaidd hoyw. Y peth oedd yn fy ngosod i ar wahân oedd fy hunaniaeth anneuaidd, ond doedd gen i mo'r eirfa ar y pryd i ddisgrifio hynny. Roedd yn rhaid i fi fynd i ddigwyddiadau cwiar rhywedd amrywiol a chyfarfod â phobl draws eraill cyn cael y geiriau a'r hyder i ddod allan yn anneuaidd.

rhwng chwilio a charu …

Un o'r agweddau mwyaf dryslyd a lletchwith ar fywyd pobl ifanc yn eu harddegau – rhywbeth sy'n achosi cymaint o straen gymdeithasol ond sydd eto'n bwysig a hwyliog – ie, dêtio. Mae llywio dy ffordd drwy dy deimladau dy hun, drwy deimladau pobl eraill, a gwneud hynny i gyd am y tro cyntaf gydag eraill yn gwylio yn gallu bod yn dipyn o gamp. Eto, rydyn ni'n dal ati i'w wneud. Mae yna dor calon, dagrau a nosweithiau digwsg, ond mam bach, mae yna gymaint o lawenydd hefyd. Y corddi yn y stumog, yr eiliadau yna o ydyn ni'n mynd i wneud ai peidio, iaith gyfrinachol y gwenu swil rhwng y naill a'r llall, y llawenydd pan fydd dy law yn cyffwrdd â'u llaw nhw cyn iddyn nhw afael ynddi, cyffro trydanol y cusanau cyntaf – dyna'r profiadau arbennig a phwerus sy'n gwneud i ni ddychwelyd dro ar ôl tro.

Anaml iawn mae dêtio yn hawdd i unrhyw un – eironi creulon yw'r ffaith ein bod ni'n dechrau mentro i fyd dêtio yn ein harddegau, yr union adeg mae'n gwallt ni'n troi'n seimllyd, ein croen ni'n ffrwydro (dwi'n gwybod o brofiad bod dêtio yn llawn plorod yn teimlo'n amhosib weithiau), ein cyrff ni'n dechrau newid, ein hemosiynau ni'n llamu i bob cyfeiriad a'n lleisiau ni'n gwichian ac yn torri.

Waeth i ni fod yn onest, mae bod yn cwiar yn dy arddegau yn ychwanegu haen gyfan arall o ddryswch a lletchwithdod i ddêtio. Yn aml, mae'n gallu teimlo fel petaen ni ar ein pen ein hunain ac nad oes neb yna i 'ni', ond fe ddaw dy amser. Mae hyd yn oed yn fwy cymhleth pan fyddwn ni'n ystyried ein bod ni efallai heb ddod allan i bawb o'n cwmpas ni eto (os o gwbl), neu nad ydy'r rhai rydyn ni'n eu ffansïo yn gwbl agored am eu hunaniaeth rywiol eto. Mae siawns go dda dydyn nhw ddim yn ei deall eto chwaith. Dwi'n cofio cael sesiynau o natur bersonol gyda boi ar ôl ysgol, a chadw hynny'n gudd oddi wrth bawb arall. Yn ystod y dydd, prin roedden ni'n cydnabod ein gilydd, ond yn breifat … wel … doedden ni ddim yn gallu cadw ein dwylo oddi ar ein gilydd.

Mae ffansïo tawel a charwriaethau cudd yn gyffredin i ni bobl cwiar. Maen nhw'n wych mewn rhai ffyrdd, gan eu bod nhw'n rhoi cyfle i ni ddeall pethau droson ni'n hunain yn breifat, heb i bobl eraill fusnesu neu ofyn cwestiynau rydyn ni heb eu hateb ein hunain eto (dyna nhw'r cwestiynau hynny eto!) – ond weithiau, yn anffodus, dydy carwriaethau cudd ddim bob amser yn bethau iach. Ond pan wyt ti allan yng ngolwg y cyhoedd, mae angen i ti fod yn wyliadwrus: ydyn nhw'n dal i dy drin di â pharch? Doedd fy mhartner ysgol cyfrinachol ddim yn fy nghydnabod i yn yr ystafell ddosbarth, ond roedd hynny'n iawn gan ein bod ni wedi cytuno ar hynny gyda'n gilydd. Ond fyddai pethau ddim yn iawn petai o wedi dangos unrhyw agweddau amharchus tuag ata i – er enghraifft, ochri gyda bwli a oedd yn dweud rhywbeth cas wrtha i.

Mae parch a gofal, y naill tuag at y llall, yn gorfod bod yn sylfaen i unrhyw berthynas rwyt ti ynddi – boed yn berthynas gyhoeddus ai peidio, yn un ramantus neu blatonig. Parcha bobl eraill, eu calonnau a'u teimladau, a phaid â dioddef neb sy'n amharchu dy galon a dy deimladau di. Yn union fel rydyn ni'n haeddu'r hawl yn ein hamser ein hunain i archwilio a deall ein hunaniaeth, pwy sy'n ein denu ni a'n teimladau, mae pobl eraill yn haeddu hynny hefyd. Paid â phwyso ar neb i ddod allan (na theimlo pwysau i ddod allan). Os mai'r hyn sy'n gweithio orau i chi'ch dau yw cadw pethau'n dawel, gwna hynny, ond gyda pharch, dealltwriaeth a chytundeb. Ar ddiwedd y bennod hon, byddwn ni'n edrych ar ffiniau iach mewn perthnasoedd er mwyn rhoi ychydig rhagor o wybodaeth i ti.

cysur cwiar • • • rhwng chwilio a charu …

Gofalu amdanat ti dy hun: y goeden ofidiau

Mae dêtio yn gallu crynhoi llawer iawn o ofidiau – meddyliau gorbryderus, gormesol sy'n gallu mygu teimladau da a hwyliog y cam cyffrous hwn a gwneud i ni deimlo ein bod ni'n dda i ddim. Pan mae gofidiau lu yn llenwi ein pennau, mae'n gallu teimlo'n llethol ac yn beth ofnadwy o fawr. Sut mae delio â'r cwmwl mawr tywyll hwnnw o feddyliau? Y ffordd symlaf yw trwy gymryd yr holl feddyliau gofidus gwahanol sy'n hedfan o gwmpas yn ein meddyliau a mynd i'r afael â nhw bob yn un gyda help y goeden ofidiau. Mae'r goeden ofidiau yn ffordd syml o edrych ar faterion unigol drwy lens gallaf/na allaf, lle rydyn ni'n gofyn i ni'n hunain "Alla i wneud unrhyw beth am hynna?"

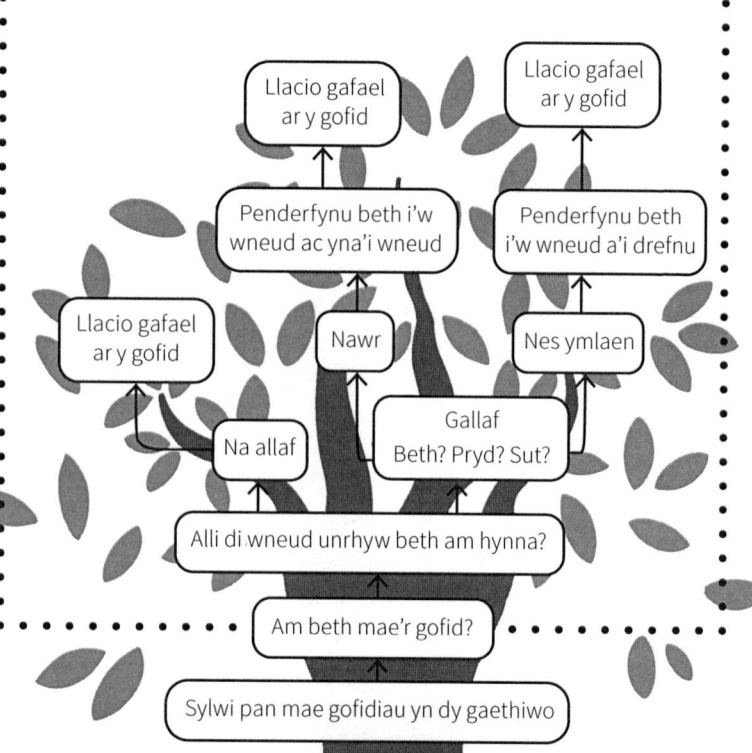

- Llacio gafael ar y gofid
- Llacio gafael ar y gofid
- Penderfynu beth i'w wneud ac yna'i wneud
- Penderfynu beth i'w wneud a'i drefnu
- Llacio gafael ar y gofid
- Nawr
- Nes ymlaen
- Na allaf
- Gallaf Beth? Pryd? Sut?
- Alli di wneud unrhyw beth am hynna?
- Am beth mae'r gofid?
- Sylwi pan mae gofidiau yn dy gaethiwo

Dyma enghraifft o ofid a allai godi gartref neu yn yr ysgol.

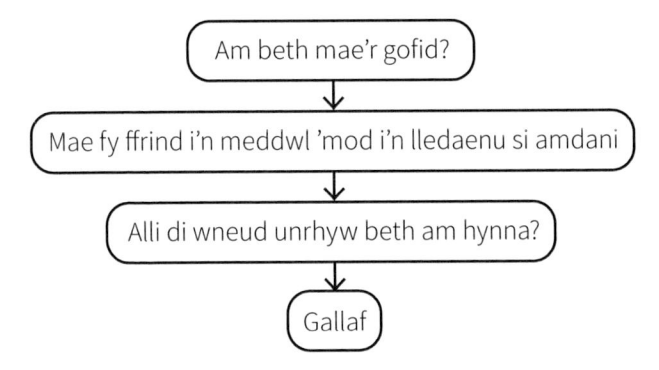

```
┌─────────────────────────┐
│  Am beth mae'r gofid?   │
└─────────────────────────┘
             ↓
┌──────────────────────────────────────────────────┐
│ Mae fy ffrind i'n meddwl 'mod i'n lledaenu si amdani │
└──────────────────────────────────────────────────┘
             ↓
┌───────────────────────────────────┐
│ Alli di wneud unrhyw beth am hynna? │
└───────────────────────────────────┘
             ↓
        ┌─────────┐
        │ Gallaf  │
        └─────────┘
```

Pan wyt ti'n gweld 'gallaf', meddylia am weithred bendant a meddwl: **beth, pryd, sut**.

- **Beth** rwyt ti'n mynd i'w wneud a fydd yn helpu? Fe wna i siarad â fy ffrind fel ei bod hi'n gwybod nad y fi sydd wrth wraidd hyn.
- **Pryd** wyt ti'n mynd i'w wneud? Mae pobl yn debygol o 'nghlywed i yn yr ystafell ddosbarth, felly fe wna i siarad â hi ar y ffordd adref ar ôl ysgol.
- **Sut** byddi di'n cyflawni hyn? Fe wna i'n siŵr ei bod hi'n gwybod na fyddwn i byth yn dweud celwydd amdani, a gobeithio y bydd hi'n fy nghredu i.

cysur cwiar ••• rhwng chwilio a charu …

Ble maen nhw?

Iawn, os yw pawb yn dal i ddweud "bydd rhywun allan yna", yna BLE MAEN NHW?! Mae'n gallu teimlo'n eithaf unig neu fel mai ni yw'r unig un heb gariad neu ddêt. Mae'n ddealladwy dy fod ti eisiau edrych o gwmpas ond mae ychydig yn anodd os wyt ti'n teimlo nad wyt ti'n cysylltu â rhai o'r bobl yn yr ysgol. Dyna pam mae'n fwy cyffredin nag erioed i bobl gyfarfod ar-lein. Mae'n gallu digwydd ar ôl sgwrsio gyntaf fel ffrindiau o'r un anian ar fforwm ffans, a chreu cwlwm dros ffefryn, ac yna rwyt ti'n dechrau sylweddoli ei bod hi'n bosib bod rhywbeth mwy i'r peth. Neu weithiau, hyd yn oed, drwy gyfarfod â phobl mewn digwyddiadau yn y byd go iawn sy'n cael eu trefnu ar-lein. Mae sefydliadau mawr, dibynadwy fel Young Stonewall ac Ymddiriedolaeth Albert Kennedy yn cynnal digwyddiadau ieuenctid a chynadleddau ar gyfer pobl ifanc cwiar, lle mae'n bosib cyfarfod a gwneud ffrindiau yn y byd go iawn, gyda hynny wedyn yn sbarduno rhywbeth mwy.

Y peth pwysig i'w gofio yw does dim brys mewn gwirionedd. Os nad oes gen ti ddim byd yn gyffredin â'r unig un cwiar arall rwyt ti'n ei adnabod sydd yn ei arddegau, a bod meddwl am gusanu bin yn fwy apelgar, paid â gorfodi dy hun i gael teimladau amdanyn nhw oherwydd mai nhw yw'r unig opsiwn ar hyn o bryd. Dwyt ti ddim yn eu hoffi nhw hyd yn oed! Does dim byd o'i le o gwbl mewn aros am y person iawn a'r amser iawn.

Dêtio ar-lein

Apiau dêtio yw'r ffordd fwyaf cyffredin i bobl LHDTC+ ddod o hyd i ddêt neu bartner. Ond mae 'na broblem: mae'r rhain wedi'u cynllunio ar gyfer pobl dros 18 oed ac maen nhw'n canolbwyntio ar ryw yn aml iawn. Er y gallai fod yn demtasiwn i ti agor cyfrif ar-lein neu ar ap, mae yna ambell reswm pwysig pam na ddylet ti:

- I oedolion mae'r apiau hyn. Mae rheolau llym iawn ynglŷn â dêtio rhwng grwpiau oedran gwahanol, a gallai creu cyfrif gyda dyddiad geni ffug ac esgus dy fod ti dros 18 oed roi rhywun arall mewn perygl o dorri'r gyfraith yn ddamweiniol. Mae'r deddfau yma yno i dy ddiogelu di, ond mae gen ti gyfrifoldeb i ddilyn y rheolau fel dy fod ti'n cadw'n ddiogel hefyd.

- Does gan bawb ar yr apiau fwriadau da. Mae'n beth ofnadwy i feddwl am y peth ond dydy pawb ddim yn cadw at yr egwyddor o beidio ag ymddwyn yn ddiofal gyda chalonnau pobl eraill. Yn anffodus, mae'n gallu bod yn eithaf anodd ar brydiau i ddeall pwy sydd â bwriadau da a phwy sy'n chwarae gêm. Rwyt ti'n gall, ond os wyt ti'n ifanc, rwyt ti'n fwy agored i bobl sy'n fwy rhywiol reibus. Lleiha'r risg drwy beidio â nofio yn nyfroedd tywyll apiau 'cyfarfod' nes y byddi di'n hŷn, ac wedi meithrin mwy o brofiad a dealltwriaeth a fydd yn dy helpu i gadw di'n ddiogel.

cysur cwiar ••• rhwng chwilio a charu …

Y cyfryngau cymdeithasol

Ond os nad wyt ti'n gallu dod o hyd i rywun yn yr ysgol nac yn gallu mynd ar yr apiau, beth galli di ei wneud? Yn amlwg, mae'r cyfryngau cymdeithasol yn chwarae rhan enfawr ym myd dêtio hefyd (chaf i ddim pwyntiau am ddweud rhywbeth mor amlwg). Mae yna hefyd fforymau a byrddau negeseuon LHDTC+, a galli di eu defnyddio fel ffordd o ehangu dy rwydwaith ar-lein a dod o hyd i ffrindiau a phobl i rannu pethau â nhw. Yna, os oes un neu ddau (neu fwy) sy'n dy ddenu di, galli di gyfnewid proffiliau cyfryngau cymdeithasol pan fyddi di'n barod a dod i'w hadnabod yn well. Yn amlwg, dydy'r cyfryngau cymdeithasol ddim yn fyd hudolus a pherffaith sy'n llawn hidlyddion doniol a dawnsiau difyr. Cofia edrych ar ein cyngor ar sut i gadw'n ddiogel ar-lein ar ddiwedd y llyfr.

Rargol, dwi'n teimlo mor hen yn dweud hyn nawr, ond un o'r ffyrdd roeddwn i'n cyfarfod â bechgyn cwiar eraill yn eu harddegau (a'r dyn oedd gyda fi ar fy nêt bachgen-bachgen cyntaf erioed) oedd drwy grŵp ieuenctid LHDTC+. Ydy, mae'r pethau od a hen ffasiwn hyn yn dal i fodoli, a galli di ddod o hyd iddyn nhw ym mhob cwr o'r wlad. Cyn mynd i fy nghyfarfod cyntaf, roeddwn i'n nerfus iawn – sut bobl fyddai yno? Fyddai unrhyw un yn siarad â fi? Fyddwn i'n adnabod unrhyw un yno? Ond roedd yn brofiad hawdd a hamddenol iawn. Oedd, roedd fy nerfau i'n golygu ei bod hi ychydig yn lletchwith i ddechrau, ond roeddwn i'n teimlo'n gyfforddus yno'n gyflym, gan wybod fy mod i'n gallu bod yn fi fy hun, heb boeni am rywioldeb neu y byddwn i'n datgelu fy nghyfrinach. Y cyfan wnaethon ni oedd cadw cwmni i'n gilydd, sgwrsio a bwyta pizza. Yn y pen draw, mewn cyfarfod o'r grŵp ieuenctid y ces i fy nghusan cyntaf hyd yn oed. Profiad gwerth chweil.

Ffrindiau neu fwy na hynny?

Pan fyddi di'n cyfarfod â rhywun yn y pen draw, bydd pendroni rhyfedd yn digwydd yn ein pennau weithiau, wrth i ni bwyso a mesur a ydyn ni'n hoffi rhywun fel ffrind newydd neu a ydyn ni'n eu hoffi, hoffi nhw. Dilyna dy reddf a phaid â thrio gorfodi dy hun i deimlo rhywbeth dwyt ti ddim yn ei deimlo. Dydy peidio â ffansïo rhywun ddim bob amser yn beth drwg – mae'n bosib dy fod ti newydd wneud ffrind newydd gwych!

Gair o gyngor i gynghreiriaid

Sut brofiad yw darllen hwn? Gobeithio'i fod yn gwneud i ti ddeall yn well deimlad mor unig yw bod yn LHDTC+ weithiau, a pham mae dy ffrind wedi cael llond bol wrth i ti sôn am ddêt neu berthynas arall. Oherwydd, yn aml, does dim cymaint o opsiynau ar gael i ni. Dydyn ni ddim yn ffrind gwael pan fyddwn ni'n ddiamynedd wrth i ti sôn am dy berthynas … eto. Dydy o ddim yn beth personol yn dy erbyn di, dim ond mai dyna rydyn ni ei eisiau hefyd. Gan amlaf, byddwn ni'n hapus drosot ti, ond bydda'n garedig os ydyn ni'n methu gwneud hynny bob tro. A sôn am fod yn garedig – cyngor pwysig iawn yw i ti fod yn ystyriol, yn raslon ac yn barchus os byddi di'n ddigon ffodus i gael rhywun o'r un rhyw yn dy ffansïo di, neu pan fydd hyn yn digwydd. Diolcha iddyn nhw, gad iddyn nhw wybod bod hynny'n golygu llawer i ti ond nad wyt ti'n teimlo'r un peth, yn anffodus. A dweud y gwir, mae'r ffordd rwyt ti'n trin yr eiliadau hyn yn profi dy allu i fod yn gynghreiriad da.

cysur cwiar ••• rhwng chwilio a charu …

Dal dwylo a chynllunio

Does dim llawer iawn o bethau mor gyffrous â'r eiliadau cyntaf hynny o "… *ydyn ni'n mynd i?!*", wrth ddweud helô, gwenu ar rywun yn yr ystafell ddosbarth, dal dwylo neu rannu cusan gyntaf. Maen nhw'n adegau hudolus ac arbennig iawn, a byddi di'n cael llawer ohonyn nhw – felly mwynha nhw. Weithiau, rhan enfawr o fwynhau ffansïo rhywun yw'r edrych ymlaen a'r dychmygu beth allai ddigwydd. Breuddwydio am sut brofiad fyddai bod gyda'ch gilydd, meddwl a meddwl am y peth perffaith i'w ddweud. Rydyn ni hefyd yn craffu ar bob eiliad fach yng nghwmni'n gilydd yn chwilio am arwydd eu bod nhw'n ein ffansïo ni hefyd.

Un rhwystr y mae'n rhaid i ni ei grybwyll yw rhywioldeb. Mae pawb dwi'n ei adnabod wedi ffansïo rhywun sydd heb eu ffansïo nhw yn ôl, oherwydd dydyn nhw, yn anffodus, ddim yn teimlo'r cariad tuag at rywun o'r un rhyw. Mae hynny'n iawn, mae'n digwydd – y peth pwysig yw dy fod ti'n cofio nad yw hynny'n adlewyrchu arnat ti o gwbl. Alli di ddim dweud na gwneud dim byd all newid hynny. Os nad yw'r person rwyt ti'n ei ffansïo yn rhannu dy deimladau di, derbynia hynny'n raslon a cheisia ollwng gafael ar dy deimladau. Mae pob croeso i ti grïo, cwyno, pwdu – unrhyw beth i gael y cyfan allan o dy system. Mae'n anodd ac mae'n brifo, ond dydy o ddim yn fai arnyn nhw nac arnat ti.

Cyngor dêtio

Maen nhw'n dweud mai arbenigwr yw 'rhywun sydd wedi gwneud pob camgymeriad posib mewn maes cyfyng ...' ac rydw i wedi gwneud sawl camgymeriad yn fy nydd, cred ti fi. Ambell hymdingar, a dweud y gwir. Dwi'n gwingo wrth gofio am yr adeg wnes i ddechrau cusanu rhyw foi ac yna tisian drosto! Talpiau mawr gludiog o snot. Yr unig amddiffyniad sydd gen i yw hyn. Roedd hi'n haf ac roedd gen i glefyd y gwair drwg, ond druan ohono fo. (Tom, os wyt ti'n darllen hwn, mae'n ddrwg iawn gen i.) Gan gofio hynny, dwi am rannu cyngor dêtio ac ambell awgrym arall sy'n seiliedig ar fethiannau a chamgymeriadau llawn cywilydd, i dy arbed di rhag eu gwneud nhw.

Sut i ddweud os yw rhywun yn dy hoffi di hefyd:

Y peth amlwg i'w wneud yw gofyn, ond mae hynny'n gallu teimlo'n frawychus. Chwilia am arwyddion eu bod nhw'n gwenu'n ôl, yn edrych i fyw dy lygaid, yn chwerthin, eu bod nhw'n cofio'r pethau rwyt ti wedi sôn amdanyn nhw ac yn symud ychydig yn nes atat ti. Gydag amser, bydd yn tyfu i fod yn rhywbeth rwyt ti'n gallu ei 'deimlo'.

A bod yn onest, ti piau'r dewis. Mae rhai pobl yn cadw eu pennau i lawr ac yn canolbwyntio ar eu gwersi yn yr ysgol, yn falch eu bod nhw ddim yn rhan o ddrama ddibwys pwy sy'n dêtio pwy, fel eu bod nhw'n gallu gwneud yn dda a mynd i'r brifysgol. Mae eraill yn taflu eu hunain i'w chanol hi, ac yn methu meddwl am

Pryd yw'r adeg 'iawn' i ddêtio?

cysur cwiar ••• rhwng chwilio a charu ...

ddim byd pwysicach na dod o hyd i rywun i'w ddêtio. Beth bynnag sy'n iawn i ti, mae angen i ti wybod bod y rhan fwyaf o bobl LHDTC+ yn dechrau dêtio ychydig yn ddiweddarach (oherwydd nad oes pobl cwiar eraill yn eu harddegau ar gael) – felly dwyt ti ddim ar dy ben dy hun a dwyt ti ddim yn od.

Cyfarfod â rhywun am y tro cyntaf:

Os wyt ti'n cyfarfod â rhywun ar-lein ac eisiau cyfarfod â nhw yn y byd go iawn, mae angen i ti ystyried dy ddiogelwch, hyd yn oed os wyt ti'n hyderus eu bod nhw'r person maen nhw'n honni bod (rwyt ti wedi eu gweld ar fideo, er enghraifft). Sonia wrth rywun am bwy rwyt ti'n ei gyfarfod, pryd a lle mae hynny'n digwydd, a gwna'n siŵr fod y 'lle' yn fan cyhoeddus diogel – fel caffi – a digon o bobl eraill o gwmpas. Os wyt ti wedi dod allan i ffrind y galli di ymddiried ynddo, gofynna iddyn nhw ddod gyda ti i'r caffi ac eistedd yn y cefndir fel gwarchodwr cudd (does dim rhaid iddyn nhw wisgo i fyny, ond byddai gwneud hynny yn ychwanegu at yr elfen ddramatig).

Byddi di'n cael ambell ddêt gwael:

Oherwydd eich bod chi ddim yn clicio efallai, neu am fod rhywbeth annifyr wedi digwydd – mae'n gallu teimlo'n hollol ofnadwy ar y pryd, ond mae'r cywilydd yn siŵr o bylu. Un diwrnod, byddi di'n edrych yn ôl arno a chwerthin. Dwi'n addo.

Mae mynd i ganol cwmni, cyfarfod â phobl a meithrin cyfeillgarwch newydd yn rhan bwysig o ddysgu sut i ddêtio.

Dos amdani:

Mae'n digwydd. Mae'n ffaith.

Rydyn ni'n gallu ffansïo neu wirioni'n lân ar bobl sydd ddim yn rhannu'n hatyniad ni tuag at yr un rhyw. Does dim byd o'i le ar hynny – yn union fel nad yw pobl eraill yn gallu'n 'newid' ni i fod yn syth, dydyn ni ddim yn gallu gwneud i bobl eraill droi'n cwiar. Gad i'r teimlad basio. Does dim byd arall i'w wneud.

Byddi di'n ffansïo person syth:

Does neb yn hoffi perthynas yn dod i ben. Pan fyddi di'n dechrau mynd allan gyda rhywun, mae'n demtasiwn i ti dreulio dy holl amser gyda nhw, ond paid ag anghofio dy ffrindiau. Y nhw yw'r rhai fydd yno ar gyfer y chwalfa, sy'n sicr o ddigwydd oherwydd …

Cofia dy ffrindiau:

Mae'n gallu teimlo'n ofnadwy. Yn gwbl dorcalonnus. Ond paid â digalonni – dwyt ti ddim yn gallu rheoli beth mae rhywun arall yn ei wneud, dim ond beth rwyt ti'n ei wneud a sut rwyt ti'n ymateb. Mae angen i ti fod yn raslon, camu'n ôl a chymryd saib. Paid â bod yn gas, paid â bod yn greulon ac yn sicr paid byth ag owtio neb er mwyn dial, na rhannu eu cyfrinachau na dweud pethau drwg amdanyn nhw. Y cyfan mae hynny'n

Mae perthnasoedd yn dod i ben:

cysur cwiar • • • rhwng chwilio a charu …

ei wneud yw amharchu'r peth hyfryd roeddech chi'n ei rannu ar un adeg. O ie, a phaid â mynd ati'n syth i gusanu neu ddechrau dêtio un o'u ffrindiau nhw (sori, Tony!). Dydy hynny ddim yn deg ar neb.

Blaenoriaetha dy hun: Pan fyddi di'n dechrau dêtio, paid â cholli dy hun. Dy berthynas di â ti dy hun yw'r un hiraf sydd gen ti, felly paid â chyfaddawdu dy les, dy gysur a dy fwynhad dy hun er mwyn rhywun arall.

Paid â cholli dy ben: Mewn oes lle rydyn ni'n gallu gweld a yw rhywun wedi darllen ein negeseuon, ar gymaint o ffurfiau cyfathrebu, mae'n gallu bod yn arteithiol gwybod bod dy neges wedi cael ei darllen, ond rwyt ti'n dal heb gael ateb. Cofia, y cyfan mae'r ticiau glas neu'r statws 'gwelwyd' yn ei ddweud yw bod y neges wedi ymddangos ar sgrin eu ffôn. Dydyn nhw ddim yn dweud eu bod nhw'n brysur yn gwneud gwaith cartref neu dasgau o gwmpas y tŷ, a ydyn nhw'n rhydd i ateb neu a oedden nhw wedi gweld y neges ond bod batri'r ffôn wedi marw. Mae angen i ti gredu y byddan nhw'n ateb pan fydd ganddyn nhw amser.

Ymddiriedaeth: Mae hyn yn beth mawr, ond mae'n rhaid i ti ymddiried yn y bobl rwyt ti'n eu dêtio. Creda y byddan nhw'n ateb pan allan nhw, creda'r hyn maen nhw'n ei ddweud wrthot ti. Paid â thrio edrych ar eu ffôn na'u cyfryngau cymdeithasol. Os wyt ti'n methu dibynnu ar rywun, byddi di'n teimlo hynny yn dy ddŵr. Os does gen ti ddim ffydd yn dy berthynas – mae'n ddrwg gen i ddweud hyn, ond dwi'n falch fy mod i'n ei ddweud – does gen ti ddim perthynas mewn gwirionedd.

Bydda'n ti dy hun:

Mae dêtio yn mynd i fod yn dipyn o gur pen os ydyn ni'n mynd ati drwy geisio newid ein hunain neu esgus ein bod ni'n rhywun arall. Newid sut rydyn ni'n siarad, am beth rydyn ni'n siarad, sut rydyn ni'n gwisgo, beth rydyn ni'n ei ddweud yw'n diddordebau ni ac yn y blaen – mae'n demtasiwn, ond mae'n mynd i dy flino di'n lân a ddaw yna ddim lles ohono yn y pen draw. Bydd y person iawn yn cwympo mewn cariad â ti, nid rhywun rwyt ti'n esgus bod.

Delia'n dda â chael dy wrthod:

Dydy pawb rydyn ni'n ei hoffi ddim yn mynd i'n hoffi ni'n ôl, felly rwyt ti'n siŵr o gael dy wrthod. Mae angen i ti ddelio'n dda â hynny, yn raslon, gyda gwên, gan ddweud rhywbeth fel "mae hynny'n drueni, ond popeth yn iawn" (hyd yn oed os wyt ti'n brifo tu mewn). Bydd yr atgof o'r ffansïo yn pylu, bydd yr embaras a'r boen o gael dy wrthod yn pylu hefyd – paid â bod yn greulon neu geisio'u gwrthod nhw i dalu'r pwyth yn ôl. Y cyfan mae hynny'n ei wneud yw ymestyn y drwgdeimlad.

A chofia, os wyt ti'n dioddef o glefyd y gwair: er mwyn y nefoedd, llynca bilsen gwrth-histamin cyn dechrau meddwl am snogio.

Mae cariad yn ddiderfyn, ond dylai barchu ffiniau

Fel rhywun sydd wedi cael fy siâr o ddêtio a pherthnasoedd, a rhywun sydd hefyd yn gweithio gyda therapi rhyw a pherthnasoedd, mae gen i gyngor hynod o fuddiol. Er mwyn sefydlu perthynas a fydd yn un lwyddiannus a phleserus, ond un sydd hefyd yn cynnig lles a diogelwch i ti, mae angen i chi bennu eich ffiniau gyda'ch gilydd.

Mae ffiniau a chyd-ddealltwriaeth yn hanfodol er mwyn i ni wneud i'n gilydd deimlo'n sicr ac wedi'n cefnogi a'n parchu – y cerrig sylfaen hanfodol ar gyfer cariad a pherthnasoedd. Mae cael trefn ar rai o'r rhain ar y dechrau'n deg yn dy helpu i ddod yn well am ddweud beth sydd ei angen arnat ti. Fy nghyngor gorau:

Sgwrs hapus: Mae angen i ti esbonio pa fath o siarad a chyfathrebu sy'n gweithio i ti – sut rwyt ti'n hoffi siarad, pa mor aml ac ati. Er enghraifft, bron nad oes gen i alergedd i alwadau ffôn ond dwi'n hapus i sgwrsio ar fideo am oesoedd. Os ydw i'n gwrthod neu'n gwneud esgus i fy mhartner pan maen nhw eisiau ffonio, fydd hynny ddim yn deimlad braf iddyn nhw. Ond os ydw i'n esbonio, "Mae'n well gen i alwad fideo a dweud y gwir, mae'n golygu fy mod i'n cael dy weld di, a dwi'n teimlo ein bod ni'n deall ein gilydd yn well pan dwi'n gallu dy weld di hefyd – ac ar ben hynny, dwi'n hoffi edrych ar dy wyneb di," mae hynny'n ffordd bositif o'i esbonio, yn hytrach na dweud "na, dwi ddim yn hoffi siarad ar y ffôn." Dydw i'n bersonol ddim yn disgwyl iddyn nhw wneud sylw ar bopeth dwi'n ei bostio ar y cyfryngau cymdeithasol. Dydy hynny ddim yn bwysig i fi. Beth sy'n bwysig i fi yw dweud bore da a nos da wrth y person dwi'n ei ddêtio. Does dim rhaid i hynny fod yn rhywbeth mawreddog. Mae "bore da x" neu "nos da, del x" sydyn yn gwneud y tro'n iawn. Mae'n golygu llawer i fi – felly dwi'n esbonio hynny ymlaen llaw. Mae sôn sut rwyt ti'n hoffi cyfathrebu a beth yw dy anghenion yn help mawr i hwyluso sut rydych chi'n cyfathrebu â'ch gilydd.

Ymrwymiad clir:

Unwaith rwyt ti wedi cael trefn ar gyfathrebu, dwi'n dy annog di'n gryf i roi trefn ar ymrwymiad. Sonia pa fath o ymrwymiad rwyt ti'n chwilio amdano gan dy bartner, a phwysleisia beth sy'n dderbyniol a beth sydd ddim. Nid mater o reoli dy bartner yw hyn, ond mater o esbonio sut fath o beth allai arwain at frifo damweiniol. Er enghraifft, does gen i ddim problem o gwbl fod fy mhartner mewn cysylltiad â'i gyn-gariad (a dweud y gwir, dwi'n meddwl ei fod yn beth positif. Mae'n golygu eu bod nhw wedi gorffen eu perthynas mewn ffordd iach a pharchus, ac mae hynny'n siarad cyfrolau) ond yr ymrwymiad dwi'n gofyn ganddo yw ei fod yn dweud wrtha i. Yn yr un modd, mae angen i ni fod yn glir am y math o berthynas fydd hi – ydyn ni'n dêtio nifer o bobl, yn dêtio dim ond ein gilydd, neu ydyn ni mewn perthynas? Mae angen i ti gael y sgyrsiau yma er mwyn gwybod ble rwyt ti'n sefyll. Weithiau, mae cael trafodaeth o'r fath yn teimlo'n frawychus. Beth os dydyn nhw ddim eisiau'r un lefel o ymrwymiad? Wel, mae'n gas gen i ddweud hyn, ond doedd yr un ymrwymiad ddim yno beth bynnag, a doedd peidio â thrafod y pwnc ddim yn mynd i newid hynny. Mae'n well dy fod ti'n dod i wybod hynny'n fuan, cyn i ti ddatblygu teimladau dyfnach.

Ffiniau o ran lle:

Unig blentyn oeddwn i, felly mae angen digonedd o amser i fi fy hun arna i. I gyn-gariad (oedd yn un o bedwar), doedd o ddim eisiau hynny o gwbl. Oherwydd ein bod ni heb drafod ein hanghenion o ran ein lle personol, datblygodd hynny'n ffynhonnell gwrthdaro. Mae bod yn glir ynglŷn ag os/pryd/sut rwyt ti angen lle i ti dy hun yn gallu arbed llawer o'r meddyliau arteithiol hynny o'r math, "Pam dwi heb glywed ganddo?" neu "Ydw i wedi ei wylltio?" Rydyn ni'n deall na, dydyn nhw ddim yn flin gyda ni, dim ond angen rhywfaint o amser ar eu pen eu hunain achos dyna sut maen nhw'n adfer eu hegni. Dydy o ddim yn adlewyrchiad gwael arna i nac ar ein perthynas ni.

RHAID cael ffiniau corfforol a rhywiol ym mhob perthynas. Does gan neb arall hawl ar dy gorff, hyd yn oed pan ydyn ni mewn perthynas, ond mae agosrwydd corfforol a ffiniau sy'n gysylltiedig â rhyw yn fwy na dim ond pwynt ar restr. Rydyn ni'n mynd i edrych ar hynny'n fanylach yn y bennod nesaf.

Agosrwydd corfforol a ffiniau:

trafod
rh-y-w

Pan fydd hormonau'r arddegau yn dechrau rasio a Rh-Y-W yn dechrau codi ei ben (jôc anfwriadol), mae'n gallu teimlo weithiau mai dyna'r cyfan sy'n bwysig. Iawn, mae o yn bwysig, ond ti sy'n penderfynu pa mor bwysig, a phryd rwyt ti am wneud rhywbeth amdano fo. Wedi dweud hynny, oedran cydsynio cyfreithiol y Deyrnas Unedig yw 16 oed – ac yn llygad y gyfraith, dwyt ti ddim yn barod cyn hynny.

Mae gan ein cymdeithas obsesiwn â rhyw. Obsesiwn go iawn. Mae rhyw ym mhob cân, bron iawn. Mae hysbysebion yn gwerthu pethau i ni drwy wneud i gynnyrch ymddangos yn rhywiol. Yn aml, mae rhyw yn isblot poeth mewn ffilmiau. Mae rhaglenni cyfan sy'n ymwneud â phobl yn cael rhyw bellach i'w gweld ar y teledu yn ystod oriau brig. Ac er bod rhyw ym mhobman, yn rhyfedd ddigon, anaml y byddwn ni'n ei drafod o ddifri. Mae hynny'n rhyfedd, yntydi?

Yn ddealladwy, mae rhyw yn destun anodd ar gyfer sgwrs. Mae'n hawdd i ni gael ein caethiwo gan embaras a natur letchwith y pwnc – dwi'n gallu cofio gwingo wrth i Mam geisio trafod rhyw â fi. Ond sodrodd hi fi yn fy lle yn sydyn iawn â'r geiriau hyn: "Os dwyt ti ddim yn ddigon aeddfed i sôn am ryw, dwyt ti ddim yn ddigon aeddfed i gael rhyw." A waw, roedd hi yn llygad ei lle.

Roedd hi'n iawn achos mae rhyw yn gallu bod yn beth mawr. Yn wir, mae pob math o weithgareddau rhywiol ac o natur bersonol, o ddal dwylo i gusanu, yn gallu teimlo'n beth MAWR. Mae'n bwysig dy fod ti'n gyfforddus, yn ystyried popeth ac yn penderfynu beth sy'n teimlo'n iawn i ti. Ti yw'r arbenigwr arnat ti. Dim ond ti sy'n gyfrifol am dy gorff di. Mae'n well i ni edrych ar rai o'r pethau i'w hystyried ynglŷn â rhyw, fel y galli di wneud penderfyniad gwybodus, sydd yn dy alluogi di i reoli'r sefyllfa, am yr hyn sydd orau i ti.

Pwysau cymdeithasol yw un o'r rhesymau pam mae hi mor bwysig ystyried y pethau hyn. Mae ysgolion yn ferw ohono. Mae pawb i'w weld yn sôn am y peth. Weithiau, mae'n ymddangos mai rhyw yw testun pob sgwrs. Pwy sy'n mynd gyda phwy. Pwy sydd wedi gwneud beth. Yn lle? Am faint? Oedd o'n dda? Oedden nhw'n dda? Pwy sydd ddim yn *virgin* erbyn hyn?

RH-Y-W

Cwiar drwy'r canrifoedd

Yn hanesyddol, roedd oedran cydsynio yn amrywio. Yn 1967, peidiodd gweithredoedd cyfunrhywiol â bod yn droseddau, yn rhannol, a 21 oedd yr oedran cydsynio rhwng dau ddyn yn y Deyrnas Unedig yn wreiddiol. Cafodd hyn ei ostwng i 18 oed yn 1994, ac o'r diwedd daeth yr un fath ag oedran cydsynio heterorywiol (16 oed) yn 2000.

Myth gwyryfdod

Mewn pennod am ryw, mae'n rhaid i ni drafod gwyryfdod – *virginity* – a 'cholli dy wyryfdod'. Mae llu o straeon celwyddog a sïon yn mynd o gwmpas y lle yn gyson, ond dwi'n mynd i ddweud un peth yn glir: mae'r holl syniad o golli dy wyryfdod yn OD. A bod yn onest, mae'n hen ffasiwn, yn rhywiaethol ac yn creu pob math o broblemau. Mae ei wreiddiau yn y syniad hynod hen ffasiwn bod angen i fenywod fod yn wyryfon cyn priodi, heb eu cyffwrdd mewn ffordd rywiol, ac os nad oedden nhw'n wyryfon, roedden nhw'n 'amhur'. Llwyth o nonsens patriarchaidd, ynte? Ar ben hynny, mae'n aml yn teimlo fel dy fod ti'n methu ennill (yn enwedig os wyt ti'n fenyw) – os wyt ti'n dewis peidio â chael rhyw, rwyt ti'n 'oeraidd' neu'n hen ffasiwn; os wyt ti'n dewis cael rhyw, rwyt ti'n slwt neu'n llac. Rhywiaeth ar ei orau!

Mae dewis cael rhyw, gyda phwy a phryd yn beth pwysig – ond dwi am ddweud hyn: dydy beth rwyt ti'n dewis ei wneud (neu'n dewis peidio â'i wneud) gyda rhywun, unrhyw fath o weithred o natur bersonol, ddim yn adlewyrchu o gwbl arnat ti nac ar dy gymeriad. Er ei fod yn ymddangos fel PETH MAWR a bod gan bobl obsesiwn â sôn amdano fo, dydy rhyw ddim yn dy newid di fel person, dy rinwedd fel unigolyn na dy werth. Ac mae hynny'n beth pwysig iawn i'w gofio – dydy o ddim yn dy newid di o gwbl, dydy o ddim yn golygu dim byd, er gwell, er gwaeth, amdanat ti (neu rywun arall!) os wyt ti wedi cael rhyw ai peidio. Felly myth yw'r syniad dy fod ti'n 'colli dy wyryfdod'. Dwyt ti ddim yn colli dim byd.

Tu hwnt i'r adar a'r gwenyn

Byddai rhai pobl yn hoffi dy ddarbwyllo di mai'r cyfan yw rhyw yw pidyn yn mynd i mewn i wain ac mai rhyw felly yw'r unig beth sy'n bwysig. Dydy hynny ddim yn wir. Mae gweithgarwch rhywiol yn gallu cynnwys pob math o bethau gwahanol, ac mae'r cyfan ohonyn nhw ar sbectrwm (ie, y gair yna eto!). Ar un pen, mae'r pethau PG a diniwed a hyfryd ar y naw – gafael dwylo (dwi'n dal i ddwli ar hynny), wedyn cusanu, yna cusanu 'Ffrengig' (beth sy'n ei wneud yn Ffrengig, tybed?) ac ymbalfalu, cofleidio fel dwy lwy (pan fydd dau berson yn cwtsho brest am gefn – *spooning*) a 'sborcio' (*sporking*, fel cofleidio dwy lwy, ond pan fydd un o'r llwyau yn cyffroi, yn tyfu dant ac yn troi'n debycach i fforc!). Heb anghofio *frotting*, sef cofleidio a rhwbio nwydus, ond â'ch dillad amdanoch.

Yna rydych chi'n dechrau tynnu'ch dillad ac mae pethau'n troi dipyn yn llai PG gyda chyfathrach dwylo – *hand jobs*, byseddu (yn y fagina neu'r anws) a rhyw geneuol – *oral sex* (eto, gyda phidyn, gwain neu anws). Yn aml – ond nid bob amser o bell ffordd – bydd y rhain yn arwain at ryw treiddiol. Mae'r rhain i gyd yn fathau o ryw pleserus y galli di eu cael rywbryd. Neu ddim, os mai dyna dy ddewis a dy fod yn meddwl mai dyna fyddai orau gen ti.

Mae'n bwysig tynnu sylw at y ffaith bod digonedd o bobl o rywedd a rhywioldeb amrywiol sy'n dewis peidio â chael rhyw. Mae hynny'n ddewis cwbl deg.

Rydyn ni hefyd wedi sôn am anrhywioldeb, sy'n dal yn fath o rywioldeb ac sy'n dal i haeddu parch a charedigrwydd – does dim byd rhyfedd am bobl sydd ddim

cysur cwiar ••• trafod rh-y-w

eisiau rhyw. Dydy o ddim yn golygu bod ganddyn nhw libido isel neu fod rhywbeth o'i le arnyn nhw, dim ond bod rhyw ddim yn apelio atyn nhw. Os wyt ti'n meddwl bod hynny'n wir amdanat ti – paid â phoeni, mae yna lond gwlad o ddêtio addas ar gyfer pobl anrhywiol ar gael.

Beth bynnag sy'n apelio atat ti yw'r math o ryw sy'n addas i ti (eto, os wyt ti'n anrhywiol ac yn mwynhau cofleidio a dal dwylo – cer amdani. Cofleidia a mwynha!). Er enghraifft, mae digon o ddynion hoyw mae'n well ganddyn nhw beidio â chael rhyw rhefrol treiddiol – *penetrative anal sex* – ond sy'n gwneud popeth arall (fel y bobl hynny sy'n mwynhau dewis pob math o gyrsiau bach oddi ar fwydlen ond ddim yn dewis prif gwrs). Mae llawer o lesbiaid ddim yn mwynhau rhyw treiddiol hefyd. Ond dydyn ni ddim yn clywed amdanyn nhw'n aml.

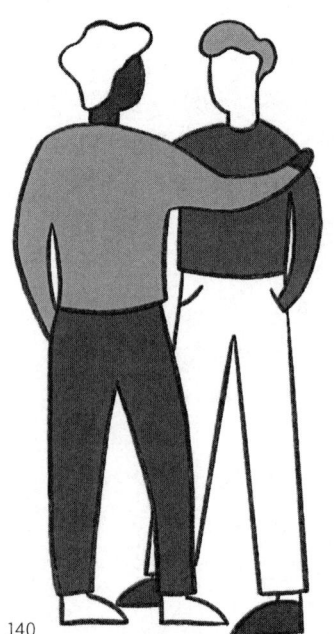

Wrth gwrs, rhyw treiddiol yw'r pwnc poblogaidd – y peth sy'n destun sibrydion ar goridorau'r ysgol, y straeon sy'n cael eu rhannu ar y caeau chwarae, y pwnc mae rhieni ac athrawon yn ceisio'i ddysgu i ni mewn ffordd drwsgl a lletchwith. Ond mae hynny bron i gyd yn canolbwyntio ar straeon arswyd bachgen–merch 'paid â chael rhywun yn feichiog!'. Yn y llyfr hwn, rydyn ni'n mynd i ganolbwyntio ar ryw cwiar a chyfathrach cwiar o natur bersonol.

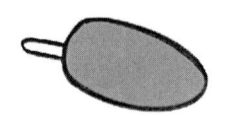

Canfod dy flas

Pan ddechreuais i gael rhyw, doeddwn i ddim yn gwybod sut i gynnal y sgyrsiau amdano, nid yn unig â phobl eraill (ffrindiau a phartneriaid rhywiol) ond hefyd, yn hollbwysig, doeddwn i ddim yn siŵr sut i gael sgyrsiau am ryw â fi fy hun. Un o'r datblygiadau mwyaf o ran deall fy rhywioldeb i fy hun (ac mae'r rhyw rydyn ni'n ei gael yn rhan mor bwysig a hunan-gadarnhaol o'n rhywioldeb) oedd dechrau meddwl am ryw fel siop hufen iâ.

Dychmyga'r peth – rwyt ti'n mynd i mewn i dy hoff siop hufen iâ ac yn edrych ar yr holl flasau gwahanol sydd y tu ôl i ffenest wydr yr oergell o dy flaen di. Mae yna rai blasau cyfarwydd (fanila, er enghraifft) a blasau mwy difyr neu anarferol eraill dwyt ti erioed wedi eu profi, a rhai rwyt ti heb glywed amdanyn nhw o'r blaen. Nawr, rwyt ti'n gwybod dy fod ti'n hoffi hufen iâ (rhyw), ond sut rwyt ti'n mynd i ddarganfod dy hoff flas (math o ryw) os nad wyt ti'n arbrofi ychydig a rhoi cynnig ar ambell fath gwahanol ar hyd y daith? Mae fanila, mefus, browni siocled, toes cwci, cyffug, coffi (hyd yn oed pistasio!) i gyd yn flasau hufen iâ hyfryd.

cysur cwiar ••• trafod rh-y-w

Bydd gen ti dy ffefrynnau dy hun hefyd, a bydd gan bobl eraill eu ffefrynnau nhw. Ond pan wyt ti yn y siop hufen iâ rywiol hon, cofia ambell beth pwysig:

1. Dydy pa flas hufen iâ rwyt ti'n ei hoffi ddim yn bwysig, hufen iâ yw'r cyfan.
2. Beth bynnag yw dy hoff flas, mae'n wych i ti – does dim rhaid i bobl eraill ei hoffi a does dim rhaid i ti hoffi eu hoff flas nhw chwaith. Paid â bwyta hufen iâ dwyt ti ddim yn ei fwynhau.
3. Weithiau, byddi di'n cael hufen iâ ar dy ben dy hun, weithiau byddi di'n ei rannu â rhywun arall. Mae'r ddau yn dda, mae'n dibynnu ar dy hwyliau.
4. Dydy hufen iâ ddim yn beth i deimlo'n euog yn ei gylch, mae'n gwbl ddiniwed ac yn rhyfeddol o flasus.
5. Weithiau, mae'n bosib fydd gen ti ddim awydd hufen iâ, hyd yn oed os yw gweddill dy ffrindiau yn cael hufen iâ. Does dim rhaid i ti roi cynnig arno os nad wyt ti eisiau.
6. Dydy mwynhau hufen iâ ddim yn beth i deimlo'n euog yn ei gylch, nac yn achos i ti deimlo cywilydd. Rydyn ni'n ei fwynhau am ei fod yn blasu'n dda, a does dim byd o'i le ar hynny.

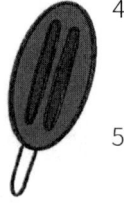

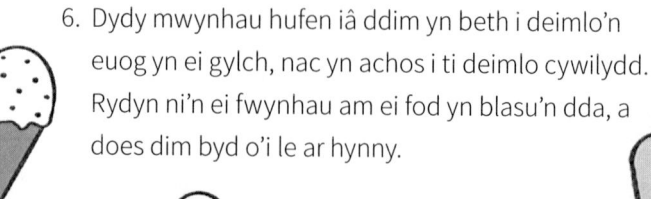

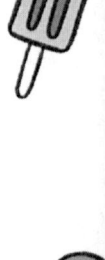

Gair o gyngor i gynghreiriaid

Fel cynghreiriad, mae'n bwysig iawn dy fod ti'n deall bod rhan rhyw (y weithred) ein rhywioldeb yn bwysig iawn. Yn hanesyddol, roedd yn frwydr fawr i'n cymuned. Hyd yn oed heddiw, mae llwyth o gywilydd, stigma ac ofn yn dal i fod yn gysylltiedig ag o. Yn gynyddol, mae'n cael ei buro o'n hunaniaeth er mwyn gwneud pobl cwiar yn fwy derbyniol i gynulleidfaoedd syth. Felly sut rwyt ti'n cefnogi rhywun wrth drafod rhyw? Cofleidia'r rheol syml hon: paid byth â dweud ych-a-fi am hoff flas rhywun arall.

Efallai nad eu hoff flas hufen iâ nhw fyddai dy ddewis cyntaf di, ond dydy hynny ddim yn golygu bod rhaid i ti droi dy drwyn arno. Gallai dweud ych-a-fi am hoff flas dy ffrind wneud iddyn nhw deimlo cywilydd ac embaras am yr hyn maen nhw'n ei hoffi, sydd yn y pen draw yn porthi teimlad o gywilydd ohonyn nhw'u hunain a'u dewisiadau.

Ar ben hynny, pan fyddwn ni'n dweud ych-a-fi am hoff flas rhywun arall (yn enwedig blasau hufen iâ cwiar) mae'n sefydlu hierarchaeth homoffobig ag islais o 'dim ond rhai blasau sy'n cael eu goddef', a dydy hynny ddim yn gefnogaeth ddiamod. Cofia, dydyn nhw ddim yn dy orfodi di i fwyta eu hufen iâ nhw. Mwynha di dy hoff flas di, a gad iddyn nhw fwynhau eu hufen iâ nhw mewn heddwch.

cysur cwiar ••• trafod rh-y-w

Hunangariad llythrennol

Beth bynnag rwyt ti am ei alw – wancio, ffrigio, chwarae efo dy hun – mae mastyrbio yn ffaith, ac mae bron pawb yn ei wneud. Yn aml, dyma yw'n unig brofiad o ryw am gyfnod hir, ac mae'n ffurf gwbl resymol o ryddhad a mynegiant rhywiol. Na, dydy o ddim yn dy wneud di'n ddall, yn gwneud i flew dyfu ar gledr dy law, yn gwneud i angel golli ei adenydd (wir?) neu unrhyw un o'r pethau rhyfedd eraill hynny mae oedolion yn eu dweud i geisio'n dychryn ni a'n cywilyddio i roi'r gorau iddo. Mae'n gallu bod yn ffordd bwysig o ddod i adnabod dy gorff dy hun, pa fath o beth rwyt ti'n ei hoffi, ond hefyd yn ffordd o ddwysáu dy berthynas â ti dy hun a dy gorff.

Mae mastyrbio yn rhyddhau hormonau hapus ac yn gwneud i ni deimlo'n dda – ydy, mae hynny'n golygu ei fod yn llythrennol yn gwneud lles i ti! Cymer dy amser, mwynha'r profiad yn breifat ac arbrofa gyda beth sy'n teimlo'n dda i ti, gan fanteisio ar y cyfle i ddod i adnabod dy gorff drosot ti dy hun. O ie, a chofia lanhau ar dy ôl!

Gofalu amdanat ti dy hun: byw yn dy groen

Un o'r pethau gorau mae'n bosib i ti ei wneud ar gyfer dy fywyd rhywiol (nawr ac i'r dyfodol) yw dechrau gweithio ar dy berthynas di â dy gorff, a sut rwyt ti'n ei dderbyn, ei werthfawrogi a'i garu. Yn oes hidlyddion – *filters*, llawdriniaethau, enwogion yn newid eu golwg, ac apiau golygu, mae'n gallu bod yn anodd iawn teimlo'n gyfforddus ac yn hyderus yn dy groen.

Cred ti fi, dwi wedi bod yno. Dwi wedi treulio hafau yn chwys diferu mewn gwres llethol gan fy mod i'n teimlo'n rhy hunanymwybodol i dynnu fy nghrys ar y traeth. Dwi wedi cenfigennu wrth weld pobl eraill yn dawnsio'n afieithus gan wisgo'r nesaf peth i ddim, yn dyheu am gael bod yr un peth â nhw. Dwi wedi gadael i rwystredigaethau am fy nghorff ddifetha perthnasoedd ac eiliadau o agosrwydd.

Dwi wedi dysgu dros y blynyddoedd mai fy mhroblemau i gyda fy nghorff oedd y rhain. Doedd neb arall wedi sylwi ar y pethau oedd yn achosi cymaint o gywilydd i fi, a bydd yr un peth yn wir i ti. Yn dilyn, mae ambell air o gyngor doeth i ti ynglŷn â sut i wella dy berthynas gyda dy gorff a sut rwyt ti'n teimlo amdanat ti dy hun.

- **Arwain trwy werthfawrogi:** mae'n rhy hawdd tynnu'n hunain yn ddarnau oherwydd y pethau dydyn ni ddim. Dydyn ni ddim yn treulio digon o amser yn gwerthfawrogi

cysur cwiar ••• trafod rh-y-w

ein cyrff fel y pethau gwych rydyn nhw a'r holl bethau maen nhw'n gadael i ni eu gwneud. Maen nhw'n gadael i ni symud, archwilio'r byd, dawnsio a chofleidio ein hanwyliaid. Bydd gwerthfawrogi dy gorff yn arwain at effaith gadarnhaol ar sut rwyt ti'n teimlo amdano.

- **Tretio dy hun:** mae ein cyrff yn gweithio mor galed i ni ac felly mae angen i ni eu trin yn dda a'u gwobrwyo i ddweud diolch. Rydyn ni'n eu rhoi nhw drwy lawer – mynd ar ddeiet er mwyn eu newid (yn bersonol, dydw i ddim yn ffan o ddiwylliant deiet – ond mae hwnnw'n llyfr cyfan arall), mynd i'r gampfa i'w datblygu nhw, eu heillio, eu wacsio ac ati. Yn aml, mae angen ychydig bach o faldod ar ein cyrff – ac maen nhw wir yn haeddu hynny. Weithiau, tretio dy hun a dy gorff i fwydydd blasus a maethlon sy'n gwneud i ni deimlo'n dda yw'r trît rydyn ni'n ei haeddu. Weithiau, mae'n golygu sbwylio'n hunain gyda bath braf, masg wyneb a hufen lleithio. Weithiau, mae'n golygu plesio'n hunain gyda wanc hudolus, mewn golau isel, a chymryd ein hamser i fwynhau ein corff (sawru'r hufen iâ unigol), a dod o hyd i ffyrdd o ddweud diolch drwy bleser.

Deall pornograffi

Mae'n anodd dianc rhag porn. Mae ym mhobman ar-lein. Yn wir, mae'r NSPCC (y Gymdeithas Genedlaethol er Atal Creulondeb i Blant) yn tybio y bydd 94 y cant o bobl wedi gweld porn ar-lein erbyn iddyn nhw fod yn 14 oed (a hynny er gwaetha'r ffaith mai 18 oed yw'r oedran cyfreithiol ar gyfer gwylio porn). Mae porn yn gallu bod yn wych, yn bleserus ac yn ffordd ddefnyddiol a chymharol ddiogel o ddarganfod pa flas o hufen iâ y gallet ti fod am ei flasu – ond dydy o chwaith ddim yn real.

Mae porn yn cael ei olygu, ei lwyfannu, yn defnyddio goleuo proffesiynol a'i ffilmio gan actorion (llawer ohonyn nhw sydd ddim hyd yn oed yn uniaethu fel cwiar!) sy'n cael eu dewis oherwydd eu hedrychiad a'u cyrff (fel arfer yn wyn, cyhyrog, di-flew a nodweddion amlwg – bronnau ffug neu bidyn hirach na'r cyffredin ac ati). Pan fyddi di'n gwylio'r Gemau Olympaidd, dwyt ti ddim yn cymharu dy hun â'r athletwyr proffesiynol. Felly atgoffa dy hun fod actorion porn (ac actio maen nhw) yn union fel athletwyr rhywiol, wedi eu dewis am eu doniau a'u medrusrwydd, a fyddwn ni byth yn gallu cymharu ein hunain â nhw – waeth faint o ymarfer wnawn ni.

Mae porn hefyd yn golygu a chael gwared ar yr eiliadau lletchwith hynny (mae aroglau a synau'n digwydd – mae rhechu yn beth go iawn, ac yn beth cyffredin). Wnei di byth chwaith weld perfformiwr gwrywaidd yn cael trafferth cadw ei godiad (rhywbeth sy'n effeithio ar 35 y cant o ddynion o dan 30 oed, a mwy fyth wrth i ni fynd yn hŷn). Mae fy ffrindiau lesbiaidd yn aml yn bloeddio'n flin oherwydd y perfformwyr benywaidd mewn porn lesbiaidd, fel mae'n cael ei alw – sy'n aml yn cael ei ffilmio a'i gyfarwyddo gan ddynion heterorywiol ar gyfer cynulleidfa wrywaidd heterorywiol – sydd ag ewinedd hir. Mae porn hefyd yn dangos amrywiaeth cyfyng iawn o organau cenhedlu sy'n anwybyddu'r ffaith fod pob pidyn, pob gwain a phob twll pen-ôl ychydig yn wahanol – yn union fel plu eira, maen nhw'n arbennig ac unigryw (meddylia am hynny'r tro nesaf rwyt ti'n ceisio dal pluen eira ar dy dafod!). Drwy ryw wyrth, mae pawb hefyd bob amser yn barod am ryw rhefrol. Dwyt ti byth yn clywed sgwrs debyg i, "O aros, rho ugain munud i fi – mae'n rhaid i fi ymolchi", "Nawr? Dwi newydd gael pryd bwyd eitha' trwm" neu "Ym, dwi'n llawn gwynt ar hyn o bryd". Dwi'n cyfaddef fy mod i'n bersonol wedi dweud yr holl bethau yma – mae'n bosib y byddi di'n teimlo ychydig i gywilydd y tro cyntaf, ond dyna ni – dyna'r corff dynol i ti, mae'n gwbl naturiol.

Fel mae'n digwydd, nid y treiddio corfforol yw un o agweddau mwyaf dymunol a phleserus rhyw, na'r weithred o rannau gwahanol yn symud i mewn ac allan a rhwbio yn erbyn ei gilydd, ond yr agosrwydd sy'n cael ei greu a'i rannu. Mae'n gallu chwalu dy ben a gwneud i dy galon ffrwydro. Weithiau, y peth mwyaf hudolus yw gorwedd gyda rhywun arall, yn hollol dawel a heddychlon, yn anadlu'r un pryd a'ch breichiau a'ch coesau'n plethu blith draphlith. A dydy hynny byth yn cael sylw mewn porn! Efallai mai'r rheswm am hynny yw oherwydd bod y cyfan yn digwydd ar y tu mewn, lle nad yw'r camerâu yn gallu gweld. Efallai mai'r rheswm am hynny yw ei fod yn ymwneud ag emosiynau – ac mae porn traddodiadol yn anwybyddu'r emosiynau sydd ar waith yn ystod rhyw. Efallai mai'r rheswm am hynny yw bod yr ymdeimlad gwych o agosrwydd yn gallu digwydd pan fyddwn ni yn ein dillad hyd yn oed, drwy ddal llaw rhywun yn hapus a cholli golwg ar yr amser, heb fod angen unrhyw ryw treiddiol.

Ond beth am agweddau mwyaf afrealistig porn?
Dydyn nhw byth yn sôn am gydsynio.
A dydyn nhw byth yn trafod rhyw diogel.

Cydsynio

Drwy gydol y llyfr hwn, mae'n bosib i ti sylwi fy mod i'n sôn am ffiniau yn gyson. Ac mae'n bwysicach nag erioed i barchu dy ffiniau pan ddaw hi'n fater o gusanu, agosrwydd corfforol a rhyw. Yn anffodus, byddai wedi bod yn braf petawn i wedi gallu dysgu hyn pan oeddwn i'n iau, ond dwi'n ei rannu â ti nawr – does gan neb hawl ar dy gorff. Gen ti mae'r hawl i wneud fel y mynni di â dy gorff, a dwyt ti ddim mewn dyled i neb. Dyma lle mae cydsynio'n codi. Mae cydsyniad – caniatâd – yn beth pwysig i'w roi, i'w ddal yn ôl pan fyddwn ni'n dewis gwneud hynny ac i'w dderbyn gan ein partneriaid hefyd – oherwydd mae'n gweithio'r ddwy ffordd.

Dylai'r canllawiau i'w dilyn o ran cydsynio fod fel y rhain:

- **Yn frwd:** os nad wyt ti, neu dy bartner, yn cydsynio'n frwd – mae'n bryd pwyllo.

- **Yn glir:** "Ym, ie, siŵr o fod" – ddim yn frwd iawn, ond dydy beth rwyt ti'n cydsynio iddo ddim yn glir chwaith.

- **Ar lafar:** weithiau, mae nodio gyda dy ben yn gwneud y tro. Os wyt ti ar y ffôn ac yn ceisio dweud byddet ti'n hoffi paned o de, yna ie, nodia ar bob cyfrif! Ond yn syml, dydy nodio ddim yn ddigon ar gyfer pethau mwy. Os nad yw rhywun yn teimlo'n gyfforddus ac yn hyderus i gydsynio allan yn uchel, mae'n debyg eu bod nhw ddim yn teimlo'n gyfforddus nac yn hyderus am ei wneud chwaith.

- **Heb deimlo pwysau:** rydyn ni i gyd wedi bod yno. Rwyt ti'n bwyta pecyn o fferins ac mae dy ffrind yn gofyn am un, a tithau'n dweud na. Maen nhw'n gofyn eto, rwyt ti'n dal i ddweud na. Maen nhw'n gofyn am y trydydd tro ac, er mwyn cael llonydd yn fwy na dim, rwyt ti'n dweud "O, iawn, cymer un 'te". Ond dydy pwyso ar rywun ddim yn ffordd addas o gael gafael ar eu bag fferins nhw (yn llythrennol neu'n drosiadol). Os yw rhywun yn rhoi pwysau arnat ti heb barchu dy na cyntaf, mae hynny'n arwydd CLIR eu bod nhw ddim yn mynd i ystyried dy ddymuniadau na dy anghenion yn ystod rhyw. Mwya'n byd o bwysau mae rhywun yn ei roi arnat ti, mwya'n byd o reswm sydd gen ti i ddweud na. Yn yr un modd, os oes rhywun yn dweud na wrthot ti, derbynia hynny. Paid â cheisio gwneud iddyn nhw deimlo'n euog, i deimlo cywilydd nac i roi pwysau arnyn nhw.

- **Yn rhydd i'w dynnu'n ôl ar unrhyw adeg:** mae gan bawb hawl i newid ei feddwl, a dydy hi byth yn rhy hwyr i ddweud hynny. Dydy'r ffaith dy fod ti wedi dechrau rhywbeth ddim yn golygu bod rhaid i ti ei orffen. Mae brêc gan bob cerbyd am reswm, rhag ofn i rywbeth fynd o'i le a bod angen i ni stopio. Mesur diogelwch yw pwyso'r brêc.

- **Yn rhydd o gywilydd:** does DIM BYD drwg, annifyr neu gywilyddus am ddweud na. A dweud y gwir, mae'n ateb grymusol a hunanbarchus sy'n rhoi blaenoriaeth i ti dy hun a'r hyn rwyt ti ei eisiau a'i angen.

- **Yn cael ei ddatgan o'r newydd:** dydy'r ffaith bod rhywun wedi cytuno unwaith o'r blaen ddim yn golygu ei fod yn sicr o gytuno eto. Mae angen cydsynio bob tro.

- **Yn benodol:** dydy'r ffaith ein bod ni wedi cytuno i un peth ddim yn golygu ein bod ni wedi cytuno i bopeth. Mae angen cydsynio o'r newydd ar weithredoedd gwahanol bob tro. Dydy hon ddim yn sefyllfa lle mae un "Ie" yn gwneud y tro i bob dim.

Cofia, mae na yn golygu na, ac mae'n frawddeg gyflawn. Does dim angen i ti, na neb arall, roi rheswm neu esgus – dy hawl di yw dweud na, ac mae na yn ateb cyflawn.

Rhyw diogel ar-lein

Mae'r gyfraith fymryn yn od weithiau. Yn 16 oed, mae'n gyfreithiol i ti gael rhyw, ond dwyt ti ddim yn cael ffilmio dy hun wrthi (na gwylio pornograffi chwaith). Bellach, mae ffilmiau a lluniau o natur rywiol yn rhan o'n diwylliant. Maen nhw'n gallu bod yn rhan o sut rydyn ni'n fflyrtio, yn paratoi ar gyfer rhyw ac yn mwynhau ein hunain. Mae rhai oedolion yn dewis gwneud hyn pan fyddan nhw'n ddigon hen, oherwydd os dwyt ti ddim dan bwysau ac yn ei wneud am hwyl, mae'n gallu bod yn ffordd wych o ddathlu dy gorff – ond ti a neb arall ddylai ddewis ei wneud bob tro. Ond hyd yn oed yn 16 a 17 oed, er dy fod ti'n gallu gwneud y pethau hyn, does dim hawl gen ti i'w cofnodi nhw, ac mae unrhyw luniau (hyd yn oed y rhai sy'n 'diflannu' yn honedig) yn cyfrif fel pornograffi plant, ac mae canlyniadau difrifol iawn i hynny. Wrth ystyried tynnu unrhyw luniau noethlymun (ac yn anffodus, fe fydd yna adeg pan fydd rhywun yn gofyn), cofia:

- Os dwyt ti ddim eisiau gwneud hynny, na yw'r unig ateb sydd ei angen arnat ti. Cofia, mae na yn ateb cyflawn a dilys, ac mae gen ti hawl i'w ddweud heb unrhyw ymddiheuriad pellach.

- Os wyt ti o dan 18 oed, gallai'r DDAU ohonoch chi wynebu problemau cyfreithiol (un am 'wneud a dosbarthu', y llall am fod â'r ddelwedd yn ei feddiant). Er dy fod ti wedi cydsynio, yn llygad y gyfraith, dwyt ti ddim yn gallu cydsynio i hyn.

- Dydy'r pethau yma byth yn diflannu. Edrycha ar yr holl luniau o enwogion sy'n dod i sylw'r cyhoedd. Dydy dy gorff di ddim yn rhywbeth i fod â chywilydd ohono. Mae'n arbennig ac mae hynny'n golygu mai ti ddylai benderfynu pwy sy'n cael ei weld. Y broblem gydag anfon llun yw ei fod wedyn allan o dy reolaeth di. Bellach, nid ti sy'n cael penderfynu pwy sy'n cael ei weld, ym mha gyd-destun, neu beth sy'n cael ei wneud gyda'r llun.

Dweud "Ie"

Ar ryw bwynt, bydd adeg yn dod pan fyddi di eisiau dweud ie – ac mae hynny'n beth gwych. Ond pryd mae'r pwynt hwnnw? Mae hynny i fyny i ti – yn bennaf. Mae angen i ni drafod pwynt cyfreithiol: yr oedran cydsynio cyfreithiol ym Mhrydain yw 16 oed.

Mae hyn yn golygu bod unrhyw weithgaredd rhywiol cyn 16 oed yn gallu arwain at ganlyniadau cyfreithiol eithaf difrifol. Mae oedran cydsynio yn golygu nad yw rhywun o dan 16 oed yn gallu cydsynio i gael rhyw o dan unrhyw amgylchiadau (waeth pa mor glir, llafar neu barod). Mae torri'r gyfraith hon yn gallu arwain at gosbau hallt – hyd at 14 mlynedd yn y carchar (os yw'r 'troseddwr' dros 18 oed) neu hyd at bum mlynedd os yw'r ddau o dan 16 oed. Does dim ots os wyt ti neu nhw yn 15 mlynedd a 360 diwrnod oed – tan dy ben-blwydd yn 16 oed, mae angen cadw at bethau PG a diniwed.

Er bod y gyfraith yn dweud mai 16 oed yw oedran cydsynio, rydyn ni'n gwybod bod rhyw dan oed yn digwydd. Dydw i ddim yn dadlau o blaid hynny, ond mae angen i ti fod yn barod am yr hyn a allai dy wynebu di.

Y tro cyntaf

Rydyn ni'n gwybod beth mae'r gyfraith yn ei ddweud, ond dydy hynny ddim yn golygu bod rhaid i ti ddechrau arni ar dy ben-blwydd yn 16 oed – mae rhai pobl yn dewis aros nes eu bod ychydig yn hŷn, mae rhai pobl yn dewis aros nes eu bod yn hŷn o lawer. Mae rhai hyd yn oed yn aros nes eu bod nhw'n briod, ac eraill yn dewis ei wneud er mwyn ei gael allan o'r ffordd. Does dim rheol haearnaidd – ac os wyt ti wedi bod yn talu sylw i'r llyfr hwn hyd yn hyn, rwyt ti'n gallu dyfalu beth dwi'n mynd i'w ddweud: ti yw'r unig un fydd yn gwybod pryd mae'r amser yn iawn i ti. Dwi eisiau i ti deimlo'n rhydd, yn hyderus ac wedi dy rymuso i ddewis sut a phryd sy'n iawn i ti, os wyt ti eisiau aros am 'yr un', eisiau aros am achlysur cofiadwy neu am fwrw iddi ar unwaith!

Marc Thompson

Fy nghyngor i fyddai, cymer dy amser. Mae cymaint i'w ddarganfod a'i fwynhau, does dim angen rhuthro. Does dim angen cael rhyw, na dioddef pwysau i gael rhyw, os nad wyt ti'n barod. Des i'n ffrindiau gyda phobl AR ÔL cael rhyw gyda nhw, ac er nad ydw i'n difaru hynny, mae'n llai cymhleth os wyt ti'n gadael rhyw allan ohoni.

Sut i fod yn dda am gael rhyw

Iawn – dyma'r pwnc mawr. Sut i fod yn dda am gael rhyw. Rydyn ni i gyd eisiau gallu ei wneud, ac yn y pen draw, mae'n dibynnu ar un peth … gwrando. Mae carwr da yn gwrando ar yr un sydd yn ei gwmni, yn talu sylw i'w dymuniadau a'u hanghenion, yn gwneud iddyn nhw deimlo'n gyfforddus ac yn meddwl am rannu pleser mewn ffordd ddiogel. Ond beth amdanat ti dy hun? Paid â rhoi pwysau ar dy hun i fod yn 'dda' – bydda'n bresennol yn y foment a sawra'r blas, a chofia fod hyd yn oed hufen iâ 'gwael' yn dal i fod yn eithaf blasus. Cyn belled â bod y ddau ohonoch chi'n gadael yn teimlo'n ddiogel ac yn hapus, a'ch bod chi'ch dau wedi cael eich trin â pharch – mae hynny'n barti hufen iâ da.

Gweinyddu rhyw

Gweinyddu rhyw? Rhyw? Gweinyddu? Beth? Na, dydw i ddim yn golygu creu taenlen o bopeth rwyt ti erioed wedi'i wneud, gyda phwy, pryd ac am ba hyd, a phopeth wedi'i drefnu yn ôl lliw yn ei golofn ei hun. Dwi'n golygu cael gafael ar gyfarpar amddiffyn a'i ddefnyddio, penderfynu ar ddull atal cenhedlu a phrofion STI (heintiau a drosglwyddir yn rhywiol) a dechrau eu defnyddio.

Y peth pwysicaf yn hyn i gyd yw dy fod ti'n mynd ati mewn ffordd wybodus er mwyn i ti wneud penderfyniad hyderus a deallus am yr hyn sy'n iawn ac orau i ti. Mae rhan o hynny'n cynnwys y stwff iechyd a diogelwch logistaidd, a dyna pam dwi wedi gofyn i rywun sy'n sôn am ryw wrth ei gwaith i esbonio mwy.

Helô, Amy ydw i o It Happens Education. Rydyn ni'n dweud, "mae'n digwydd … felly dewch i ni sôn amdano." Mae ein tîm o weithwyr proffesiynol yn helpu myfyrwyr, athrawon a rhieni i ddysgu a sôn am addysg rhyw ac iechyd gynhwysol a phositif. Mewn ysgolion, rydyn ni'n gweithio gyda myfyrwyr o bob oed – rydyn ni'n gwrando ar yr holl gwestiynau anhygoel, yn clywed yr holl gymhlethdodau ac yn trio mynd i'r afael â'r cyfan mewn ffordd agored a gonest fel bod pawb ychydig yn fwy gwybodus ac yn fwy diogel.

Does dim byd o'i le ar fod â llond pen o gwestiynau am ryw, a llwyth o deimladau yn chwyrlïo o gwmpas dy ben. Yn anffodus, dydy gwersi atgenhedlu mewn ysgolion yn aml ddim yn rhoi'r atebion y mae pobl ifanc eisiau (ac yn eu haeddu). Dydy'r gwersi bioleg hynny (sy'n canolbwyntio ar y cyfan ar enghreifftiau pidyn-mewn-gwain) ddim yn cyfeirio at y math o 'ryw' mae pobl yn ei gael gan amlaf. Mae rhyw yn ymwneud llawer mwy â'r bobl sy'n gysylltiedig â'r rhannau corfforol; eu dyheadau, eu teimladau a'u chwantau personol. Os ydyn ni'n credu bod agosrwydd rhywiol yn ymwneud â chreu cyswllt, cwlwm a phleser, yna mae rhyw yn ymwneud cymaint â'r pen a'r galon ag y mae â'r corff. Ac mae rhyw yn gymaint o bethau gwahanol i gymaint o bobl.

Dyna pam mae ein gwaith ni'n delio mwy â'r teimladau, y meddyliau a'r pryderon – y mopio, y ffansïo a'r chwantau – wrth ymdopi ag ochr emosiynol a seicolegol cyfathrebu, cydsynio a chysylltu. Ac i ni, mae pleser yn rhan fawr o'r sgwrs yma. Mae'n gallu bod yn lletchwith ac ychydig yn od ar y dechrau, ond ddylai o byth fod yn anghyfforddus neu'n boenus – mae rhyw i fod yn bleserus!

Mae'n anodd gwybod sut i drafod rhywbeth mor fawr a chymhleth mewn dim ond deg awgrym, ond dyma ein canllaw ni i dy helpu di i ddeall ychydig bach mwy am gyrff a ffiniau.

1) Cyfathrebu da: mae cyfathrebu'n digwydd mewn cymaint o ffyrdd gwahanol, drwy ein geiriau, ein tecsts, ein llygaid, ein cyffyrddiad, ein hanadl – yr holl newidiadau bach yn iaith y corff. Mae'n gallu digwydd ar lafar neu'n ddieiriau. Un o'r ffyrdd o ddeall os wyt ti am glosio'n rhywiol at y person iawn yw cadw llygad ar dy sgiliau cyfathrebu. Mae rhannu ein teimladau dyfnaf yn gallu bod yn anodd, ond mae cyfathrebu'n allweddol os wyt ti am gael perthynas onest ac iach.

2) Deall cydsynio cymhleth: rydyn ni wedi bod yn ymarfer cydsynio o'r dechrau un. Ers i ni fod yn ifanc iawn, rydyn ni wedi bod yn dysgu sut i gymryd tro, sut i rannu a sut i barchu ffiniau. Rwyt ti wedi dysgu llawer iawn am gydsynio drwy dy berthynas â ffrindiau, a sut i barchu eich gilydd, gobeithio. Erbyn hyn mae'n debyg dy fod ti hefyd yn gwybod nad yw cydsynio yn syml ac yn hawdd i'w ddeall bob tro. Mae pobl yn llawn cymhlethdodau! Mae'n gallu bod yn anodd deall beth sy'n digwydd pan fydd teimladau'n llethol. Y cwestiwn pwysig i ti ofyn i ti dy hun yn gyson yw: oes gan y ddau ohonoch chi lais a dewis *go iawn*? Os nad oes, dylet ti stopio.

3) Parchu cydraddoldeb/bod yn ymwybodol o anghydbwysedd grym: os yw'r grym i gyd yn nwylo un person, dydy hynny ddim yn beth da. Oes un person yn gwneud yr holl siarad a'r holi, a'r llall yn gwneud yr holl wrando a chaniatáu? Ydy'r ddau ohonoch chi'n gallu cael syniadau, yn sbarduno ac yn awgrymu pethau? Ydych chi'ch dau yn gallu trafod a chyfaddawdu? Mewn ffordd glir, caredig a gonest? Dylai agosrwydd rhywiol ymwneud â chydraddoldeb. Os yw dynameg y grym yn teimlo'n anghytbwys – mae angen i ti fynd i'r afael a hynny ar unwaith!

4) Gofalu am dy gorff dy hun: mae dod i adnabod dy gorff yn beth da – gwybod sut olwg sydd arno, sut mae'n teimlo a sut i'w gadw'n lân. Mae gwybod beth rwyt ti'n ei hoffi a'r hyn sy'n teimlo'n bleserus yn gadarnhaol ac yn ddefnyddiol iawn i ti ei adnabod. Dydy hyn ddim bob amser yn hawdd i bawb. Os nad wyt ti'n gyfforddus â dy gorff dy hun mae'n debyg nad wyt ti'n barod i agosáu at gorff rhywun arall, na'u cael nhw'n agos at dy gorff di.

5) Gofalu am gorff dy bartner: mae bod yn bartner caredig a gofalgar yn golygu deall eu corff nhw hefyd. Mae hyn yn golygu gofyn, gwrando ac ymateb. Mae'n bosib na fydd rhywbeth sy'n teimlo'n dda un diwrnod yn gweithio drannoeth, yr wythnos nesaf, y mis nesaf neu'r flwyddyn nesaf. Mae cyrff ac ymddygiadau yn newid cymaint o'r naill eiliad i'r llall – mae angen i ti allu ymateb i'w corff o un eiliad i'r llall hefyd, a gofalu am eich gilydd ar hyd y daith.

6) Gofalu am dy deimladau: mae teimladau'n eithriadol o bwysig. Mae eu deall nhw'n rhan mor fawr o berthnasoedd a rhyw. Wyt ti'n teimlo'n gyffrous? Neu'n ofnus? Beth yw'r gwahaniaeth? Mae hormonau a chemegion yn ein cyrff yn gallu gwneud i ni deimlo llawer o bethau. Mae mor bwysig cadw llygad ar y teimladau hynny'n barhaus, a gwrando arnyn nhw. Os nad yw rhywbeth yn teimlo'n iawn, mae'n debyg dydy o ddim yn iawn.

7) Gofalu am eu teimladau: wyt ti'n rhoi lle iddyn nhw fod yn onest ac yn agored am eu teimladau? Beth os dydyn nhw ddim eisiau gwneud rhywbeth? Beth os dydyn nhw ddim yn hoffi syniad penodol? Beth os wyt ti'n gofyn gormod? Sut byddi di'n gwybod? Mae bod ar donfedd teimladau rhywun arall yn gallu dy helpu di i'w deall nhw a beth maen nhw ei eisiau a'i angen. Weithiau, mae angen amser a lle ar bobl i archwilio eu teimladau ar eu pen eu hunain. Dro arall, mae'n bosib y byddan nhw eisiau eu rhannu â ti.

8) Cofleidio'r eiliadau lletchwith: mae mwy i hyn na chanhwyllau, rhamant, serch a rhosod. Mae pobl yn gymhleth. Mae hyn yn golygu fydd pethau ddim yn digwydd yn union yn ôl y disgwyl weithiau. Ond mae hynny'n iawn. Mae angen cael sgyrsiau heriol. Mae angen i ti gofleidio'r pethau lletchwith. Os wyt ti'n dysgu dod i arfer â'r anghysur, a chwerthin am ei ben, mae'n dod yn haws bob tro. Ac os nad yw'r un arall eisiau gwneud hynny gyda ti, mae'n debyg eu bod nhw ddim yn barod i glosio atat ti!

9) Anelu at fod yn onest: dydy pobl ddim bob amser yn dweud beth maen nhw'n ei olygu. Weithiau, dydyn nhw ddim yn golygu beth maen nhw'n ei ddweud. Mae rhai yn esgus neu'n smalio ac yn gwneud esgusodion. Mae eraill yn mynd gyda'r lli (am sawl rheswm cymhleth). Er mwyn i agosrwydd rhywiol fod yn ddiogel, mae angen i ti fod yn onest a dilys. Y ti go iawn. Dim hidlyddion, dim golygu, dim esgus. Teimlad go iawn. Synau go iawn. Plis, paid ag esgus dim ond am dy fod ti'n meddwl y byd ohonyn nhw ...

10) Gwybod ble i gael help: mae bod yn un sy'n cael rhyw yn ddewis mawr. Does dim rheidrwydd i ti fod. Mae gen ti ddewis. Mae angen i ti a dy bartner wneud popeth o fewn eich gallu i leihau risg drwy feddwl ymlaen llaw a chwilio am help meddygol gan weithwyr proffesiynol. Mae clinigau iechyd rhywiol yn llefydd gwych a diogel i ddod o hyd i help, ac mae gennych hawl i ofyn am gyfrinachedd. Rydyn ni'n ymwybodol mai oedran cydsynio cyfreithiol y Deyrnas Unedig yw 16 oed, ond, yn ddiddorol, dydy'r rhan fwyaf o bobl ifanc 16 oed ddim yn cael rhyw. Ond rydyn ni hefyd eisiau i ti a dy bartner ddeall y bydd clinigau iechyd rhywiol yn gallu helpu hyd yn oed os dydych chi ddim yn 16 oed (ond mae'n rhaid bod dros 13 oed). Bydd gweithwyr meddygol proffesiynol yn dod o hyd i'r ffordd orau o'ch cadw chi'n ddiogel, a hynny heb farnu. Mynnwch gael eich sgrinio, eich profi a'ch diogelu. Gwnewch beth bynnag sydd ei angen. Mae angen i'r ddau ohonoch chi wybod ble i gael cymorth – gyda'ch gilydd!

Mae 'gyda'ch gilydd' yn beth pwysig iawn i ni. Does dim angen i ti fod arbenigwr ar gael rhyw, a does dim angen i ti ruthro i gael rhyw chwaith – mae bod yn barod yn hynod, hynod bwysig. Does dim cyfarwyddiadau na llyfrau rheolau – nid felly mae'n gweithio. Dydy o ddim yn beth rwyt ti'n ei wneud i rywun. Neu'n beth sy'n cael ei wneud i ti. Mewn byd delfrydol, byddi di a dy bartner yn dod i ddeall hyn gyda'ch gilydd mewn ffordd aeddfed, garedig, gydsyniol, dyner a phleserus, ac mae hynny'n gallu creu cwlwm personol a chlos iawn!

Mae rhagor o wybodaeth am ein gwaith ni ar gael yn www.ithappens.education

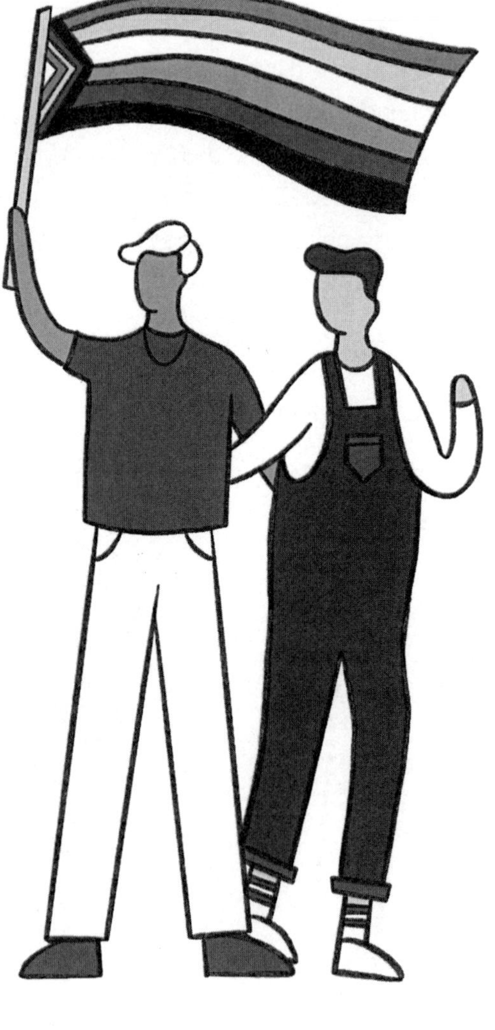

hapus
a hoyw

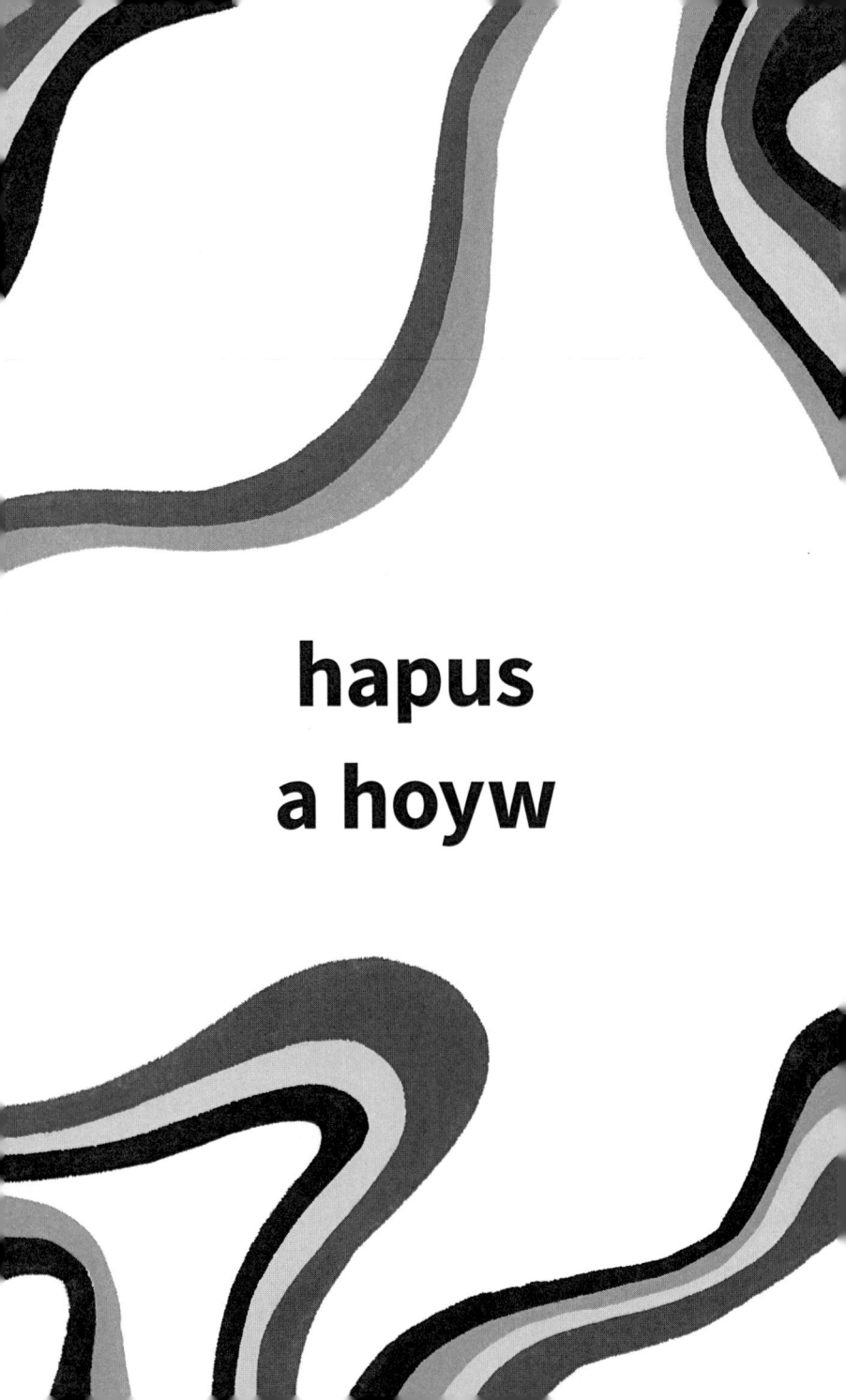

Oeddet ti'n gwybod nad atyniad at yr un rhyw oedd ystyr gwreiddiol y gair 'hoyw', ond ei fod yn hytrach yn golygu hapus?

> **Hoyw:** *ansoddair: heini, siriol, llon, llawen.*

Gwych! Felly, mae eironi creulon ynghlwm wrth yr ystadegau eithaf brawychus dwi am eu datgelu nesaf. Yn anffodus, mae iechyd meddwl yn broblem fawr yn ein cymuned. Nawr, does dim angen i ti boeni – yn bendant, dydy bod yn cwiar ddim yn achosi unrhyw broblemau iechyd meddwl yn uniongyrchol. Dydy bod yn LHDTC+ ddim yn golygu dy fod ti'n bendant yn mynd i gael problemau iechyd meddwl. Fodd bynnag, mae'n broblem wirioneddol i'n cymuned – mae 52 y cant o bobl LHDTC+ yn profi rhyw fath o drafferth iechyd meddwl yn ystod eu hoes o'i gymharu â thua 22 y cant o'r boblogaeth yn gyffredinol.

Fel sy'n wir am weddill y llyfr, dydw i ddim yn dweud y pethau hyn i dy ddychryn di nac i wneud i ti boeni. Dwi'n rhannu hyn yn gariadus ac yn ystyrlon, gan wybod y bydd deall y pethau hyn yn gweithredu fel rhybudd ac yn dy baratoi di'n well wrth i ti gamu allan i'r byd mawr. Drwy gydol y bennod hon, rydyn ni'n mynd i edrych ar ffyrdd i dy helpu di i deimlo'n llon ac yn hapus. Ac, ar y dyddiau hynny pan dwyt ti ddim yn teimlo cystal, byddwn yn edrych ar ambell ffordd i ti gynnig cefnogaeth i ti dy hun.

Ydy fy nheimladau i'n normal?

Wrth fy ngwaith bob dydd, pan dwi ddim yn ysgrifennu llyfrau fel hyn, dwi'n gwnselydd ac yn seicotherapydd. Dwi wedi bod yn gwirfoddoli ac yn gweithio ym maes iechyd meddwl ers blynyddoedd, ac yn fy marn broffesiynol (a phersonol) i, nid *bod yn cwiar* sy'n achosi'r risg uwch o broblemau iechyd meddwl, ond yn hytrach *problem cymdeithas* gyda bod yn cwiar. Hynny yw, mae'r cywilydd, y stigma, yr ymddygiad ymosodol a'r gwthio i'r cyrion sydd wedi effeithio ar ein cymuned am genedlaethau yn arwain at sgileffeithiau … un o'r rheini yw'r effaith ar ein hiechyd meddwl ar y cyd.

Meddylia amdano fel hyn – does dim byd yng ngeneteg rhywun â gwallt coch sy'n eu gwneud nhw'n debygol o ddioddef iselder neu orbryder … ac eto mae astudiaeth wedi dangos bod pobl â gwallt coch yn fwy tebygol o brofi'r emosiynau hyn. Pam? Canlyniad y bwlio hurt sy'n digwydd mewn ysgolion, a'r pwysau emosiynol sy'n dod yn sgil hynny, yw bod pobl gwallt coch yn fwy tebygol o deimlo gorbryder ac iselder. Ydy hynny'n canu cloch?

Beth yw cywilydd hoyw?

Ers cenedlaethau, rydyn ni wedi cael ein barnu'n ddiwylliannol, yn grefyddol ac yn wleidyddol – ac, yn anffodus, mae hynny wedi gadael ei ôl. Meddylia am yr holl bobl lawchwith hyfryd hynny – does dim byd o'i le ar fod yn llawchwith, ond os yw pob unigolyn a phob sefydliad yn dweud eu bod nhw'n bobl bechadurus a llygredig, rwyt ti'n mynd i ddechrau teimlo cywilydd o fod yn berson llawchwith.

Cywilydd hoyw yw'r llais mewnol tawel hwnnw, yr homoffôb mewnol – mae'n debyg i fwli maes chwarae erchyll sydd wedi dysgu ei ragfarn gan bobl eraill. Ond pam mae hynny mor bwerus? Wel, cywilydd yw un o'r emosiynau mwyaf gwenwynig a pheryglus mae pobl yn gallu'i deimlo. Mae'n effaith sy'n para'n hir ar ein hunan-werth a sut rydyn ni'n gweld ein hunain ac yn meddwl amdanon ni'n hunain.

Mae cywilydd hoyw a homoffobia mewnol yn un rheswm pam mae pobl hoyw yn barnu pobl hoyw eraill sy'n 'rhy' liwgar a merchetaidd – yr hyn sy'n cael ei alw'n ffemffobia. Does dim byd o'i le ar natur ferchetaidd ar unrhyw lefel, wrth gwrs – ond i rai, dyna sy'n sbarduno eu teimladau mewnol o gywilydd. Mae hynny wedyn yn gwneud i ni gywilyddio a barnu ein hunain – yn aml gan fewnoli a chredu'r meddyliau dinistriol ein bod ni ddim yn deilwng o gael ein caru a'n trin yn deg. Yn aml, rydyn ni'n plismona ein hunain ac yn mygu ein hunanfynegiant a'n hapusrwydd oherwydd yr ofn y byddwn ni'n barnu ein hunain, neu y bydd eraill yn ein barnu ni.

Sut mae brwydro'n ôl yn erbyn cywilydd hoyw? Drwy fyw gyda balchder. Drwy fod yn hollol falch o bwy ydyn ni, drwy ein cofleidio ein hunain (a'n beiau i gyd) a cheisio byw mor onest, dilys a diymhongar ag y gallwn ni.

> Os wyt ti byth yn teimlo ar dy ben dy hun, wedi dy lethu, yn orbryderus neu fod angen siarad arnat ti, tecstia 'SHOUT' i 85258. Fe gei di gymorth a chyngor cyfrinachol, diragfarn a rhad ac am ddim gan linell argyfwng Shout. Dwi'n un o'r nifer o wirfoddolwyr sy'n helpu i staffio'r gwasanaeth hwn. Waeth pa mor fawr neu fach yw dy broblem, rwyt ti'n haeddu cefnogaeth ac rydyn ni yno i wrando os oes ein hangen ni arnat ti.

Cwiar drwy'r canrifoedd

Hyd yn oed mor bell yn ôl â 1935, ysgrifennodd mam 'bryderus' at sefydlydd seicoleg, Sigmund Freud, am ei mab cyfunrhywiol, gan ofyn a fyddai Freud yn trin ac yn 'gwella' ei gyfunrhywioldeb. Gwrthod yn lân oedd ymateb Freud – "nid yw'n ddim i fod â chywilydd ohono, ddim yn wendid, ddim yn warth; nid oes modd ei ystyried yn salwch."

Gwrthododd Freud, gan esbonio doedd dim byd o'i le ar ei mab. Ac mae hynny'n wir – does dim byd 'o'i le' arnon ni. Ar wahân i fod yn un o'r gweithwyr gofal iechyd proffesiynol cyntaf i eiriol dros bobl LHDTC+, dadleuodd Freud fod pawb yn profi rhyw fath o atyniad at yr un rhyw, mawr neu fach. Ydyn, yn ôl Freud, rydyn ni i gyd ychydig bach yn cwiar.

Byw gyda balchder

Ffordd bwerus o amddiffyn dy hun rhag cywilydd yw byw gyda balchder (beth bynnag mae hynny'n ei olygu i ti) a bod yn falch o bwy wyt ti. Rhan o fyw'n falch yw gofalu amdanon ni'n hunain, oherwydd bod caru a gofalu am yr hunan yn weithred chwyldroadol. Rwyt ti'n bwysig, ac rwyt ti'n haeddu hynny; fydd dim byd byth yn newid hynny.

Mae cysylltu â dy gymuned yn ffordd wych o ofalu amdanat ti dy hun ac eraill, a gweithredu cadarnhaol yn helpu dy iechyd meddwl. O ran ein lles meddyliol ac ysbrydol, mae dau beth hanfodol er mwyn cael meddwl iach a bywyd hapus: perthyn a phwrpas.

Perthyn: mae angen i ni i gyd berthyn i rywle, i ddod o hyd i fan lle rydyn ni'n cael ein derbyn, ein caru a'n gwerthfawrogi; lle sy'n rhydd o farnu. Drwy 'ddod o hyd i dy lwyth' a chysylltu â dy deulu cwiar anhygoel dy hun – boed hynny'n hoywon sy'n ffans theatr gerddorol, pobl draws gelfyddydol, lesbiaid sy'n mwynhau heicio, pobl ddeurywiol sy'n gwirioni ar gemau bwrdd neu cwiars sy'n frwd am chwaraeon. Un o'r pethau sy'n llonni fy nghalon am fod yn LHDTC+ yw'r ffaith dy fod ti'n gallu dod o hyd i grŵp cymunedol ar gyfer pob dim dan haul. Chwilia ar-lein ac fe wnei di ddod o hyd i un perffaith ar dy gyfer di a beth bynnag rwyt ti'n ei fwynhau.

Pwrpas: mae angen i bob un ohonon ni gael rheswm i fodoli, rheswm i godi yn y bore, rheswm i ddal ati. Un o'r pethau gorau y galli di ei wneud er dy les dy hun yw ymwneud ag achos sy'n agos at dy galon. Er enghraifft, mae tystiolaeth wyddonol wedi profi bod gwirfoddoli nid yn unig yn gwneud i ti deimlo'n well amdanat ti dy hun, ond mae hefyd yn creu cyswllt â phobl o'r un anian ac yn dy helpu i ddod o hyd i fan lle rwyt ti'n perthyn. Mae gwneud rhywbeth da er mwyn rhywun arall, fel gwirfoddoli dros achos LHDTC+, yn rhoi ymdeimlad o falchder, o werth dwyt ti ddim yn gallu ei brynu. Mae torchi llewys, ymuno â grŵp ieuenctid LHDTC+ (yn y byd go iawn neu ar-lein) a dod o hyd i ffyrdd o helpu dy gymuned yn gallu bod o help gwirioneddol i ti hefyd. Y cyfan mae angen i ti ei wneud yw chwilio ar-lein am gyfleoedd gwirfoddoli yn dy ardal leol, neu mae Young Stonewall yn lle gwych i ddechrau.

Gofalu amdanat ti dy hun: diemwnt llawenydd

Y gwir yw y bydd dyddiau pan fyddi di'n teimlo'n isel – mae hynny'n naturiol ac yn iawn. Mae tristwch, adegau o orbryder ac iselder yn rhannau anochel o fywyd.

Mae pawb yn eu profi nhw rywbryd, waeth beth yw eu rhywioldeb. Dydyn ni ddim yn gallu eu dileu nhw o'n bywydau, ond gallwn ni roi'r cyfle gorau i ni'n hunain eu hwynebu a'u rheoli, drwy baratoi'n hunain yn y ffordd orau bosib.

Tric defnyddiol dwi'n troi ato yw creu rhestr ticio ar fy nghyfer i fy hun – mae'n syml, dwi'n addo! Y cyfan mae'n rhaid i ti ei wneud yw trio ticio llwyth o bethau bob dydd o'r hyn dwi'n ei alw'n 'ddiemwnt llawenydd'. I wella dy siawns o gael diwrnod gwych, tria roi tic i un peth ym mhob bocs. Defnyddia'r enghraifft hon dwi wedi'i chreu, neu gwna un dy hun.

Mae'r rhain yn cynhyrchu serotonin, sy'n sefydlogi ein hwyliau.

Mae'r rhain yn creu dopamin, sy'n ein helpu i feddwl yn gliriach.

Cydbwysedd

- Myfyrio
- Cadw dyddiadur
- Mwynhau byd natur a heulwen
- Ymarfer corff ysgafn – rho gynnig ar ioga ac ymarfer dy anadlu hefyd

Gwobr

- Gorffen tasg – dechreua'n fach, fel gwneud dy wely, yna ymlaen at rai mwy
- Ymarfer gweithgareddau hunanofal
- Bwyta bwyd maethlon
- Dathlu buddugoliaethau

Cariad

- Dawnsio i gerddoriaeth
- Bod yn garedig wrth eraill
- Canmol eraill
- Cofleidio ffrind

Gollyngdod

- Gwylio dy hoff gomedi a chwerthin yn uchel
- Mwynhau ychydig o siocled tywyll
- Ymarfer corff – ymarfer aerobig, cerdded am ychydig neu redeg yn araf
- Arogli rhywbeth rwyt ti'n ei hoffi – persawr neu fara newydd ei bobi!

Mae'r rhain yn rhyddhau ocsitosin, sy'n gwneud i ni deimlo ein bod ni'n cael ein caru.

Mae'r rhain yn rhyddhau endorffinau, sy'n ein helpu ni i deimlo'n hapus ac yn bositif.

Paid â phoeni os wyt ti'n cael trafferth gyda'r gweithgaredd hwn. Weithiau, pan fyddwn ni'n teimlo'n isel, mae angen i ni roi ychydig o hwb i ni'n hunain. Mae'n helpu i ganolbwyntio ar ein hanghenion sylfaenol a gwneud yn siŵr ein bod yn gofalu am y rheini, wedyn byddwn ni'n cael bwrw iddi unwaith eto. Os wyt ti'n cael diwrnod gwael ac yn teimlo'n isel, hola dy hun:

> Wyt ti wedi cael digon o gwsg?

> Wyt ti wedi bod allan i'r awyr iach ac i olau dydd?

> Wyt ti wedi gofalu am dy gorff, wedi ymolchi ac wedi gwisgo dillad glân?

> Wyt ti wedi bwyta bwyd da, maethlon?

Mae gwneud y pethau syml hyn yn gallu gwneud gwahaniaeth mawr yn ein bywyd bob dydd. O'r pwynt hwn, rydyn ni wedyn yn gallu dechrau eto a rhoi cynnig arall ar bethau'n raddol.

Grym hunangariad

Y tro nesaf mae rhywun yn dweud rhywbeth negyddol sy'n achosi gofid i ti, mae angen i ti ddweud rhywbeth da amdanat ti dy hun – a dwi wir yn ei olygu. Mae hyn yn seiliedig ar gysyniad mae therapyddion yn ei alw'n 'ystyriaeth gadarnhaol ddiamod' – *unconditional positive regard*. Hwn yw'r syniad o beidio â barnu, condemnio neu osod amodau ar eraill er mwyn iddyn nhw gael eu derbyn. Yn y bôn, mae'n rhaid i ni eu derbyn a'u cefnogi yn union fel y maen nhw – ac mae'n rhaid i ni ymarfer hynny mewn perthynas â ni'n hunain hefyd. Mae ystyriaeth gadarnhaol ddiamod yn bwysig o ran yr *hunan*: mae'n rhaid i ni ddysgu caru ein *hunain* waeth a ydyn ni'n teimlo ein bod ni'n 'bod yn dda' neu'n 'bod yn ddrwg'; os ydyn ni'n 'gwneud yn dda' neu'n 'gwneud yn wael' yn yr ysgol; neu os ydyn ni'n 'cŵl' neu 'ddim yn cŵl' yng ngolwg pobl eraill. Mae'n rhaid i ni geisio derbyn ein hunain fel rydyn ni, am bwy ydyn ni. Dydy hyn ddim yn hawdd, mae'n llafur oes, ond cynhara'n byd y byddi di'n dechrau ei ymarfer, cynhara'n byd y galli di ddechrau ar y gwaith hwnnw.

Un o'r rhesymau pam mae hi mor bwysig bod yn ddilys – bod yn ti dy hun dy hun ac nid 'cymeriad' rwyt ti wedi'i ddatblygu neu bersona rwyt ti'n ei bortreadu i gymodi â phobl eraill, neu i fod fel rhywun oddi ar Drag Race neu TikTok – yw bod y dilysrwydd hwnnw, derbyn ein hunain am bwy ydyn ni, yn garreg sylfaen i hunan-werth. Mewn therapi, 'cydymddygiad' yw'r enw ar hyn – bod yr hunan mewnol (pwy wyt ti yn y bôn) yn cyfateb i'r hunan allanol rwyt ti'n ei ddangos i'r byd. Agosa'n byd mae'r ddau yn cyfateb i'w gilydd, hapusa'n byd rydyn ni'n tueddu i fod, a'r mwyaf ar wahân ydyn nhw, mwya'n byd y straen ar ein meddyliau a'n hemosiynau. Dyna pam mae byw yn y cysgodion a gwadu pwy ydyn ni yn gallu rhoi baich emosiynol mor gryf ar ein hysgwyddau ni. Yn yr un modd, dydy copïo ystumiau rhywun arall neu sut maen nhw'n cyflwyno'u hunain neu'n siarad ddim yn mynd i wneud i ni deimlo'n well. A dweud y gwir, mae'n gallu gwneud i ni deimlo'n waeth – fel petai pobl ddim ond yn ein hoffi ni os fyddwn ni ddim yn ymddwyn fel y fersiwn ddilys ohonon ni'n hunain. Ac mae hynny'n gam gwag. Mae'r ti dilys, go iawn, mor hyfryd mae'n rhaid i ti, yn gyntaf, syrthio mewn cariad â'r person arbennig hwnnw y tu mewn i ti.

Ydy hyn yn golygu does dim diffygion ganddon ni o gwbl, ein bod ni'n unigolion heb unrhyw agweddau drwg? Nac ydy. Y gwir amdani yw bod gan bawb agweddau sydd ddim yn rhy wych. Ond y cyfan mae lladd arnon ni ein hunain am ein diffygion yn ei wneud yw achosi i ni deimlo'n waeth. Pen draw hynny yw gwastraffu ein hegni yn ymosod arnon ni ein hunain, yn hytrach na gwneud popeth gallwn ni i dyfu, datblygu a dysgu. Drwy drin dy hun yn dosturiol a charedig, rwyt ti'n rhoi'r cyfle gorau i ti ddod y fersiwn orau bosib ohonot ti dy hun.

Pobl eraill a'n hwyliau ni

Wir i ti, mae delio â phobl eraill yn gallu bod yn anodd – maen nhw'n gallu bod yn annifyr ac yn dwp weithiau. Dyna un o'r agweddau mwyaf rhwystredig. Os ydyn ni eisiau i bobl eraill ein derbyn ni, mae'n rhaid i ni eu derbyn nhw. I fod yn glir, dydw i ddim yn golygu derbyn rhywun arall yn dy drin di'n wael – does DIM rhaid i ti dderbyn hynny. Ond mae'n rhaid i ni dderbyn ein bod ni'n methu newid na rheoli eraill, dim ond newid a rheoli ein hunain. Dwi'n hoffi meddwl am hyn fel taith:

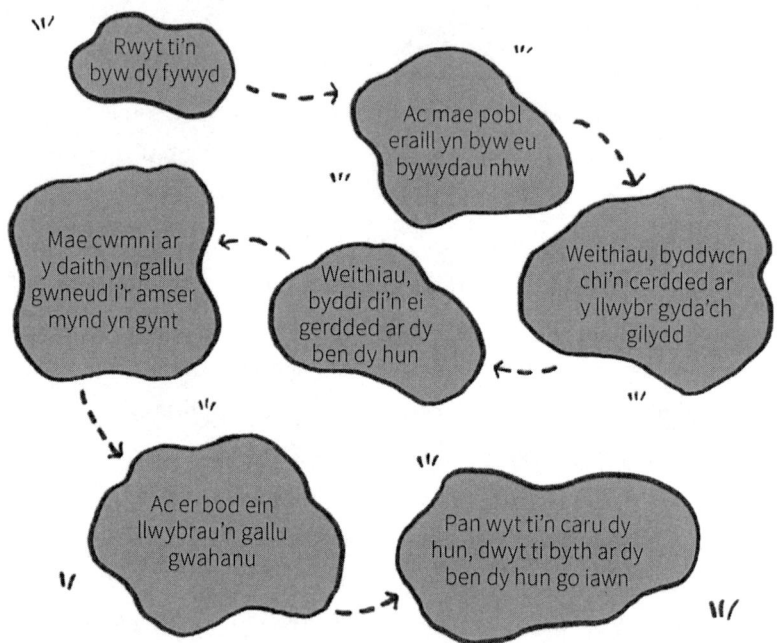

- Rwyt ti'n byw dy fywyd
- Ac mae pobl eraill yn byw eu bywydau nhw
- Weithiau, byddwch chi'n cerdded ar y llwybr gyda'ch gilydd
- Weithiau, byddi di'n ei gerdded ar dy ben dy hun
- Mae cwmni ar y daith yn gallu gwneud i'r amser mynd yn gynt
- Ac er bod ein llwybrau'n gallu gwahanu
- Pan wyt ti'n caru dy hun, dwyt ti byth ar dy ben dy hun go iawn

Does dim rhaid i berthynas â phobl eraill fod yn seiliedig ar reidrwydd, disgwyliad a gofynion. Dylen nhw fod yn seiliedig ar gyd-dderbyn – derbyn ein hunain a derbyn pobl eraill. Pan fyddwn ni'n dod o hyd i'r bobl hynny, mae'n wych. Dydy rhai pobl ddim yn ein derbyn ni. Does dim i'w wneud am hynny, ac nid ein cyfrifoldeb ni yw eu newid nhw. Yn hytrach, rydyn ni'n symud ymlaen, gan wybod ein bod ni'n derbyn ein hunain ac mae hynny'n bwerus – dyna yw hunangariad.

Bwlio

Yn anffodus, mae bwlio yn brofiad anhygoel o gyffredin. Un erchyll sy'n gallu cael effeithiau hirdymor. Yn ddigon dealladwy, mae hefyd yn gallu cael effaith fawr ar dy deimladau, dy hwyliau a dy hyder. Dyma ambell awgrym am bethau sy'n gallu helpu os wyt ti'n cael dy fwlio.

Siarad. Mae siarad â rhywun am dy deimladau, boed hynny'n hoff athro, rhiant cefnogol, ffrind dibynadwy neu linell gymorth, yn ffordd wych o ryddhau rhywfaint o'r pwysau, dod o hyd i gefnogaeth a gweithio drwy dy emosiynau.

Cadw dy urddas. Mae'n *hollol* annheg fod y baich i 'wneud y peth iawn' yn disgyn ar y person sydd wedi dioddef cam, yr un sydd wedi cael ei sarhau. Ond yn ôl yr hen air, dydy dau ddrwg ddim yn gwneud un da. Mae'n rhaid i ti fod yn hapus gyda dy ymddygiad dy hun, a dim ond gwneud i ti deimlo'n waeth fydd ymddwyn cynddrwg â rhywun arall. Dal dy ben yn uchel gan ddeall fyddi di ddim gwell na nhw os wyt ti'n mynnu dial. Mae'n teimlo'n annheg, ond mae'n wir.

Datgysylltu. Os yw rhywbeth yn boeth, dydyn ni ddim yn ei gyffwrdd – paid â llosgi drwy ymateb pan fydd tanllwyth o dân. Teimla'r grym yn dy hawl i gerdded i ffwrdd o sgyrsiau a sefyllfaoedd tanbaid – mewn bywyd go iawn ac ar y cyfryngau cymdeithasol. Does dim rhaid i ti ddarllen popeth. Mae diffodd dy ffôn a'i roi i'w gadw yn ffordd wych i osod ffiniau a chaniatáu rhywfaint o bellter i ti dy hun.

Deall. Mae angen deall dydy pobl hapus, hyderus a sicr ddim yn bwlio eraill. Dydy pobl hapus ddim yn teimlo'r angen i danseilio pobl eraill. Os oes rhywun yn dy fwlio di, mae hynny'n aml yn adlewyrchu sut maen nhw'n teimlo amdanyn nhw eu hunain a beth sy'n codi ofn arnyn nhw. Dydy hynny ddim yn ei wneud yn iawn; dydy hynny ddim yn ei wneud yn deg – ond mae angen i ti wybod mai dy hyder a dy ddilysrwydd di sy'n eu dychryn, a'u bod nhw'n genfigennus ohonot ti. Dwyt ti ddim wedi gwneud dim byd o'i le.

Dod o hyd i ffordd o ryddhau dy emosiynau. Paid â mygu'r holl deimladau trist. Noda nhw ar bapur, mewn dyddiadur, cria nhw allan, siarada drwyddyn nhw, cana NERTH DY BEN i gân pync. Beth bynnag gwnei di, paid â gadael i deimladau gronni y tu mewn i ti – cofia, wrth ollwng dŵr o argae yn raddol ac o dan reolaeth, mae'n creu pŵer ac yn tanio'r goleuadau. Beth galli di ei wneud i helpu i sianelu'r nerth sydd ynot ti i dy yrru di ymlaen?

Gwerthfawrogi dy hun. Pan mae rhywun arall yn lladd arnat ti, mae'n bwysicach fyth i ti ganmol dy hun, tretio dy hun, dathlu dy hun a gofalu amdanat ti dy hun. *Bob* tro maen nhw'n dweud rhywbeth drwg amdanat ti, mae angen i ti ysgrifennu neu ddweud rhywbeth da amdanat ti dy hun a'i ailadrodd o leiaf dair gwaith. Dwi o ddifri, mae wedi'i brofi bod hyn yn gweithio!

Gair o gyngor i gynghreiriaid

Mae gan bawb iechyd meddwl. Ac mae pawb yn wynebu heriau – pan fyddwn ni'n wynebu'r heriau hyn, dyna'r amser pwysicaf i'n cynghreiriaid gadw'n hochr ni a helpu i rannu peth o'r baich. Felly, dyma ambell egwyddor dwi eisiau i ni gyd eu cyflwyno i'n bywydau:

Paid byth â sefyll yno'n gwneud dim. Os wyt ti'n gweld rhywun yn cael eu bwlio, neu'n tybio eu bod nhw'n cael amser caled yn emosiynol, paid byth â gwylio hynny a gwneud dim. Mae peidio â gwneud na dweud dim byd yn golygu eu bod nhw'n dioddef ar eu pen eu hunain. Dyna'r amser pwysicaf i gamu i'r adwy a gwneud safiad.

Gofyn ddwywaith. Mae'n bosib i ni ymateb yn ddidaro pan fydd rhywun yn estyn allan, felly mae gofyn ddwywaith yn awgrym gwych. "Sut rwyt ti?", "*Dwi'n iawn*", "Sut rwyt ti *go iawn*? Oherwydd sylwais i ar A/B/C ac roeddwn i'n meddwl sut roeddet ti'n teimlo …" Rho gyfle iddyn nhw estyn allan, a dangos iddyn nhw eu bod nhw mewn man diogel.

Paid â bod yn ofnus. Rydyn ni'n gallu rhoi cryn bwysau arnon ni ein hunain i wneud yn siŵr ein bod ni'n dweud y peth iawn, ond y gwir amdani yw mai ychydig iawn mae'n rhaid i ni ei ddweud – y peth mwyaf pwerus i'w wneud yw creu lle iddyn nhw siarad ac i deimlo'u bod nhw'n cael eu cefnogi.

cysur cwiar • • • hapus a hoyw

Byw yn dy groen a charu hynny

Mae dysgu sut i garu a gwerthfawrogi dy hun yn gallu cymryd amser, ond mae'n bwysig i ti ddathlu dy hun a phopeth sy'n dy wneud di'n unigryw.

Mohsin Zaidi, awdur, bargyfreithiwr a siaradwr (fe)

Roeddwn i'n cael fy mwlio bob dydd yn yr ysgol. Y cyngor ges i oedd magu croen trwchus ac anwybyddu'r bwlis. Ond roedd pob eiliad fach o alw enwau neu drais yn tynnu haen denau o'r croen hwnnw. O dan yr haenau, gwnes i ddod o hyd i berson cryf a grymus, ac yn y pen draw, byddi di, hefyd.

Dwi'n Bacistaniad a dwi'n hoyw. Dwi'n falch iawn o'r ddwy agwedd yma ar fy hunaniaeth. Paid â gadael i neb ddweud wrthot ti fod dwy ran neu fwy o dy hunaniaeth yn methu bodoli ar y cyd. Mae'r ffaith dy fod ti'n bodoli yn golygu ei bod hi'n bosib.

Kayza Rose

Yn gyntaf, mae dod i adnabod dy hun yn broses gydol oes. Byddi di'n newid wrth i amser fynd yn ei flaen, ac mae hynny'n iawn. Ystyria'r pethau rwyt ti'n eu darganfod ar hyd y daith fel enghreifftiau o fodoli. Byddi di'n teimlo'n gartrefol gyda rhai, ond ddim gydag eraill, ac mae hynny'n iawn. Mae gen ti hefyd yr hawl i newid dy feddwl ar unrhyw adeg. Mae caniatáu i ti dy hun dyfu yn beth llesol ac yn heriol ar yr un pryd. Paid â gadael i neb dy ruthro di na gwthio eu cymhellion nhw arnat ti. Mae dy deimladau a dy anghenion di yn ddilys. Rho gynnig ar lefydd gwahanol, grwpiau gwahanol, paid â theimlo rheidrwydd i fod yn rhywle sy'n gwneud i ti deimlo cywilydd neu sy'n anniogel i ti.

Jason Kwan

Ces i fy mwlio gryn dipyn yn yr ysgol yn Hong Kong ac yn y Deyrnas Unedig. Fy ffordd i o ymdopi oedd sylweddoli nad oedd eu barn amdana i yn adlewyrchiad gwirioneddol ohona i, ond yn adlewyrchiad o'u hansicrwydd nhw. Gwnes i fy amgylchynu fy hun â'r pethau dwi'n eu caru, gan gynnwys cerddoriaeth, diwylliant pop, darllen a ffrindiau. Gwna'n siŵr dy fod ti'n gallu creu man lle rwyt ti'n teimlo'n ddiogel, man sy'n perthyn i ti.

Liam Hackett, awdur, sylfaenydd a phrif swyddog gweithredol yr elusen gwrthfwlio Ditch the Label (fe)

Cred ti fi, fel rhywun a gafodd ei fwlio y rhan fwyaf o'i ddyddiau ysgol, dwi'n gwybod ei bod yn gallu bod yn brofiad anodd a thu hwnt o unig. Mae'n anodd dychmygu bod bron i hanner y rhai yn dy ddosbarth yn ei brofi rywbryd, felly dwyt ti ddim ar dy ben dy hun. Os wyt ti'n cael dy fwlio, am ba reswm bynnag, y wers bwysicaf i mi ei dysgu oedd ei bod hi'n bwysig peidio â beio dy hun. Rwyt ti'n berffaith fel rwyt ti. Ddylet ti byth grebachu, newid na chuddio rhannau ohonot ti dy hun er mwyn gwneud i bobl eraill deimlo'n well. Dal dy ben i fyny'n uchel, arhosa'n gryf a chofia mai sefyllfa dros dro yw hon. Dwyt ti byth ar dy ben dy hun ac mae cymaint o help ar gael i ti.

Yasmin Benoit

Rwyt ti'n cerdded i guriad dy ddrwm dy hun a dydy pobl ddim yn gwybod sut i ymdopi â hynny. Dydy hynny ddim yn golygu bod angen i ti newid, neu i fod yn llai disglair. Mae'n golygu bod angen amser ar bobl eraill i allu dal i fyny â ti. Bydd hynny'n digwydd maes o law. Arhosa'n driw i ti dy hun, fe wnei di ddod o hyd i dy rythm. Byddi di'n synnu faint o bobl fydd yn dawnsio i'r un curiad yn y dyfodol.

cysur cwiar ••• hapus a hoyw

Bydd dy rym yn dy amddiffyn di

Yn anffodus, sut bynnag rydyn ni'n uniaethu, o ble bynnag rydyn ni'n dod, sut olwg bynnag sydd arnon ni, bydd pobl yn dod ar ein holau ac yn ceisio'n tanseilio ni. Yn ystod y blynyddoedd diwethaf, diolch yn rhannol i'r cyfryngau cymdeithasol, mae wedi dechrau teimlo fel petai unrhyw drafodaeth gyhoeddus yn ddim mwy na phobl yn BLOEDDIO ar ei gilydd, yn gweiddi am y gorau, yn galw enwau, codi cywilydd a sgorio pwyntiau.

Y cyfan mae ein ffonau symudol wedi'i wneud yw procio'r tân, gan ddod â chasineb oddi ar y strydoedd a'r ysgol i'n cartrefi a'n hystafelloedd gwely, a ninnau'n ei gario yn ein pocedi. Ond cofia, does dim rhaid i ti ddarllen popeth neu ymateb – mae diffodd dy ffôn, a throi dy gefn ar edefynnau a brwydrau, yn weithred o nerth, nid llwfrdra.

Un o'r ffyrdd gorau sydd gen ti o amddiffyn dy hun yw dy garu dy hun. Dwi'n mynd ymlaen ac ymlaen am hyn achos mae hynny mor bwysig, mor arbennig ac mor bwerus. Yn wyneb unrhyw anhawster mae bywyd yn ei daflu atat ti, y ffordd orau i ti amddiffyn dy hun yw anwylo, dathlu a charu dy hun.

Ddim y dillad rwyt ti'n eu gwisgo, sut olwg sydd arnat ti, faint o ddilynwyr sydd gen ti neu sawl gwaith mae rhywun wedi hoffi ymateb gen ti, sy'n diffinio dy werth. Mewn gwirionedd, yr hyn sy'n bwysig yw beth rwyt ti'n ei feddwl ohonot ti dy hun. Mae'n hawdd iawn i ni feirniadu'n hunain yn waeth na neb, ond y gwir amdani yw hyn: ni ddylai fod yn ffrind gorau ac yn gefnogwr pennaf i ni'n hunain.

Dy stori

Un o'r pethau cyntaf wnaeth dynolryw erioed oedd adrodd straeon – rydyn ni wedi gwneud hyn ers miloedd o flynyddoedd oherwydd bod grym gan straeon. Mae hynny'n cynnwys y straeon rydyn ni'n eu hadrodd i ni'n hunain. Mae'r straeon hyn yn bwerus ac yn gallu cael effaith fawr ar ein calonnau, ein meddyliau a'n ffordd o weld y byd.

Mae'n bwysig meddwl am y stori rydyn ni'n ei hadrodd i ni'n hunain a bod yn ymwybodol o sut rydyn ni'n labelu ein hemosiynau a'n profiadau. Os nad ydyn ni'n cadw llygad ar ein geiriau, mae'n hawdd iawn i ni ysgrifennu ein naratif ag agwedd negyddol ar ddamwain. Dydy iechyd meddwl cadarn ddim yn golygu bod pob emosiwn negyddol yn absennol (maen nhw'n rhan o fywyd), a does neb gant y cant yn hapus drwy'r amser; mae pawb yn profi cyfnodau o dristwch, gorbryder a hyd yn oed adegau o deimlo'n isel – ond maen nhw'n pasio. Os ydyn ni'n dweud wrth ein hunain yn gyson bod gennym ni orbryder, yna gall hynny ddatblygu'n gyfyngiad rydyn ni'n ei osod arnon ni ein hunain. A dweud y gwir, mae'n gallu golygu ein bod ni'n llawer mwy tebygol o brofi gorbryder oherwydd ein bod yn y pen draw yn pryderu am fod yn orbryderus! Mae angen i ni fod yn ofalus am y stori rydyn ni'n ei hadrodd i ni'n hunain ac atgoffa ein hunain am ein hagweddau cadarnhaol hefyd.

Dyma lle mae ymarfer datganiadau cadarnhaol yn fuddiol. Mae'r rhain yn debyg i ddyfyniad grymusol neu fantra rwyt ti'n ei ailadrodd i ti dy hun. Mae'n helpu i gadarnhau dy fwriad ac yn dy helpu i drefnu naratif positif ar gyfer dy hun. Y tri pheth mwyaf pwerus dwi eisiau i ti ei ddweud wrthot ti dy hun yw:

> Dwi'n maddau i ti.
>
> Dwi'n dy dderbyn di.
>
> Dwi'n dy garu di.

Hyd yn oed os oes rhaid i ti ddechrau drwy eu dweud yn dy feddwl, gwna hynny. Oeda am eiliad, anadla a chanolbwyntia ar y bwriad i feddwl y geiriau hynny o ddifri. Ceisia eu teimlo nhw go iawn.

Maddeuant: mae maddau i ti dy hun yn bwysig. Rydyn ni'n gallu cario euogrwydd am bob math o bethau, a'r cyfan mae'n ei wneud yw pwyso arnat ti. Ond dealla, does dim angen maddeuant arnat ti am ddim byd sy'n ymwneud â dy rywioldeb na dy hunaniaeth. Mae'n bosib bod dy hunaniaeth yn achosi gofid i rywun – ond maddeua i ti dy hun am unrhyw euogrwydd rwyt ti'n ei deimlo. Nid dy faich di yw honno i'w chario, gollynga hi.

Derbyn: derbyn dy hun, am bwy wyt ti, fel rwyt ti – yn dy lawn liwiau. Dydy dy rywedd, dy fynegiant na phwy sy'n dy ddenu di ddim yn ddiffygion. Yr unig beth mae angen i ti ei wneud yw derbyn dy hun fel rwyt ti: fel y ti go iawn, y ti dilys.

Cariad: mae caru dy hun yn rhoi grym i ti. Mae'r syniad yma'n gallu bod yn lletchwith – mae "O, mae o'n caru ei hun!" yn cael ei daflu o gwmpas fel ffordd o danseilio rhywun. Ond DYLEN ni garu ein hunain. Mae caru dy hun yn llafur oes, a dydy hi byth yn rhy gynnar i ddechrau.

Maddeua dy amherffeithrwydd, derbynia dy hun fel rwyt ti a chara dy hun am bwy wyt ti. Dyna sut gallwn ni fyw yn hapus ac yn hoyw.

Caru dy hun

Waeth pwy wyt ti, mae'n bwysig i ti garu dy hun.

Beth rwyt ti'n ei garu amdanat ti dy hun? Paid â phoeni os yw'n cymryd amser i ti ateb y cwestiwn hwn, rwyt ti'n werth yr aros.

Elliot Douglas

Does dim byd o'i le ar bwy ydw i, ac mae hynny wedi bod yn wir erioed. Does dim brys i ddod i wybod popeth amdanat ti dy hun, ac mae agweddau ar yr hyn sy'n ffurfio dy hunaniaeth yn gallu newid, tyfu ac esblygu sawl gwaith yn ystod dy oes.

Galw dy angel gwarcheidiol

Dyma un o fy hoff ymarferion – dwi wedi bod yn ei wneud fel ymarfer myfyrio ers i fi fod yn fy arddegau. Ers dechrau ymarfer mewn clinig, dwi wedi sylwi ei fod yn ffordd wych o helpu pobl i amddiffyn eu hunain rhag lleisiau cas, teimladau o amheuaeth, cywilydd neu annigonolrwydd sy'n gallu codi eu pen weithiau.

Os dwyt ti ddim yn grefyddol, mae hynny'n cŵl. Dydw i ddim chwaith. Paid â gadael i'r ymadrodd 'angel gwarcheidiol' fod yn dân ar dy groen. Cei di roi unrhyw enw ar yr arweinydd hwn – ysbryd amddiffynnol, cefnogwr meddyliol neu unrhyw beth sy'n addas i ti. Wyt ti'n barod i ddechrau?

Dwi eisiau i ti ddychmygu rhywun (neu rywbeth) sydd yno i dy gysuro, dy gefnogi, dy warchod a dy garu'n ddiamod. Mae'n bosib ei fod yn berson go iawn rwyt ti'n ei adnabod, yn anifail anwes neu rywun enwog rwyt ti'n ffan mawr ohonyn nhw, ond fy hoff ddull i yw creu rhywun cwbl ddychmygol.

Treulia ychydig o amser yn meddwl am dy arweinydd. Sut olwg sydd arnyn nhw? Tal a chryf i dy amddiffyn di, neu fyr ac annwyl, â breichiau cynnes i dy gofleidio di? Beth maen nhw'n ei wisgo? Arfwisg ddisglair? Ffrog fendigedig yn serennu o secwins? Clogyn archarwr swmpus? Neu siwmper wlân gyffordus? Neu oes ffwr drostyn nhw?! Ydyn nhw'n cario rhywbeth? Teyrnwialen frenhinol? Cyfrol llawn gwybodaeth? Picell bwerus? Neu fag fel un Mary Poppins sy'n llawn o bob dim bydd ei angen arnat ti? Sut lais sydd ganddyn nhw? Cryf a herfeiddiol efallai, fel Elektra o Pose, neu lais cynnes? A oes ganddyn nhw acen? (Fy ffefrynnau i yw acen Geordie neu acen Gymreig – dyna'r acenion mwyaf cyfeillgar gei di!)

Treulia ychydig o amser yn dychmygu dy angel gwarcheidiol a dod i'w hadnabod go iawn – rho'r llyfr yma i lawr a chau dy lygaid os yw'n helpu. Ti sy'n penderfynu pwy yw'r angel gwarcheidiol a sut un ydyn nhw – ond cofia, maen nhw ar dy ochr chi, yn dy helpu di ar dy daith.

Ar ôl i ti wneud hynny, mae hi'n bryd i'w rhoi ar waith. Os wyt ti'n clywed llais amheus neu lais cywilydd, rwyt ti'n troi at dy angel gwarcheidiol. Beth bydden nhw'n ei ddweud? Maen nhw yno i dy gysuro; i roi hwb i ti yn dy flaen gyda sgwrs ysbrydoledig; i dy gefnogi ac i wrando ar dy broblemau; i dy amddiffyn, gyda tharian bwerus; ac i dy atgoffa di i anwybyddu beth mae'r lleisiau cas yn ei ddweud – rwyt ti'n annwyl; rwyt ti'n deilwng.

Rydyn ni'n treulio gormod o amser yn gwrando ar y lleisiau negyddol yn ein pennau, a lleisiau pobl eraill – felly mae'n hen bryd i ti roi'r meicroffon yn nwylo'r angel gwarcheidiol rwyt ti wedi eu creu. Gwranda arnyn nhw, tro atyn nhw, gofynna iddyn nhw am gyngor, gwranda ar eu geiriau o gefnogaeth. Creda ynddyn nhw. Creda ynot ti dy hun.

cysur cwiar ••• hapus a hoyw

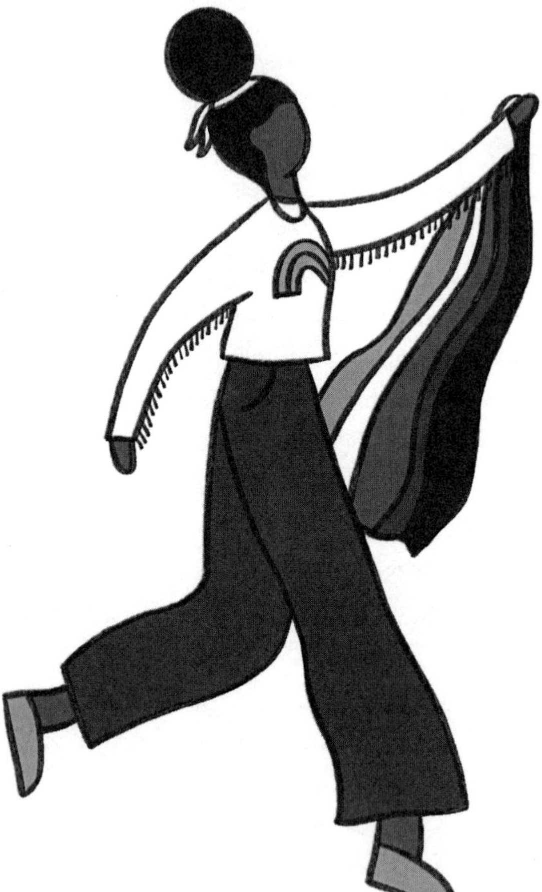

balchder a Pride

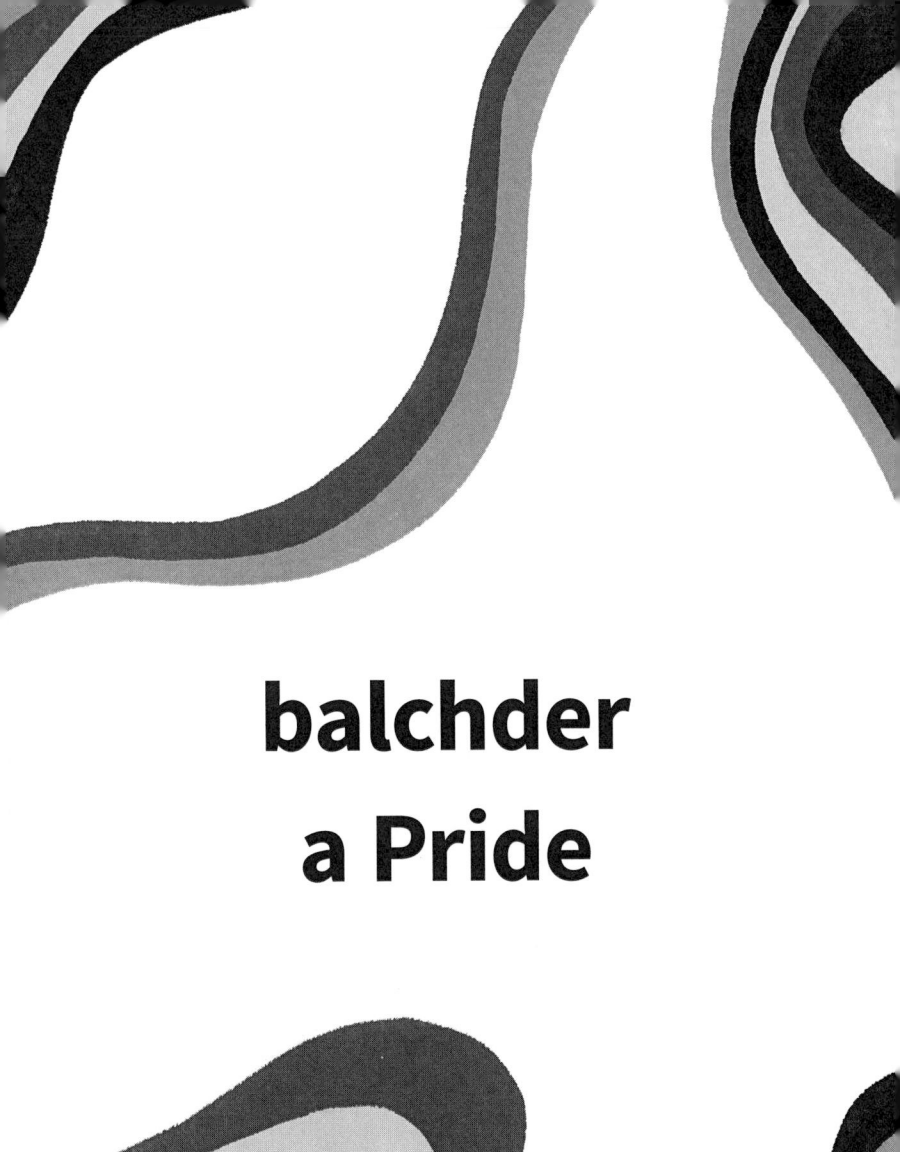

Am beth rwyt ti'n ei feddwl pan fyddi di'n meddwl am falchder a Pride? Beth mae'n ei olygu i ti? Ddim llawer eto efallai, mae'n bosib ei fod yn teimlo'n bell iawn i ffwrdd – hyd yn oed ychydig yn frawychus. Efallai ei fod yn teimlo'n gyffrous. Efallai dy fod ti'n meddwl am un diwrnod penodol pan fydd pobl cwiar lawen ac afieithus yn gorymdeithio ar y strydoedd. Efallai dy fod ti'n meddwl amdano fel teimlad mewnol sy'n tyfu y tu mewn i ti – BALCHDER o gael bod yn fersiwn onest a dilys o ti dy hun. Efallai dwyt ti ddim yn meddwl am ddim o'r pethau hynny, a dydy o'n golygu dim byd i ti eto.

Yn emosiynol — mae balchder yn deimlad pwerus (y gwrthwyneb i gywilydd), pan ydyn ni'n gallu sefyll ar ein traed fel fersiwn onest ohonon ni'n hunain, a theimlo'n hapus a bodlon.

O ran lleoliad — mae Pride yn ddigwyddiad sy'n cael ei gynnal mewn llawer o lefydd gwahanol (ond ar ddyddiau gwahanol, sy'n creu dryswch) i ddathlu teulu, diwylliant, taith, hanes a phresenoldeb LHDTC+.

Yn hanesyddol — mae Pride yn golygu gwrthod 'cywilydd hoyw' (rydyn ni eisoes wedi cyfeirio at hynny). Mae'n drobwynt yn y mudiad gwleidyddol cwiar, ac yn adeg pan fyddwn ni'n gorymdeithio ar hyd y strydoedd i sefyll dros ein hawliau ar y cyd.

> Bod yng nghanol pobl eraill sy'n fy nerbyn i

> Adeg i gofio'r rhai a fu'n brwydro ar ein rhan ni

Pride yw ...

- Caru'r un rwyt ti. Caredigrwydd. Undod.
- Hunan-dderbyn
- Dathlu perthyn
- Teimlo'n fodlon yn fy nghroen fy hun
- Peidio â bod ag ofn na chywilydd, i ddweud "Dwi'n cwiar"
- Ffynnu yn hytrach na goroesi
- Dweud na wrth gywilydd
- Dathlu'r hyn rydyn ni i gyd wedi'i oresgyn
- Bod yn gyfforddus yn dy wirionedd dy hun
- Galwad i garu ein hunain a'n gilydd
- Cofio'r rhai a ddaeth o'n blaenau ni
- Gwrthod bod â chywilydd o bwy wyt ti
- Goresgyn trafferthion a derbyn pwy wyt ti

Felly, beth yw Pride mewn gwirionedd, a phryd mae'n digwydd?

Ydy Pride yn barêd? Neu'n barti? Mae Pride yn barêd ac yn barti. Ond mae'n hollbwysig ein bod ni'n cofio bod Pride yn brotest a bod Pride yn wleidyddol. Yn rhyngwladol, mae mis Mehefin yn cael ei gydnabod yn Fis Pride ac mae llawer o ralïau, gweithgareddau, cynulliadau cymunedol, protestiadau – a phartïon a gorymdeithiau – yn cael eu cynnal yn ystod y mis. Ar y cyfryngau cymdeithasol, mae ton o logos enfys a deunydd marchnata Pride arbennig sy'n dathlu cyhoeddi Mis Pride bob blwyddyn.

Ond dydy hynny ddim yn golygu na ddylen ni deimlo balchder weddill y flwyddyn – mae Mis Pride ddim ond yn adeg benodol i bawb gydnabod taith a hanes ein cymuned, i ddod at ein gilydd ac i'n hatgoffa i ddal ati i bwyso a mynnu cydraddoldeb i bawb. Oherwydd dyna'r peth – dyw cydraddoldeb ddim yn cael ei gyflawni a dyna fo. Mae'n gofyn am waith a gwarchod parhaus.

Y ffordd orau o feddwl amdano yw bod cynnydd yn broses. Ac, mewn gwirionedd, mae llawer o orymdeithiau Pride yn digwydd ar adegau cwbl wahanol! Fel arfer, mae gorymdaith Pride Llundain yn cael ei chynnal ddiwedd Mehefin neu ddechrau Gorffennaf, ac un Manceinion ym mis Awst, tra bod llawer o drefi a dinasoedd eraill ledled y Deyrnas Unedig yn eu cynnal ar ddyddiadau gwahanol. Petai gen ti'r awydd, gallet ti gael modd i fyw am ychydig fisoedd yn teithio o gwmpas yn mynd i'r gorymdeithiau gwahanol! Mae'n bosib y byddai chwilio ar Google i weld a oes dathliad Pride yn lleol i ti yn ffordd wych i ti weld pa gymuned sydd o dy gwmpas di.

Cwiar drwy'r canrifoedd

Rwyt ti'n dysgu am Harri VIII a'i chwe gwraig yn yr ysgol – ond hwn, fel rhan o'r Diwygiad yn Lloegr (pan dorrodd Lloegr i ffwrdd o'r Eglwys Gatholig), oedd y cyntaf i wneud cyfunrhywioldeb yn drosedd. Yn 1533, daeth deddf The Buggery Act i rym, gyda gweithgaredd un rhyw gwrywaidd (nid benywaidd) yn arwain at y gosb eithaf. Chafodd y gosb eithaf mo'i dileu tan 1861 (a'i disodli gan ddeng mlynedd o lafur caled). Un o ddioddefwyr enwocaf y newid yn y gyfraith oedd y dramodydd Oscar Wilde, a dreuliodd gyfnod yn y carchar ar ôl achos llys cyhoeddus yn ymwneud â pherthnasoedd o'r un rhyw.

Hanes Pride

Mae Terfysgoedd Stonewall, 28 Mehefin 1969, wedi ennill eu lle mewn chwedloniaeth cwiar, a'u disgrifio fel 'y fatsien wnaeth gynnau'r tân' a arweiniodd at sefydlu'r mudiad rhyddid LHDTC+ modern. Yn ôl yr hanes, roedd yr heddlu'n tarfu'n rheolaidd ar gwsmeriaid y Stonewall Inn, bar cwiar bychan yng nghanol dinas Efrog Newydd. Roedden nhw'n dirwyo pobl ac yn gorfodi cyfreithiau cwiarffobig yr Unol Daleithiau (fel yr angen i wisgo o leiaf dri dilledyn a oedd yn gweddu i dy rywedd penodedig). Un noson, aeth yr heddlu dros ben llestri, a tharodd cwsmeriaid y Stonewall Inn yn ôl. Yn ôl yr hanes, dwy fenyw draws o liw, Marsha P. Johnson a Sylvia Rivera, oedd y rhai cyntaf i godi ar eu traed – gan daflu diod (neu esgid) at yr heddlu a sbarduno pum diwrnod o derfysgoedd gan gymuned LHDTC+ orthrymedig Manhattan.

Mae problem fach yn codi wrth ailadrodd y stori, a rhan o hynny yw bod llawer ohoni ddim yn wir. Am amser hir, gwadodd Sylvia Rivera iddi fod ag unrhyw ran yn y digwyddiad, ac mae Marsha P. Johnson wedi cyfaddef doedd hi ddim hyd yn oed yn y bar y noson y dechreuodd y terfysgoedd. Mae'n gorsymleiddio brwydr hir a chymhleth iawn, a oedd yn cwmpasu llawer o bobl, mewn sawl lle a thros gyfnod hir iawn.

Os edrychwn ni ar Marsha a Sylvia, mae pobl yn sôn am eu rhan yn y terfysgoedd, ond anaml iawn mae unrhyw un yn cyfeirio at y ffaith iddyn nhw fod yn ymgyrchwyr gydol eu hoes. Roedd Marsha yn ymgyrchydd diflino ac yn drefnydd cymunedol a frwydrodd yn barhaus dros ein hawliau, gan sefydlu'r Gay Liberation Front (GLF). Gyda Sylvia Rivera, sefydlodd hi hefyd y Street Transvestite Action Revolutionaries. Roedd eu gwaith, y newid a grëwyd ganddyn nhw, a'u gwaddol yn perthyn i fwy nag un noson; roedd yn rhywbeth y buon nhw'n ei wneud (yn llythrennol) am ddegawdau. Mae'r fytholeg ynghylch Stonewall yn bwerus, ac roedd yn sicr yn achlysur pwysig, ond dyma'r gofid – os ydyn ni'n gorbwysleisio'r myth, mae'n gallu camliwio beth yw ymgyrchu a sut mae cynnydd yn cael ei gyflawni. Mae cynnydd a newid yn cymryd amser. Mae'n gofyn am oriau di-rif o waith, trefnu o fewn y gymuned a gofalu am ein gilydd, a hynny gan lawer iawn o bobl ddewr. Mae'n cymryd pob un ohonon ni, ac mae'r gwaith heb ei gwblhau o hyd.

Roedd Stonewall yn bwerus ac yn bwysig, ond mae'n rhaid i ni beidio ag anghofio'r holl gamau eraill a ddigwyddodd ar hyd y daith.

Balchder yng ngrym pobl

1954 — Ffurfiwyd Cymdeithas Diwygio Cyfraith Gyfunrhywiol (*HLRS – Homosexual Law Reform Society*) gan glymblaid o academyddion i bwyso am beidio â gwneud cyfunrhywioldeb yn drosedd. Yn bwysig iawn, roedd llawer o'r bobl hyn yn gynghreiriaid ac yn cefnogi ein hachos ymhell cyn bod gwneud hynny yn 'ddiogel'.

1957 — Adroddiad Wolfenden. Gwnaeth ymchwiliad gan y llywodraeth i gyfunrhywioldeb ddadlau o blaid peidio â gwneud cyfunrhywioldeb yn drosedd. Cynigiodd tri dyn dewr dystiolaeth gyhoeddus ynglŷn ag effaith y gyfraith ar eu bywydau. Eu henwau oedd Peter Wildeblood, Carl Winter a Patrick Trevor-Roper. Er gwaetha'r perygl i'w diogelwch personol a'u gyrfaoedd, gwrthododd y tri eu hawl i aros yn ddienw (fel roedd y llywodraeth wedi'i gynnig) gan ddweud nad oedd ganddyn nhw 'ddim byd i fod â chywilydd ohono' – mae hynny'n swnio'n debyg iawn i wreiddiau Pride i fi. Rai blynyddoedd yn ddiweddarach, daeth mab cadeirydd y pwyllgor (John Wolfenden) allan fel dyn cyfunrhywiol. Cododd hynny'r cwestiwn ai cariad tad at ei fab oedd y tu ôl i'r newid cyfreithiol yn ein hawliau.

1966 — Sefydlwyd Cymdeithas Beaumont. Hwn oedd grŵp cymorth trawsryweddol cyntaf y Deyrnas Unedig ac mae'n dal i ffynnu heddiw.

1969 — Sefydlwyd yr Ymgyrch dros Gydraddoldeb Cyfunrhywiol, sefydliad llawr gwlad a oedd yn pwyso am newid cymdeithasol a chydraddoldeb i lesbiaid, dynion hoyw ac unigolion deurywiol ledled y Deyrnas Unedig. Dros amser, datblygodd hwn i fod y GLF – grŵp ymgyrchu stryd radicalaidd cyntaf y Deyrnas Unedig, criw swnllyd oedd ddim yn ymddiheuro am ei ofynion. Roedd yn canolbwyntio ar ryddhau pobl cwiar rhag gormes ac yn galw ar bob person cwiar i ddod allan a sefyll yn falch.

1972 — 1 Gorffennaf 1972, cynhaliwyd Gorymdaith Gay Pride gyntaf y Deyrnas Unedig (wedi'i threfnu gan y GLF), a mil o bobl yn gorymdeithio o Sgwâr Trafalgar i Hyde Park. Roedd hon yn brotest o'r iawn ryw, a'r gorymdeithwyr dewr yn cael eu sarhau a'u gwawdio gan y cyhoedd – ond yn dal i gerdded ymlaen.

1982 — Sefydlwyd y Gay Black Group (GBG) i bwyso am ragor o gydraddoldeb hiliol a diwedd ar hiliaeth o fewn y gymuned hoyw a lesbiaidd. Yn 1985, agorodd y grŵp y Ganolfan Lesbiaid a Hoywon Du, gan ddarparu cyngor, cwnsela, grwpiau cymunedol, llinell gymorth a llyfrgell gymunedol. Heddiw, mae'r mudiad gwych UK Black Pride yn cynnal ei gwaddol.

1982 — Sefydlwyd Ymddiriedolaeth Terrence Higgins fel elusen AIDS gyntaf y Deyrnas Unedig. Wedi'i enwi ar ôl Terry Higgins, un o'r bobl gyntaf ym Mhrydain i farw o AIDS, sefydlwyd y mudiad gan ei bartner a'i ffrindiau i ymgyrchu a chefnogi. Mae'n dal wrthi heddiw ac wedi achub a newid bywydau di-rif drwy eiriolaeth a chefnogaeth a thrwy godi arian ar gyfer HIV ac AIDS.

1988 — Roedd Adran 28 yn rhan o ddeddfwriaeth a basiwyd gan y llywodraeth Geidwadol ar y pryd (dan Margaret Thatcher) i wahardd 'hyrwyddo cyfunrhywioldeb'. Roedd hyn yn golygu, am flynyddoedd lawer – mor ddiweddar â 2010 mewn rhai rhannau o'r wlad, er gwaethaf diddymu'r cymal yn rhannol yn 2003 – bod unrhyw un a oedd yn cael ei dalu ag arian cyhoeddus yn cael ei wahardd rhag trafod materion LHDTC+ a'u cefnogi. Er enghraifft, doedd llyfrgelloedd ddim yn cael cadw unrhyw wybodaeth ddefnyddiol (byddai'r llyfr hwn wedi'i wahardd) a doedd athrawon ddim yn gallu dysgu hawliau cyfartal, cydraddoldeb LHDTC+ na hyd yn oed roi polisïau bwlio gwrth-homoffobig neu drawsffobig ar waith.

1989 — Mewn ymateb i Gymal 28, cymerodd gwleidyddiaeth cwiar y Deyrnas Unedig gam mawr ymlaen. Yng ngeiriau'r ymgyrchydd hawliau dynol blaenllaw, Peter Tatchell, "Cymal 28 oedd y bom o dan hawliau hoyw". Neidiodd nifer mynychwyr Pride o 15,000 o bobl, cyn Cymal 28, i 30,000 yn y flwyddyn pan ddaeth y ddeddfwriaeth i rym, 100,000 y flwyddyn ganlynol, gan gyrraedd cymaint â 300,000 o bobl LHDTC+ a chynghreiriaid yn gorymdeithio ar y strydoedd.

cysur cwiar ••• balchder a Pride

> Sefydlwyd grŵp ymgyrchu ac elusen LHDTC+ mwyaf Ewrop, Stonewall UK, gan grŵp o ymgyrchwyr, Syr Ian McKellen (Gandalf!) yn eu plith, i wrthwynebu ac ymateb yn uniongyrchol i Gymal 28. Daeth miloedd o aelodau'r gymuned ynghyd i ymgyrchu a phrotestio – gan gynnwys yr anhygoel Lesbian Avengers. Dyma'r criw a barahwyliodd i lawr i Dŷ'r Cyffredin ar lein ddillad i darfu ar aelodau seneddol rhag pleidleisio, a thorri ar draws darllediad newyddion byw ar y BBC yn sgrechian, "STOP SECTION 28!"

> **1995** — Sefydlwyd Mermaids i gefnogi plant ifanc traws a'u teuluoedd, gan lobïo am eu hawliau a darparu addysg a chefnogaeth i deuluoedd. Hon yw'r unig elusen yn y Deyrnas Unedig hyd heddiw ar gyfer ieuenctid traws.

Rwyt ti'n gallu gweld, felly, bod newid wedi digwydd dros gyfnod hir, diolch i bobl ddi-rif, llawer ohonyn nhw'n ddienw a heb eu cydnabod. Mae'r frwydr yn dal i fynd ymlaen hyd heddiw. Mae mudiadau mwy diweddar fel Opening Doors, Lesbians and Gays Support the Migrants, ExistLoudly, Not A Phase ac UK Black Pride wedi cael eu sefydlu er mwyn dal ati i hyrwyddo'r achos. Mae llawer mwy o grwpiau, sefydliadau a phobl sydd heb gael sylw yma (byddai gwneud hynny'n llenwi llyfr cyfan ynddo'i hun!) ond mae angen i ni ymfalchïo ym mhob un ohonyn nhw. Cwestiwn da i'w ofyn i ti dy hun yw: sut galla i gymryd rhan?

Kayza Rose

Mynna dy le, sgrechia'n uwch na neb arall. Paid â chymryd lle, bydda'n dawel. Bydda'n ymgyrchydd, paid â bod yn ymgyrchydd. Mynna le ar dy delerau dy hun, does dim rhaid i ti fod yn llais i bobl sy'n edrych fel ti, na'u cynrychioli nhw. Efallai nad dyma dy alwad; does dim byd yn bod ar hynny. Ti yw dy natur Ddu a dy natur cwiar, nid perfformiad ohonot ti. Rwyt ti'n ddilys yn union fel yr wyt ti, hyd yn oed os yw hynny'n digwydd yn dawel a thithau'n byw dy fywyd heb i neb arall wybod beth rwyt ti'n ei wneud. Paid â theimlo'n gyfrifol am addysgu dy ffrindiau neu gyd-weithwyr gwyn/ddim yn Ddu. Os ydyn nhw eisiau ymgynghorydd, mae ffi i'w thalu. Paid â bod yr 'un ffrind Du' yna. Gwna'n siŵr eu bod nhw'n talu ffi ymgynghori, chwaer.

cysur cwiar ••• balchder a Pride

Mae'r ymgyrchydd hawliau dynol Peter Tatchell wedi treulio'i fywyd yn gweithio i gefnogi a diogelu hawliau unigolion a chymunedau sydd ar yr ymylon yn y Deyrnas Unedig ac ar draws y byd. Fel rhywun sy'n hyrwyddo hawliau LHDTC+, dwi'n falch o allu rhannu ei stori i dy ysbrydoli i sefyll ar dy draed a chodi llais dros yr hyn rwyt ti'n ei gredu.

Sylwa pa mor normal a dynol yw stori Peter, gan ddechrau'n fach a gweithio'i ffordd i fyny. Cofia, mae ymgyrchu'n gallu dechrau unrhyw le, unrhyw bryd. Mae ymgyrchu'n golygu bod yn weithgar yn y byd go iawn, nid dim ond ar-lein, ac rwyt ti'n gallu rhannu dy neges â phobl eraill drwy blatfformau gwahanol, o'r cyfryngau cymdeithasol i brotestiadau a gorymdeithiau. Waeth pa mor fach yw dy gyfraniad, rwyt ti'n gallu gwneud gwahaniaeth mawr i fywydau pobl eraill drwy rannu dy lais.

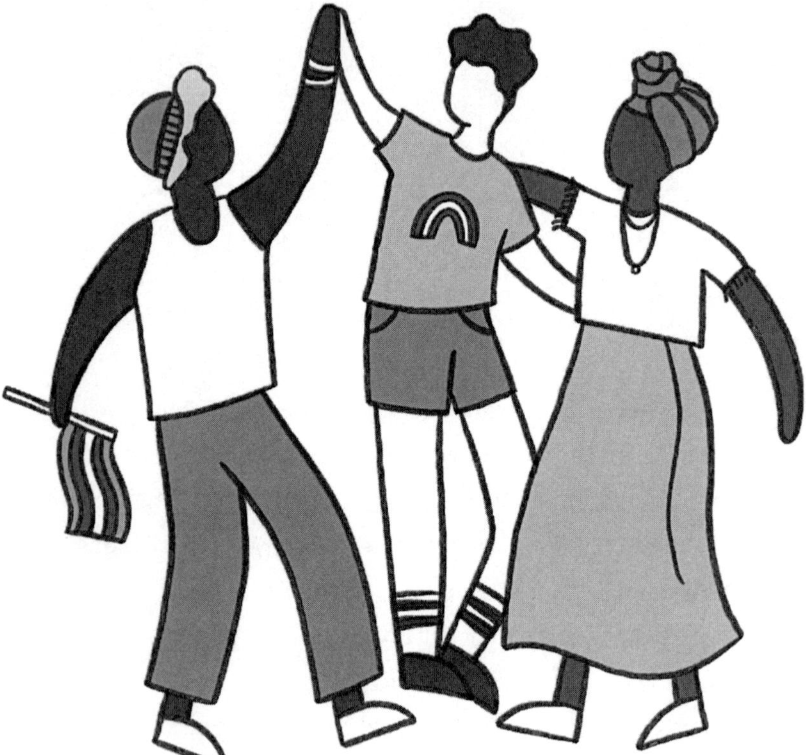

Dechrau fy ymgyrch hawliau dynol LHDTC+

Gan *Peter Tatchell*

Waw! Dwi wedi bod yn ymgyrchu dros hawliau dynol ers dros 50 mlynedd erbyn hyn. Am lawer o'r amser hwnnw, roeddwn i'n filwr unig ym maes gwleidyddiaeth cwiar. Dim ond ers 2011 dwi wedi cael cefnogaeth sefydliad, y Peter Tatchell Foundation. Cyn hynny, roedd yn grwsâd unigol di-dâl. Roedd fy adnoddau ymgyrchu yn brin. Roedd bywyd yn anodd. Roeddwn i'n byw mewn tlodi. Ond dydw i'n difaru dim.

Wrth edrych yn ôl dros hanner can mlynedd o ymgyrchu, mae'r hyn rydw i wedi'i wneud yn ymddangos mor afreal, mor annhebygol. Wedi'r cyfan, doedd dim byd yn fy nghefndir teuluol wedi fy ysgogi, na fy mharatoi, i dreulio oes yn ymgyrchu dros hawliau LHDTC+ a hawliau dynol.

Felly sut dechreuodd y cyfan? Ces i fy ngeni yn Melbourne, Awstralia, yn 1952; a thyfais i fyny mewn oes o lywodraeth anoddefgar ac erledigaeth gwrthgomiwnyddol. Roedd fy rhieni yn Gristnogion efengylaidd eithafol o geidwadol, yn debyg i'r rhai a ddarluniwyd gan Jeanette Winterson yn ei llyfr, *Oranges are not the only fruit*. Cariadus, ond llym a chul.

Bywyd o faldod a mygu. Roedd popeth yn troi o gwmpas y teulu a'r eglwys. Y tu hwnt i'w hagweddau eithaf asgell dde, doedd gan fy rhieni ddim diddordeb mewn gwleidyddiaeth. Doedden nhw ddim yn poeni am hawliau dynol, na materion cymunedol lleol hyd yn oed. Roedden nhw'n ddiniwed ac yn ynysig. Ond, ar yr ochr bositif, â'u gwreiddiau yn eu credoau Cristnogol, gwnaethon nhw fy nysgu i sefyll dros yr hyn sy'n iawn yn hytrach na mynd gyda'r llif. Dwi'n credu yn yr egwyddor honno hyd heddiw. Mae wedi llywio fy ngwaith hawliau dynol, oherwydd dwi'n aml wedi cefnogi achosion cyfiawn, fel hawliau LHDTC+, a oedd yn ymylol i ddechrau a heb fawr o gefnogaeth gyhoeddus.

Roedd fy nhad, Gordon, yn gweithio fel turniwr mewn ffatri beirianneg, a Mardi, fy mam, yn wraig tŷ ac yn gweithio mewn ffatri fisgedi am yn ail. Byddai'n dioddef pyliau o asthma cronig, a'r rheini'n peryglu ei bywyd yn aml. Doedd dim GIG yn Awstralia yn y dyddiau hynny, ac roedd cymaint o incwm y teulu'n cael ei wario ar filiau meddygol. Roedden ni'n dlawd fel llygod eglwys. Roedd anrhegion pen-blwydd a Nadolig yn bitw. Roedd prydau bwyd yn sylfaenol. Weithiau, roeddwn i'n gwisgo dillad ail-law neu bethau wedi'u trwsio. Mae'n debyg bod y caledi hwn wedi miniogi fy angerdd dros gyfiawnder.

Yn wyth oed, pryd bynnag roedd fy mam yn sâl, fy nghyfrifoldeb i oedd cadw'r tŷ a magu fy mrawd a chwaer fach – gan olchi dillad a choginio ar ôl dod adref o'r ysgol. Er bod hynny wedi cyfyngu ar amser chwarae gyda ffrindiau, des i'n unigolyn annibynnol a dyfeisgar.

Yn y cyfnod hwn, rai blynyddoedd yn unig ar ôl diwedd yr Ail Ryfel Byd, roedd themâu rhyfel mewn llawer o gomics, llyfrau a ffilmiau. Erbyn fy mod i'n 11 oed, roeddwn i'n arfer gofyn i oedolion: "Pam wnaeth pobl adael i Hitler gael grym? Pam wnaethon nhw ddim ei rwystro?" Chefais i ddim ateb boddhaol gan neb. Gwnes i addo, petawn i byth yn gweld gormes ac anghyfiawnder, fyddwn i ddim yn cau fy ngheg a gwneud dim.

Digwyddodd fy neffroad 'gwleidyddol' cyntaf yn 1963 pan oeddwn i'n 11 oed. Gwelais adroddiadau am fomio hiliol eglwys pobl Ddu yn Birmingham, Alabama, UDA, a laddodd bedair merch ifanc a oedd tua'r un oed â fi. Gwnaeth hynny fy syfrdanu a fy arswydo. Dyna ysgogodd agwedd wrth-hiliol sydd wedi aros gyda fi drwy gydol fy mywyd, gan fy ysbrydoli i ddilyn – ac edmygu – Dr Martin Luther King Jr a mudiad hawliau sifil pobl Ddu.

Dechreuodd fy ymgyrchu dros hawliau dynol yn 1967, yn 15 oed, pan brotestiais yn erbyn crogi llofrudd honedig, Ronald Ryan, er gwaethaf tystiolaeth amheus ac anghyson. Gwnaeth ei ddienyddiad ddinistrio fy ffydd a fy hyder i yn yr heddlu, y llysoedd a'r llywodraeth, gan arwain at oes o amau awdurdod. Agorwyd fy llygaid i anghyfiawnderau eraill: cam-drin pobl frodorol Awstralia a'r rhyfel creulon yn erbyn pobl Fietnam gan lywodraethau'r Unol Daleithiau ac Awstralia.

Yn fy ysgol uwchradd leol, roeddwn i'n rebel. Fe fynnais i – ac ennill – yr hawl i ddisgyblion leisio barn o ran sut i redeg yr ysgol. Ar 4 Gorffennaf 1968, llosgais faner yr Unol Daleithiau ar y maes chwarae i brotestio yn erbyn Rhyfel Fietnam. Gwnes i hefyd gyd-drefnu taith gerdded noddedig gan ddisgyblion ysgol i godi arian er mwyn cynnig ysgoloriaethau i ddisgyblion brodorol a oedd yn aml dan bwysau i adael yr ysgol yn gynnar er mwyn helpu i gynnal eu teuluoedd yn ariannol. Y nod oedd sicrhau eu bod nhw'n ennill cymwysterau, er mwyn iddyn nhw gael swyddi gwell i roi hwb i'w cymunedau a oedd yn aml yn dlawd.

Doeddwn i ddim yn ymwybodol o fy hoywder bryd hynny. Roedd gen i goesau da – y rhai gorau yn yr ysgol, yn ôl rhai bechgyn. Roedden nhw'n arfer chwibanu arna i. Bydden nhw'n tynnu arna i, ac yn fy ngalw i'n *poofter Pete*.

Wnaeth hyn ddim achosi unrhyw fath o ofid i fi, achos roeddwn i'n hyderus mod i'n syth. Ta beth, roeddwn i'n boblogaidd a llawer yn fy hoffi. Enillais bleidlais ymhlith fy nghyd-ddisgyblion i ddod yn Gapten Ysgol yn 1968.

Y flwyddyn honno, yn 16 oed, bu'n rhaid i fi adael yr ysgol i gael swydd, er mwyn rhoi hwb i incwm ein teulu. Celf a dylunio oedd fy niddordebau mawr. Roeddwn i eisiau astudio pensaernïaeth neu ddylunio, ond doedd gen i ddim cymwysterau. Doedd fy rhieni ddim yn gallu fforddio talu i fi fynd i'r brifysgol nac i'r coleg celf. Felly dyma setlo ar droi fy llaw at ddylunio ac arddangos mewn siop adrannol fawr. Dyna lle gwnes i gyfarfod â phobl hoyw am y tro cyntaf, a sylweddoli'n fuan wedyn fy mod i'n hoyw. Yn 17 oed, syrthiais i mewn cariad a dechrau perthynas angerddol. Dyma symud i fflat gyda'n gilydd, gan roi cyfle i fi ddianc rhag gormes fy mywyd teuluol.

Darllenais adroddiad am brotestiadau rhyddid i hoywon yn Efrog Newydd ddiwedd 1969 a phenderfynais ar unwaith fy mod am fod yn rhan o'r frwydr dros ryddid LHDTC+. Wrth fyfyrio ar y mudiad hawliau sifil Du, des i'r casgliad bod pobl LHDTC+ yn lleiafrif gorthrymedig, yn union fel pobl Ddu, a'r un mor haeddiannol o hawliau dynol – ac y gellid defnyddio tactegau Martin Luther King o weithredu uniongyrchol di-drais ac anufudd-dod sifil i'r frwydr dros hawliau LHDTC+. Ar sail profiad y mudiad hawliau sifil Du, roeddwn i'n tybio y byddai'n cymryd tua 50 mlynedd i ennill cydraddoldeb cyfreithiol LHDTC+ yng ngwledydd y Gorllewin fel Awstralia, yr Unol Daleithiau a Phrydain. Roeddwn i'n rhyfeddol o agos ati.

Doedd dim sefydliadau LHDTC+ yn Melbourne ar y pryd. Doedd gen i ddim templed ar gyfer ymgyrchu, felly penderfynais fabwysiadu patrwm mudiad hawliau sifil Du yr Unol Daleithiau. Dyma fynd ati i addasu moeseg, delfrydau a dulliau'r ymgyrch honno er mwyn ceisio sicrhau rhyddid LHDTC+.

Gwnaeth y profiad hwn danlinellu pwysigrwydd a gwerth gwrando ar frwydrau eraill, dysgu oddi wrthyn nhw – a chefnogi ein gilydd. Dysgais werth cynghreiriaid. Yn ystod y dyddiau cynnar unig hynny, roedd angen cynghreiriaid LHDTC+ a syth arna i a fyddai'n cefnogi fy ymgyrch ac yn fy annog.

Roedd gorfodaeth filwrol i ymladd yn Fietnam mewn grym yn Awstralia ar y pryd. Doeddwn i ddim yn fodlon ymladd rhyfel anghyfiawn. Y gosb am wrthod oedd dwy flynedd yn y carchar. Felly gwnes i ddianc o'r wlad a dod i Lundain yn 1971. O fewn pum diwrnod, roeddwn i yn fy nghyfarfod cyntaf o'r Gay Liberation Front, a oedd newydd gael ei ffurfio. Ychydig wythnosau'n ddiweddarach, roeddwn i'n helpu i drefnu protestiadau brwd y GLF.

Yn 1971, yn dilyn patrwm dulliau'r mudiad hawliau sifil Du, helpais i drefnu protestiadau meddiannu tafarndai a oedd yn gwrthod gwerthu diodydd i ddynion 'cwiar'. Cawson ni ein llusgo allan gan yr heddlu, ond gorfodwyd perchnogion y tafarndai i newid eu cân. Profwyd yr un llwyddiant pan wnaethon ni brotestio yn erbyn caffi yn Piccadilly Circus a driodd gael gwared ar gwsmeriaid traws.

O'r cychwyn cyntaf, roeddwn i'n edrych ar y frwydr LHDTC+ fel un fyd-eang, nid un gyfyngedig i'r Deyrnas Unedig yn unig. Yn 1971, cyd-drefnais biced ar lysgenhadaeth Ciwba i brotestio yn erbyn pobl LHDTC+ yn cael eu hanfon i wersylloedd llafur gan gyfundrefn Castro. Ddwy flynedd yn ddiweddarach, trefnais y gwrthdystiad LHDTC+ cyntaf mewn gwlad gomiwnyddol, hen Ddwyrain yr Almaen, a chefais fy arestio gan yr heddlu cudd, y Stasi. Roeddwn i'n lwcus i beidio â chael fy ngharcharu.

Dyna, felly, sut dechreuodd fy hanner canrif o ymgyrchu LHDTC+ a hawliau dynol eraill. Hanes yw'r gweddill, fel maen nhw'n ei ddweud.

Mae'r hyn dwi wedi ei gyflawni yn fwy rhyfeddol fyth o gofio na wnaeth fy nghefndir teuluol na fy addysg gyfrannu dim tuag at fy ysgogi na fy mharatoi ar gyfer bywyd o ymgyrchu. Os galla i ei wneud, gall unrhyw un. Gobeithio y bydd fy ymgyrchu i yn dy ysbrydoli ac yn dy gymell di i wneud pethau gwych ym mha faes bynnag rwyt ti'n gweithio ynddo. A chofia, gwranda a dysga o frwydrau eraill a bydd yn gynghreiriad yn eu brwydr nhw am gyfiawnder. Gyda'n gilydd, rydyn ni'n gryfach.

Dy Pride cyntaf

Ond beth am Pride y diwrnod? Yr orymdaith! Y parti! Y protestio! Sut brofiad ydy o? I fi, roedd yn ddiwrnod tu hwnt o gyffrous. Roedd mynd o gael fy mygu yn fy ysgol, lle roeddwn i'n gorfod cuddio cymaint ohonof i fy hun (er fy mod i allan!), i weld CYMAINT o bobl yn byw â'r fath lawenydd, hapusrwydd, hyder ac, ie, balchder o ran pwy oedden nhw yn rhoi gobaith go iawn i fi. Ces i ryw nerth mewnol newydd – os oedd cymaint o bobl eraill wedi gallu symud o deimlo'r un fath â fi i ddawnsio, yn llythrennol, ar y stryd, gallwn innau hefyd. Ac fe alli di.

Ryan Lanji

Rydyn ni'n sefyll gyda'n gilydd, yn chwerthin gyda'n gilydd, yn crio gyda'n gilydd, yn herio gyda'n gilydd ac yn ailddychmygu gyda'n gilydd. Dyna yw llawenydd cwiar. Dyna yw Pride.

Cyngor i oroesi Pride

- Gwisga esgidiau cyfforddus (rwyt ti'n mynd i fod ar dy draed am amser HIR!)
- Ystyria ymuno â sefydliad ieuenctid fel bod rhywun yno i dy dywys di
- Gwena – mae'n adeg bod yn gyfeillgar, i ddweud helô!
- Caria fag sy'n cau (dwi'n ffafrio sach din ar gyfer Pride – meddylia di am jôc!) i gadw'r holl bethau pwysig rhag ofn i ti eu colli wrth orymdeithio a dawnsio
- Cofia fod Pride yn fwy na pharti – dysga am y wleidyddiaeth a'r achos
- Anrhydedda ein hanes, sy'n cynnwys cyfarch a chefnogi aelodau LHDTC+ hŷn y gymuned

cysur cwiar ••• balchder a Pride

Gair o gyngor i gynghreiriaid

Wyt ti'n ystyried mynychu Pride fel cynghreiriad? Mae croeso i ti! Ymuna! Ond mae angen i ti feddwl am fynychu Pride fel hyn – dychmyga dy fod ti'n cael parti pen-blwydd a rhywun yn cyrraedd a dechrau cadw sŵn ac ymddwyn yn wirion, gan dynnu sylw oddi ar y ffaith mai ti sydd i fod i ddathlu. Yn sydyn iawn, fyddet ti'n teimlo gryn dipyn yn llai croesawgar tuag atyn nhw? Mae Pride fel parti pen-blwydd i ni. Nid dy ddiwrnod di yw hwn – ond cyfle i ti ddathlu gyda ni. Mwynha fod yn rhan o hynny.

Gofalu amdanat ti dy hun: delio ag amgylcheddau a nerfau llethol

Mae mynd i Pride am y tro cyntaf yn gallu bod yn brofiad eithaf llethol – mae'r emosiwn a'r edrych ymlaen, faint yn union o bobl sydd yno, y lliwiau llachar a'r gerddoriaeth uchel yn gallu gwneud i'r cyfan deimlo ychydig yn ormod. Beth rydyn ni'n ei wneud i gefnogi ein hunain pan fyddwn ni'n teimlo wedi'n llethu? Gwirio'n cyrff a gwneud yn siŵr ein bod yn bresennol ac yn rheoli ein hunain (mae hyn yn gweithio ar gyfer unrhyw sefyllfaoedd llethol, digwyddiadau neu adegau pan fyddi di'n nerfus – hyd yn oed ar gyfer arholiadau!)

Rheoli dy anadlu: anadla i mewn yn araf am bedair eiliad, dal dy anadl am bedair eiliad, yna anadla allan yn araf eto am bedair eiliad. Gwna hyn deirgwaith eto. Yr enw ar hyn yw anadlu sgwâr – mae'n helpu rhai pobl i ddychmygu sgwâr fel maen nhw'n ei wneud, gyda phob ochr yn cynrychioli cyfnod o bedair eiliad.

Gwirio dy gorff: sut mae dy gorff yn teimlo? Canolbwyntia ar fysedd dy draed – sut maen nhw'n teimlo yn dy sanau neu dy esgidiau. Sigla nhw a chanolbwyntio ar y teimlad hwnnw. Yna sigla dy gorff yn ôl ac ymlaen, gan ganolbwyntio ar dy draed, dy fferau a chroth dy goes – sut mae hynny'n teimlo? Canolbwyntia ar bob rhan o'r corff. Wrth symud i fyny'n araf, plyga dy bengliniau, yna tro dy ganol – gweithia i fyny'r corff yn araf, gan ymlacio wrth i ti ddod yn ymwybodol o unrhyw densiwn. Wrth i ti basio dy ganol i fyny am y torso, y cefn, yr ysgwyddau, y dwylo a'r ên, symuda nhw'n araf – mae'r rhain yn llefydd sy'n gallu cynnal tyndra a theimlo'n dynn. Canolbwyntia dy feddwl ar doddi'r tyndra, ac ymlacio'r cyhyrau. Dywed wrth dy gorff i ymlacio. Wrth i ti fynd ymlaen, meddylia a yw dy ên yn dynn, dy dalcen wedi crychu, dy ysgwyddau'n dynn ac yn llawn tensiwn. Os ydyn nhw, ymlacia dy gorff a bydd dy feddwl yn dechrau dilyn.

Penna dy anghenion: a'n traed ni'n teimlo'n fwy solet ar y ddaear rŵan, mae cyfle i holi beth wnaeth i ni deimlo wedi'n llethu. Os yw'n her emosiynol, tro'n ôl at y goeden ofidiau ym mhennod pump i wahaniaethu rhwng gofid *da* neu ofid *gwael*. Os yw'n ofid sy'n gysylltiedig â chyflwr corfforol, beth sydd ei angen arnat ti y foment honno? Symud i rywle tawelach gyda llai o bobl? Beth am dy anghenion corfforol: ydy lefel dy siwgr yn isel? Pryd oedd y tro diwethaf i ti fwyta? Cadwa lygad ar dy anghenion emosiynol a chorfforol er mwyn mwynhau'r diwrnod i'r eithaf.

Mae Pride yn fwy nag un diwrnod

Mae gorymdeithiau Pride yn anhygoel o bwerus. Ond mae Pride yn fwy nag un diwrnod. Mae'n dal i fyw y tu mewn i ni, fel teimlad, fel ffordd o fyw a sut rydyn ni'n gweithredu. Dwi wedi sôn eisoes am sut mae gwirfoddoli a gweithio gyda sefydliadau yn ffordd wych o gyfarfod â phobl (heb sôn am fod yn llesol i ti!), ond mae bod yn weithgar yn ein cymuned, mewn unrhyw ffordd y medri di, hefyd yn ffordd wych o deimlo balchder 365 diwrnod y flwyddyn.

Pride Corfforaethol

Un agwedd ddadleuol ar Pride, a honno'n feirniadaeth ddilys yn aml, yw pa mor fasnachol yw'r cyfan erbyn hyn. O ystyried iddo ddechrau fel protest wleidyddol, gwrthdystiadau, gwrthdaro treisgar gyda'r heddlu weithiau, mae hyn yn mynd o dan groen llawer o bobl. Bob haf, lle bynnag rwyt ti'n edrych, mae corfforaethau enfawr yn cynhyrchu logo thema enfys arbennig, neu'n rhyddhau cyfres o grysau-T rhad ar thema Pride. Iawn, mae rhai ohonyn nhw'n ddeniadol a dwi'n teimlo awydd eu prynu nhw, ond mae'n rhaid i ni feddwl pwy sy'n elwa. Ydy'n cymuned ni'n elwa? Neu ai marchnata yw'r cyfan? Ydy'r corfforaethau hyn yn cael eu bachau ar ein stori, ein hanes, ein balchder a'n cymuned ac yn defnyddio'r cyfan er eu budd nhw eu hunain? Yr union beth rydyn ni'n dweud wrth ein cynghreiriaid am beidio â'i wneud! Mae rheolau cynghreiriaeth yr un mor berthnasol i gwmnïau ag i bobl.

Felly pam na allwn ni gael gwared ar y cyfan? Y gwir amdani yw ein bod ni'n byw mewn cymdeithas gyfalafol sy'n cael ei chymell gan arian. Er cymaint fy nymuniad ein bod ni'n byw mewn byd sosialaidd â chymhellion gwyrdd, dydyn ni ddim. Felly mae'n rhaid i ni weithredu orau gallwn ni yn y byd sydd ohoni. Does dim digon o gyllid gan y gymuned LHDTC+ ac mae angen arian arnon ni, ar gyfer pob math o achosion, o addysg a chymorth tai i iechyd rhywiol ac iechyd meddwl, gorddibyniaeth a gofal meddygol i'n cymuned. Er enghraifft, mae angen gofal iechyd wedi'i ariannu'n iawn ar bobl draws, ond dydyn nhw ddim yn ei gael.

Felly, dyma gwestiwn i ti ddyfalu'r ateb iddo:

- os ydyn ni'n un o bob deg o'r boblogaeth, am bob £100 sy'n cael ei roi i achosion elusennol, fyddet ti'n disgwyl i £10 (h.y. deg y cant) o hynny fynd at achosion LHDTC+?

- Beth am £1 o bob £100? Un y cant o'r holl roddion elusennol?

- Na. Rydyn ni'n cael 4c o bob £100 sy'n cael ei roi i elusen ym Mhrydain (yn ôl ffigurau sydd wedi eu rhyddhau gan Gyngres yr Undebau Llafur). Dim ond 0.0004 y cant yw hynny.

Yn anffodus, dwyt ti a fi, a phobl cwiar eraill, ddim yn gallu gwneud iawn am y diffyg hwnnw – mae'r gwahaniaeth yn rhy fawr. O ganlyniad, mae angen elusennau cwiar heddiw ac – yn y byd amherffaith sydd ohoni – mae hynny'n golygu bod yn rhaid i ni gael arian corfforaethol. Os yw cwmni eisiau manteisio ar ymgyrch fel Pride, dwi'n fodlon derbyn hynny, ond mae angen iddo dalu arian sylweddol am y fraint! Ac os dydy o ddim? Mae'n rhaid ei hel o allan. Dwyt ti ddim yn mynd i barti yn nhŷ ffrind heb botel, a dydy'r corfforaethau yma ddim hyd yn oed yn ffrind! Os ydyn nhw eisiau manteisio, mae'n rhaid iddyn nhw dalu.

Waeth beth maen nhw'n ei ddweud, dydy balchder ddim yn dibynnu ar brynu crys-T. Mae balchder y tu mewn i ti, o hyd.

Balchder mewnol

Dydy meddu ar falchder ddim yn golygu dangos balchder bob tro. Byddai dy freichiau'n blino ar chwifio baner drwy'r amser, a byddet ti'n colli dy lais yn sgil yr holl lafarganu. Ond dydy hi ddim yn bosib dangos balchder o hyd, dyna'r gwir amdani. Os wyt ti'n teimlo'n anniogel, yn nerfus neu'n unig, mae'n iawn – dydy hynny ddim yn golygu dy fod ti'n cwiar gwael. Dydy o ddim yn golygu dy fod ti'n siomi'r achos na dim byd felly. Os wyt ti'n grediniol dy fod ti'n gyflawn, yn deilwng ac yn gwrthod teimlo cywilydd, yna rwyt ti'n byw yn unol â gwerthoedd Pride. Gad i'r fflam losgi y tu mewn i ti a dy dywys di drwyddi, fel mae wedi gwneud i eraill.

Mohsin Zaidi

Does dim o'i le ar deimlo'n ofnus. Mae'n digwydd i bawb. Ond ryw ddiwrnod, a hynny'n fuan, bydd goresgyn yr ofn hwnnw yn dod yn ffynhonnell nerth.

Corinee Humphreys, rhedwraig a hyrwyddwr chwaraeon Stonewall, (hi)

Mae bod yn falch yn golygu credu yn dy hyfdra a byw'n answyddogol fel y fersiwn fwyaf gonest ohonot ti dy hun. Mae pobl gas yn mynd i gasáu! Creda yn dy hyfdra – mae pob rhan o dy hunaniaeth yn cyfrannu at yr hyn sy'n dy wneud di'n arbennig yn y byd sydd ohoni. Ar y daith o archwilio dy rywedd a dy rywioldeb, cofia ddal ati i archwilio dy ddoniau a dy ddiddordebau bob amser. Mae pob rhan o dy hunaniaeth yn dy wneud di'n arbennig.

Char Bailey, hwylusydd, llefarydd ac ymgynghorydd (hi)

Paid ag anghofio dod i mewn wrth i ti ddod allan. Mae dod i adnabod fy hun, caru fy hun ac ymddiried ynof i fy hun wedi gwneud bodoli yn fy lle Du a brown, niwrowahanol, cwiar cymaint yn haws.

Jason Kwan

Mae bod yn cwiar, bod yn anneuaidd, bod yn rhan o'r gymuned LHDTC+ yn golygu bodolaeth fwy dwys. O ganlyniad, dwi'n aml yn amau pwy ydw i, pam rydw i fel rydw i ac yn ystyried rhannau gwahanol fy hunaniaeth. Mae'r broses hon wedi fy helpu i ddeall fy hun yn well, deall sut mae pobl eraill yn llywio'u ffordd drwy'r byd a charu fy hun ac eraill yn fwy hefyd. Mae fy natur cwiar yn llawn cariad, tosturi ac angerdd, a dwi mor falch o fod yn rhan o gymuned dderbyngar sy'n tyfu'n barhaus.

Marc Thompson

I fi, rhyddid yw llawenydd cwiar. Dyna sy'n ein galluogi ni i beidio ag yngan gair o ymddiheuriad am bwy ydyn ni, y llefydd o'n cwmpas ni, pwy rydyn ni'n eu caru a sut rydyn ni'n caru, ac i fod yn unigolion dilys, triw i ni'n hunain. Mae hefyd yn golygu bod ar y llawr dawnsio gyda phobl cwiar Ddu mewn mannau Du rydyn ni wedi'u creu, nid oherwydd nad yw mannau prif ffrwd yn darparu ar ein cyfer ni, ond oherwydd ein bod ni'n gallu gwneud hynny, ac eisiau gwneud hynny, a dyna ni.

cynghreiriaeth

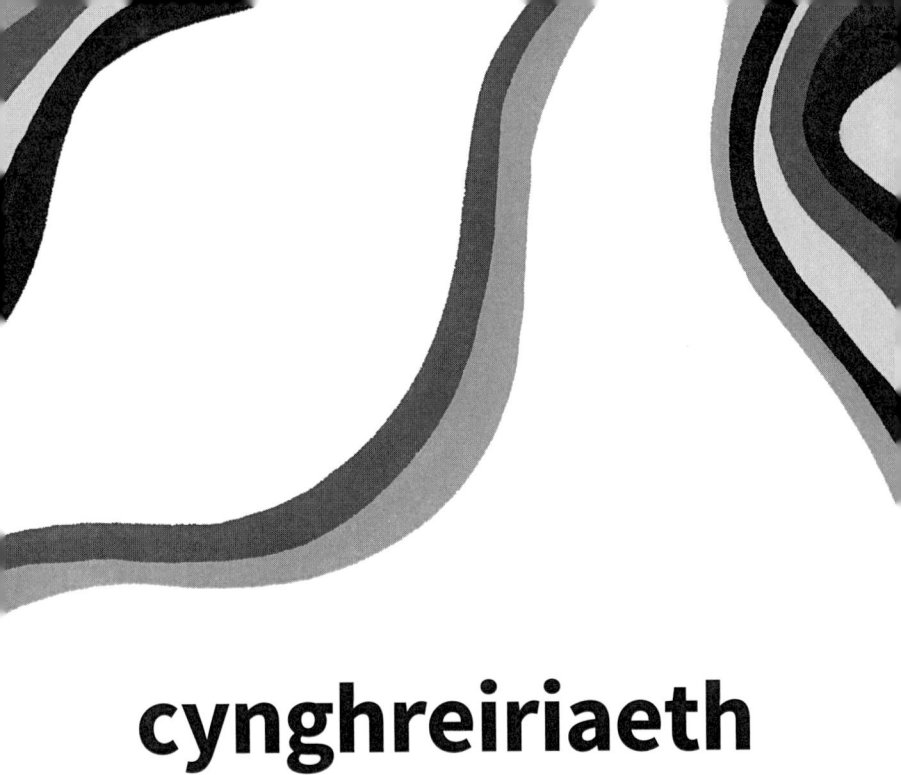

Ar ryw adeg yn dy fywyd, dwi'n siŵr dy fod ti wedi bod ar ben dy hun ac yn y lleiafrif mewn dadl. Os oedd honno'n ddadl fawr neu'n fach, mae gorfod amddiffyn dy safbwynt a rhywbeth rwyt ti'n ei wybod ei fod yn iawn, yn erbyn pobl eraill pan fyddi di yn y lleiafrif, yn teimlo'n ofnadwy. Ac mae'n dy flino di'n llwyr. Yn y frwydr honno, dwi'n siŵr y byddet ti wedi bod wrth dy fodd yn cael rhywun yn cadw dy ochr, yn dy gefnogi di, yn sefyll gyda ti fel nad oeddet ti ar dy ben dy hun.

Mae'n debyg dy fod ti hefyd, ar ryw adeg, wedi cael dy roi mewn dosbarth gwahanol i dy ffrindiau neu wedi gorfod gweithio ar brosiect grŵp gyda phobl doeddet ti ddim yn eu hadnabod (neu'n eu hoffi). Meddylia pa mor anghyfforddus, brawychus hyd yn oed, mae hynny'n gallu teimlo. Nawr, dychmyga cymaint gwaeth mae'r emosiynau hynny'n teimlo pan mae'n beth mor bwysig â sut rwyt ti'n uniaethu, pwy wyt ti. Yn hytrach na cholli cyfle i glywed clecs o'r dosbarth neu wneud prosiect gyda dy ffrindiau, yr hyn sydd yn y fantol yw dy hapusrwydd, dy urddas, hyd yn oed dy ddiogelwch. Mae'n enfawr.

Meddylia am adeg pan oeddet ti'n cario rhywbeth trwm. Cês wrth fynd ar dy wyliau, efallai. Rwyt ti'n hoff iawn o bob dilledyn rwyt ti wedi'i bacio, rwyt ti'n edrych ymlaen at fynd ble rwyt ti'n mynd, ond mae mor drwm i'w gario. Yna mae rhywun yn cynnig yn garedig i dy helpu i'w gario, gan rannu'r baich a gwneud dy daith ychydig yn haws. Dyna yw cynghreiriad. Bydd cynghreiriad da yn deall bod cario pwysau rhywbeth ar dy ben dy hun yn gallu fod yn flinedig. Dydyn nhw ddim yn mynd i ddwyn dy fagiau di a gwisgo dy ddillad gwyliau hyfryd – dim ond yna i helpu maen nhw.

A bod yn onest, mae angen cynghreiriaid ar bob achos. Mae angen i bobl wyn fod yn gynghreiriaid gwell, mwy gweithgar a llai problematig i bobl o liw yn y frwydr fyd-eang yn erbyn hiliaeth; mae angen i ddynion codi llais yn erbyn eu ffrindiau '*laddy*' a herio eu hymddygiad rhywiaethol mewn gofodau dynion yn unig ac ar y stryd; mae angen pobl hŷn ar bobl ifanc (sy'n mynd i ddioddef waethaf yn sgil yr argyfwng hinsawdd) i roi pwysau ar y rhai sydd mewn grym. Mae angen cynghreiriaid ar bob un ohonon ni.

Pam mae angen cynghreiriaid arnon ni?

I'r rhai anwybodus (gwnawn ni drio achub eu cam nhw am y tro), gallai rhywun edrych ar bapur a dweud, "Mae gennych chi ddeddfwriaeth gwrthwahaniaethu, mae gennych chi briodasau hoyw, mae gennych chi hyd yn oed FIS CYFAN ar gyfer Pride – does bosib bod popeth yn iawn?" Ond os wyt ti wedi bod yn canolbwyntio wrth ddarllen y llyfr, bydd gen ti syniad – na, dydy popeth ddim yn iawn.

Mae'n wir bod sawl rhan o'r byd gorllewinol wedi gweld cynnydd mawr o ran hawliau cyfartal, ond nid dyna'r pethau ar ddiwedd ein taith tuag at hawliau cyfartal. Mae realiti ein bywydau ychydig yn wahanol. Wyt ti'n barod i ddarllen ambell ffaith ddigon annymunol?

Bwlio cwiarffobig yw'r math pennaf o fwlio mewn ysgolion heddiw. Mae bron i hanner, 45 y cant, o ddisgyblion LHDTC+ yn profi bwlio homoffobig yn yr ysgol, sy'n codi i 64 y cant o ddisgyblion traws.

Mae chwarter y bobl o dan 25 oed sy'n byw ar y stryd yn LHDTC+. Maen nhw naill ai wedi cael eu hel o'u cartrefi oherwydd eu rhywioldeb neu eu hunaniaeth rhywedd, neu wedi cael eu gorfodi i ddianc o amgylchedd cartref anniogel.

Mae bron i 70 y cant o bobl cwiar ym Mhrydain yn peidio â dangos eu bod yn hoffi pobl o'r un rhyw â nhw oherwydd eu bod yn poeni am eu diogelwch.

Mae cyfunrhywioldeb yn dal i fod yn anghyfreithlon mewn 72 o wledydd ledled y byd, 35 ohonyn nhw o fewn y Gymanwlad. Mae 14 o wledydd yn ei gosbi â'r gosb eithaf. Ar y llaw arall, dim ond 27 o wledydd ledled y byd sy'n caniatáu priodas rhwng dau berson o'r un rhyw.

Nid dim ond ffigurau moel yw'r ystadegau hyn sy'n sobri rhywun. Maen nhw'n ymwneud â bywydau pob dydd pobl go iawn. Dyna pam mae herio homoffobia, trawsffobia, deuffobia a dangos dy gefnogaeth i bob person cwiar o dy gwmpas mor hanfodol. Mae diogelwch mewn niferoedd ac mae angen pobl i sefyll gyda ni. Mae croeso i ti ddyfynnu'r ystadegau hyn i unrhyw un sy'n dweud "Mae popeth yn iawn erbyn hyn," neu sy'n honni bod cywirdeb gwleidyddol wedi mynd yn rhy bell.

Beth yw cynghreiriad?

Mae cynghreiriad, yn yr ystyr draddodiadol, yn cyfeirio at wlad sy'n addo helpu a chefnogi un arall, yn enwedig yn ystod cyfnod o ryfel neu galedi, ac i gydweithio er budd pawb. Ond sut mae hyn yn berthnasol i bobl?

Beth mae 'cynghreiriad syth' yn ei wneud?

Wel, maen nhw'n *weithgar* yn eu cefnogaeth i'r gymuned LHDTC+. Mae'n gofyn am weithredu – siarad, newid dy arferion, herio ffrindiau, bod yno ar adegau o angen – nid dim ond gwisgo enfys a gwylio clipiau ffilm o freninesau drag. Yn yr ysgol, mae angen codi llais pan mae pobl yn dweud "Yyy, mae hynny mor gay," neu rywbeth arall cwiarffobig. Mae'n ymwneud ag edrych ar dy ymddygiad dy hun ac ystyried a allai fod yn homoffobig ar ddamwain (er enghraifft, "Yyy! Allwn i byth gusanu merch arall! Ych-a-fi!"), herio'r bobl o'n cwmpas pan maen nhw'n dweud pethau cul neu hen ffasiwn a bod ar gael. Fel cynghreiriad, os oes gen ti ffrind sy'n cwiar, bydd yno ar ei gyfer, gwranda ar ei ofnau a'i bryderon, gwna'n siŵr ei fod yn gwybod dy fod ti yno i'w gefnogi a dy fod ti'n berson diogel iddo droi ato.

Beth mae cynghreiriad yn ei wneud?

Meddylia am funud am beth rwyt ti mewn gwirionedd yn ei wneud yn rhagweithiol i gefnogi pobl LHDTC+.

- Os wyt ti'n eu hadnabod ai peidio, wyt ti'n codi dy lais wrth weld neu glywed rhywun yn cael eu sarhau, neu a yw dy dawelwch yn fyddarol?
- Pan wyt ti gyda ffrindiau ac mae ffrind sydd â hiwmor amheus yn dweud jôc hoyw *arall*, wyt ti'n ei herio neu ddim ond peidio ag ymateb?
- Pan mae rhywun yn dweud "Mae hynny mor *gay!*", wyt ti'n eu herio neu wyt ti'n gadael iddo fynd, er na fyddet ti byth yn gadael i rywun ddweud "mae hynny mor Ddu" neu "mae hynny mor Iddewig" er mwyn cyfleu rhywbeth drwg?
- Os yw rhywun yn cael ei owtio neu'n destun clecs, wyt ti'n gwrando ac yn lledaenu sibrydion neu wyt ti'n trin y mater yn ddidaro ac yn disgwyl gwell gan dy ffrindiau?
- Wrth ystyried pa raglen deledu i'w gwylio, wyt ti'n ystyried pa fath o jôcs mae'r cymeriadau'n eu dweud neu pa neges mae'r straeon yn ei chyfleu? Wyt ti'n rhoi'r gorau i'w gwylio os yw'r cyflwynydd neu'r cymeriadau yn dweud pethau trawsffobig neu homoffobig? Wrth feddwl faint rwyt ti'n hoffi sêr enwog, wyt ti'n ystyried eu hymddygiad a'r pethau maen nhw wedi eu dweud?

- Os yw perthynas anodd i ti yn dweud ei ddweud am gymaint mae "popeth yn rhy eangfrydig y dyddiau yma", wyt ti'n rhoi rhwydd hynt iddyn nhw reoli'r sgwrs a gosod y naws? Neu wyt ti'n ei gwneud hi'n amlwg dy fod ti'n anghytuno, ac nad yw hi'n iawn sôn am bobl mewn ffyrdd amharchus?
- Os oes gen ti frawd, chwaer, cefnder, cyfnither neu ffrindiau sy'n LHDTC+, wyt ti'n helpu i wneud yn siŵr eu bod nhw'n gwybod bod perffaith ryddid iddyn nhw fod yn nhw eu hunain a mynegi eu hunain sut bynnag maen nhw am wneud o dy gwmpas di? A dy fod ti'n eu caru a'u cefnogi yn ddiamod?
- Wyt ti'n mynd ati'n fwriadol i greu man diogel lle mae dy ffrindiau'n gallu ymddwyn yn gwbl ddilys a bod yn driw iddyn nhw eu hunain, gan wybod eu bod nhw'n gallu ymddiried ynot ti ac na fyddi di byth yn rhannu eu cyfrinachau nac yn eu barnu?

Mae'n ddrwg gen i os yw'r paragraffau diwethaf yn bryfoclyd, yn anghyfforddus neu'n heriol. Mae hunanfyfyrio yn aml yn beth anghyfforddus iawn. Diolch am ddal ati. Mae angen i ni allu cael sgyrsiau anghyfforddus er mwyn cyrraedd unrhyw le. Man cychwyn gwneud yn well bob tro yw myfyrio ynglŷn â pha mor dda rydyn ni'n gwneud nawr. Ond dwi eisiau egluro rhywbeth hefyd – os oeddet ti'n teimlo'n lletchwith ac yn cydnabod dy fod ti'n euog o rai o'r ymddygiadau hynny, dydw i ddim yn gweld bai arnat ti. Dwi ddim yn meddwl dy fod ti'n berson drwg. Dydw i ddim yn credu bod yr un person ar y ddaear hon sydd ddim o leiaf 0.1 y cant yn homoffobig – mae hyd yn oed pobl LHDTC+ yn homoffobig neu'n drawsffobig, neu'n gallu bod. Mae'n rhan fach o bob un ohonon ni, gan mai dyna sut cawson ni ein magu. Ond dydy hynny ddim yn esgus, a'n cyfrifoldeb ni yw addysgu ein hunain a gwneud yn well.

Mae addysg yn chwarae rhan enfawr wrth ddod yn gynghreiriad gwych. Y cam cyntaf (ac mae'n broses barhaus) yw addysgu dy hun – ac rwyt ti'n gwneud hynny eisoes! Felly, os oeddet ti'n gwybod hynny ai peidio wrth i ti afael yn y llyfr hwn, rwyt ti eisoes wedi cymryd cam gwych ymlaen. Dwi mor falch o dy gael di ar y daith yn gwmni i ni – bydd dy ffrindiau a dy frodyr a dy chwiorydd yn falch hefyd.

Beth sydd ddim yn gynghreiriaeth?

Does dim statws sefydlog yn perthyn i fod yn gynghreiriad, un rwyt ti'n ei gyflawni unwaith a ddim yn gorfod meddwl am y peth eto. Mae'n rhaid ei ymarfer yn gyson, waeth pwy sydd o'n cwmpas. Nid tric yw cynghreiriaeth, rhywbeth rwyt ti'n ei berfformio o'n blaenau ni a phobl eraill er mwyn cael dy ganmol. Rwyt ti'n gynghreiriad pan dwyt ti ddim gyda ni ac, yn bwysicach fyth, pan mai ti yw'r unig un sy'n herio ymddygiad cwiarffobig.

Nid ti sy'n cael galw dy hun yn gynghreiriad. Mae'r enw'n cael ei deilyngu a'i gyflwyno i ti gan y rhai rwyt ti'n eu cefnogi. Yn bwysig hefyd, dydy o ddim yn gyfle i ti droi'r sylw atat ti dy hun. Meddylia amdano fel hyn: yn y rhan fwyaf o ffilmiau a rhaglenni teledu, mae cymeriadau cwiar yn cael eu gwthio o'r neilltu, gan ddod yn 'ffrind gorau hoyw' neu'n gymeriadau symbolaidd yn unig. Ond ein ffilm ni yw hon. Ni yw'r prif gymeriadau ac aelod o'r cast ategol yw cynghreiriad da.

Grym a braint

Heb gynghreiriaeth, beth yw cyfeillgarwch a chefnogaeth y bobl LHDTC+ o dy gwmpas? Dim ond i bobl sydd â braint a grym mae bod yn niwtral yn opsiwn. Yn y bôn, does dim byd o'i le ar gael y fraint neu'r grym hwnnw. Nid dy fai di yw hynny, gan dy fod ti heb benderfynu eu cael nhw (yn union fel roedden ni heb benderfynu bod yn cwiar) – ond dy benderfyniad di yw beth rwyt ti'n ei wneud â nhw.

Beth bynnag yw'r mudiad cydraddoldeb a hawliau, mae angen cynghreiriaid arno, ond dydyn nhw ddim yn gallu bod yn ganolog i'r sgwrs. Fel arall, gall lle a mudiad a gafodd eu cynllunio i ddod â mwy o rym i leiafrif, yn sydyn iawn droi'n fan lle mae'r lleiafrif hwnnw'n cael ei wthio i'r cyrion unwaith eto. Wedyn bydd yn isbennawd yn ei stori ei hun. Mae hyn yn digwydd yn rhy aml o lawer i bobl LHDTC+ – yn arbennig i fenywod, pobl o liw a phobl draws, oherwydd bod rhywiaeth a hiliaeth yn dal i fod yn faterion cymdeithasol o fewn y byd LHDTC+.

Y peth pwysig i gynghreiriad ei wneud yw defnyddio eu grym a'u braint i helpu eraill. Paid â newid naratif ein stori i wneud dy rôl yn fwy neu i gael mwy o linellau. Yn hytrach, adrodda'n straeon ni a rhanna'n straeon ni. Defnyddia dy lais, dy rym, ar gyfer hynny. Atseinia ni, paid â siarad droson ni.

Yn addas iawn, enw'r darn sy'n dilyn gan yr awdur a'r ymgyrchydd Scarlett Curtis yw 'Nid fy stori i'. Yn ôl Scarlett, mae'n gallu bod yn anodd iawn gwybod pryd mae'n iawn i godi llais, a phryd mae'n iawn i gadw'n dawel er mwyn i rywun arall siarad. Mae hi'n ddewr iawn yn gwneud hyn, gan nad yw'n beth hawdd ei gyfaddef.

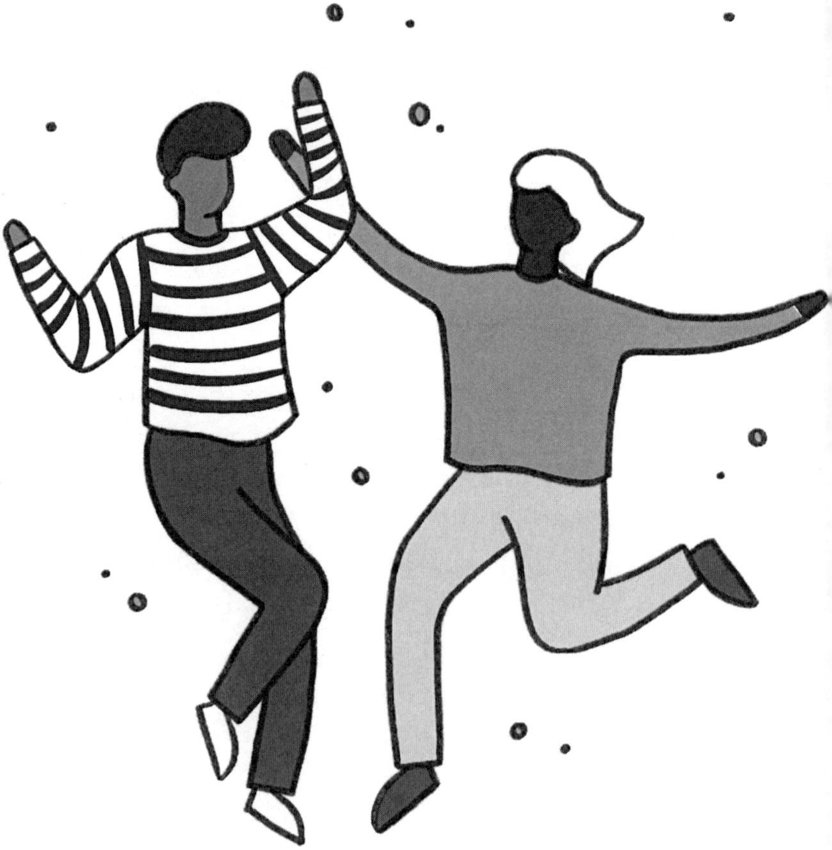

Nid fy stori i

*Gan **Scarlett Curtis***

Dydy bod â ffrind gorau hoyw ddim yn newid y ffaith bod un o bob pum person LHDTC+ wedi profi trosedd neu ddigwyddiad casineb oherwydd ei gyfeiriadedd rhywiol a/neu ei hunaniaeth rhywedd yn ystod y deuddeg mis diwethaf. Oherwydd dydy cyfeillgarwch heb gynghreiriaeth yn cyflawni dim byd.

Dydy chwifio baner enfys ddim yn helpu i newid y realiti bod perthnasoedd o'r un rhyw yn drosedd mewn 72 o wledydd, bod pobl LHDTC+ yn wynebu cosb marwolaeth mewn mwy nag wyth o wledydd, mai rhwng 30 a 35 ar gyfartaledd yw disgwyliad oes menywod traws yng Ngogledd a De America. Oherwydd dydy dod i orymdaith Pride, heb ddod i weithredu, yn cyflawni dim.

Mae gofyn am gael dy longyfarch am fod yn gynghreiriad fel gofyn am wobr am beidio â chicio ci ar y stryd. Ddylai o ddim fod yn beth sy'n destun cael llongyfarchiadau, ac mae hynny wedi bod yn wir erioed; felly dylai hi fod. A dyna lle rydyn ni'n ymddangos, neu ddim yn ymddangos, gan nad ein stori ni yw hon, mewn gwirionedd, a dydy hi erioed wedi bod yn stori i ni.

Wrth ddweud 'ni', dwi'n golygu'r rheini ohonon ni sydd ddim yn uniaethu fel LHDTC+ ond sy'n meddu ar y rhodd hyfryd, hardd ac anhygoel o gyd-fyw yn y byd â'r rhai sydd yn gwneud. Wrth ddweud 'ni', dwi'n golygu'r rheini ohonon ni sydd wedi gwneud smonach go iawn ohoni fel rhan o gymdeithas yn y gorffennol. Wrth ddweud 'ni', dwi'n golygu'r rheini ohonon ni sydd â llawer iawn i ymddiheuro amdano. Wrth ddweud 'ni', dwi'n golygu'r rheini ohonon ni mae angen i ni ddarllen y llyfr hwn yn fwy na neb.

Mae pobl wrth eu bodd gyda straeon, ac wedi bod erioed. Yn fwy na straeon, rydyn ni wrth ein bodd yn bod yn ganolbwynt straeon. Mae ein heneidiau'n byw mewn ymennydd goddrychol rhyfedd a rhyfeddol. Mae goddrychedd, y gallu i weld pethau o safbwynt ein barn a'n teimladau ni'n hunain yn beth hudolus – mae'n rhoi empathi, hyder, grym, barn ac unigolyddiaeth i ni. Mae hefyd yn golygu, wrth daro ar stori sydd ddim yn ymwneud â ni, ein bod ni'n tueddu i gael mwy o drafferth ei deall.

Stori serch wedi'i hysgrifennu ar draws amser a hanes yw stori'r gymuned LHDTC+. Mae'n stori am rym, gorthrwm a rhai o'r bobl ddewraf, fwyaf rhyfeddol sydd wedi bodoli erioed. Stori Gertrude Stein, Bayard Rustin, Virginia Woolf, Harvey Milk, Lady Phyll, Alexis Caught, Munroe Bergdorf a Charlie Craggs. Dyma stori fy ffrind gorau, fy athro mwyaf gwych, fy arwr, fy nheulu, fy eilun. Ond nid fy stori i yw hi, ac mae wedi cymryd tipyn o amser i fi ddeall hynny'n iawn.

Dwi'n dal i weithio ar hynny; dwi'n dal i drio deall popeth. Dwi'n dal i drio gwrando a dysgu a datblygu ffyrdd i fod y cynghreiriad mwyaf grymus y galla i fod. Dw i'n gwneud camgymeriadau o hyd. Dwi'n addo trio'n galetach.

Ond dwi yn gwybod hyn. Yr eiliad rwyt ti'n dechrau teimlo bod grym gan dy gynghreiriaeth, yr eiliad rwyt ti'n rhoi dy hun yn y stori, rwyt ti'n atgyfnerthu systemau sydd wedi rhoi'r grym yn dy ddwylo di, fel aelod o'r mwyafrif, ers dros 2,000 o flynyddoedd. Nid sarhad yw braint, ond ffaith. Nid rhinwedd yw cynghreiriaeth, ond rhywbeth angenrheidiol.

Dwyt ti (fi) ddim yn rhan o'r stori hon, a dwyt ti (fi) mewn gwirionedd erioed wedi bod yn rhan ohoni. Ond mae gen ti (fi) rym. Wnest ti ddim dewis cael y grym hwnnw ond mae yn dy ddwylo di o ganlyniad i dy hunaniaeth, a'r un ddyletswydd sydd gen ti yw defnyddio'r grym hwnnw er lles. Dwyt ti ddim yn rhan o'r stori hon, ond galli di ei darllen. A galli di ei rhoi, wedi ei lapio mewn rhuban enfys, i eraill mae ei hangen hi arnyn nhw.

Gofalu amdanat ti dy hun: sut i ATAL gwrthdaro

Weithiau, rydyn ni'n gwneud traed moch o bethau. Mae hynny'n naturiol, does dim un ohonon ni'n berffaith – dydy hynny ddim yn esgusodi gweithredoedd drwg nac yn golygu bod popeth yn iawn, ond mae'n golygu bod camgymeriadau'n ddealladwy weithiau. Mae adegau hefyd pan fydd sgyrsiau'n gallu mynd yn danbaid, pan fyddwn ni naill ai dan y lach am rywbeth rydyn ni wedi'i ddweud neu ei wneud ar ddamwain sydd wedi tramgwyddo rhywun, neu pan fyddwn ni'n ochri gyda ffrind, brawd neu chwaer cwiar ac yn codi llais yn erbyn ymddygiadau anodd. Mae cadw ochr pobl eraill yn gallu teimlo fel y peth iawn i'w wneud, ond dydy dadleuon tanllyd ddim yn cyflawni dim byd cadarnhaol yn aml. Mae pobl ddim ond yn mynd yn amddiffynnol ac rydyn ni'n dweud pethau gwaeth fyth yn ddifeddwl. Os wyt ti'n teimlo o dan y lach neu os wyt ti'n herio rhywun, cyn i bethau fynd yn rhy bell, cymer eiliad neu ddwy a meddylia a wyt ti'n teimlo fel hyn:

Yn llwglyd: does neb ar ei orau pan fyddwn ni eisiau bwyd. Mae dicter pan wyt ti'n llwglyd, *hanger*, yn gyflwr go iawn, ac mae hynny'n digwydd oherwydd bod ein cyflwr corfforol yn drech na'n cyflwr emosiynol – mae chwant bwyd, blinder a phoen i gyd yn gwneud ein hemosiynau yn ansefydlog. Os yw hi'n anodd iawn i ti dy reoli dy hun yn emosiynol yn y cyflwr hwn, neu os wyt ti'n teimlo dy fod ti'n gorymateb, meddylia am eiliad ai dy gyflwr corfforol sy'n sbarduno hyn yn hytrach na dy gyflwr emosiynol.

cysur cwiar ••• cynghreiriaeth

Yn ddig: mynna seibiant a hola dy hun, beth sy'n dy wneud di'n ddig? Neu beth rwyt ti'n ei deimlo mewn gwirionedd? Os wyt ti'n dod o dan y lach, ai'r cywilydd a'r embaras o gael dy herio sy'n dy wneud di'n ddig mewn gwirionedd? Ai mater o ofni colli rhywun sydd yma, neu ofni cael dy herio? Tria adnabod dy emosiynau a deall o ble maen nhw'n dod er mwyn datrys pethau'n well.

Yn unig: Mae teimlo dy fod ti wedi cael dy adael ar dy ben dy hun yn deimlad ofnadwy, un sy'n gwthio cyllell yn ddwfn i'n hemosiynau a'n gwendid. Pan fyddwn ni'n teimlo ein bod ni wedi gwneud rhywbeth o'i le neu'n bod ni'n cael ein beirniadu, mae'n gallu gwneud i ni deimlo'n wirioneddol unig neu wrthodedig, ac mae ymateb i'r ofn a'r boen yn gwneud i ni ymladd yn ôl. Dydy hynny ddim yn golygu ei fod yn iawn, ond os ydyn ni'n ymwybodol o hynny, rydyn ni'n llai tebygol o'i wneud o eto.

Yn flinedig: Os ydyn ni'n flinedig, yn gorfforol neu'n emosiynol, oherwydd ein bod wedi cael llethu gan ymddygiad ymosodol neu ddadleuon lluosog ac yn gorymateb i rywbeth o ganlyniad – rydyn ni'n tueddu i ymateb yn rhy gryf, mewn ffyrdd anghymesur. Gofynna i ti dy hun, wyt ti wedi blino? Unwaith eto, enwa dy emosiynau. "Mae'n ddrwg gen i, dydw i ddim yn delio â hyn yn dda iawn, dwi wedi blino'n lân."

Os yw sgwrs yn datblygu'n wrthdaro, AROS cyn i ti ddweud rhywbeth y byddi di'n ei ddifaru.

Ond dwi'n LHDTC+ – dydw i ddim yn 'gynghreiriad syth'

Na fi chwaith! Ond dwi wedi dysgu, er gwaethaf bod yn aelod o'r clwb gorau sydd 'na, bod angen i fi fod yn gyson ymwybodol o fy lle fy hun o fewn y sbectrwm LHDTC+ ac o fy mraint.

I egluro – dwi'n ddyn hoyw ac fe ges i fy magu yn ystod homoffobia Cymal 28. Dwi wedi dioddef ymosodiadau ac wedi gorfod mynd i'r ysbyty oherwydd fy mod i'n hoyw, dwi wedi profi adegau rhamantus a hyfryd yn cael eu chwalu gan wawdio homoffobig gan bobl wrth iddyn nhw fynd heibio yn eu ceir. Ond dwi'n *ddyn* hoyw, ac mae dynion yn dal i gael eu gwarchod ac yn cael statws uwch na menywod gan ein cymdeithas batriarchaidd. Fel dyn, dwi mewn llawer llai o berygl, yn ystadegol, o ddioddef bygythiad corfforol na merched LHDTC+. Ar ben hynny, er fy mod i'n perthyn i'r sbectrwm anneuaidd, mae golwg cisryweddol iawn arna i. Er bod troseddau casineb homoffobig yn digwydd, maen nhw'n llai cyffredin na thrais trawsffobig. Ar ben hyn i gyd, mae hyd yn oed fy hil yn fy amddiffyn i – dwi'n wyn, ac felly'n cael fy amddiffyn rhag hiliaeth strwythurol sy'n effeithio ar bobl cwiar o liw ar ben unrhyw homoffobia maen nhw'n ei ddioddef.

Cwiar drwy'r canrifoedd

Roedd Cymal 28 yn gwahardd 'hyrwyddo cyfunrhywioldeb'. Roedd hyn yn golygu bod ysgolion, meddygon, nyrsys ac ati ddim yn cael sôn am gyfunrhywioldeb – roedd yn anghyfreithlon i fod â llyfrau fel y llyfr hwn, a gallai athrawon gael eu gwahardd rhag dysgu os oedden nhw'n dysgu unrhyw beth am hunaniaethau LHDTC+.

Yn anffodus, hyd yn oed o fewn cymuned leiafrifol sy'n seiliedig ar ymgyrchu dros gariad, cydraddoldeb a derbyn, mae hiliaeth a chasineb at fenywod yn dal i fodoli sy'n effeithio ar fenywod cwiar a phobl o liw. Maen nhw'n aml yn gallu cael eu gwthio i'r cyrion o fewn ein cymuned ein hunain. Mae'n arbennig o bwysig ein bod ni'n herio hiliaeth, trawsffobia a rhywiaeth o fewn llefydd cwiar, neu efallai y bydd ein brodyr a'n chwiorydd LHDTC+ yn aelodau o 'leiafrif dwbl' yn y pen draw: wedi'u gwrthod gan y ddwy ochr a'u cofleidio gan neb. Rydyn ni eisiau bod yn fan lle mae croeso i bawb, rhywle sy'n gyfartal a lle mae rhyddid i bawb fod yn nhw eu hunain heb unrhyw farnu. Dyna sut galli di fod yn gynghreiriad i bobl eraill yn ein cymuned, hyd yn oed os wyt ti'n LHDTC+.

Oes, mae'n rhaid i lesbiad Du a fi ddod allan a delio â homoffobia – ond bydd effaith yr homoffobia hwnnw arnon ni yn wahanol. Efallai y bydd hi'n bosib i fi uniaethu â llawer o bobl cwiar eraill drwy ein profiadau cyffredin, fel pobl sydd ddim yn rhan o'r brif ffrwd heterorywiol, cisryweddol. Efallai y bydd hynny'n rhoi rhyfaint o ddealltwriaeth i fi o'u taith a'u profiad byw, ond fydd hynny byth yr un peth â'u profiad llawn nhw.

Yr unig ffordd y gallwn ni sefyll yn unedig yw drwy wrando ac ystyried yr hyn sy'n gyffredin i ni, a'r hyn sy'n wahanol, a brwydro am gydraddoldeb i bob un ohonon ni. Fel person LHDTC+, galli di fod yn gynghreiriad. Meddylia am y peth fel camu i'r adwy i gadw ochr dy frawd neu dy chwaer. Iawn, dydych chi ddim yn union fel eich gilydd a byddwch chi'n anghytuno ar ambell beth, ond does neb yn bygwth dy deulu di.

diweddglo

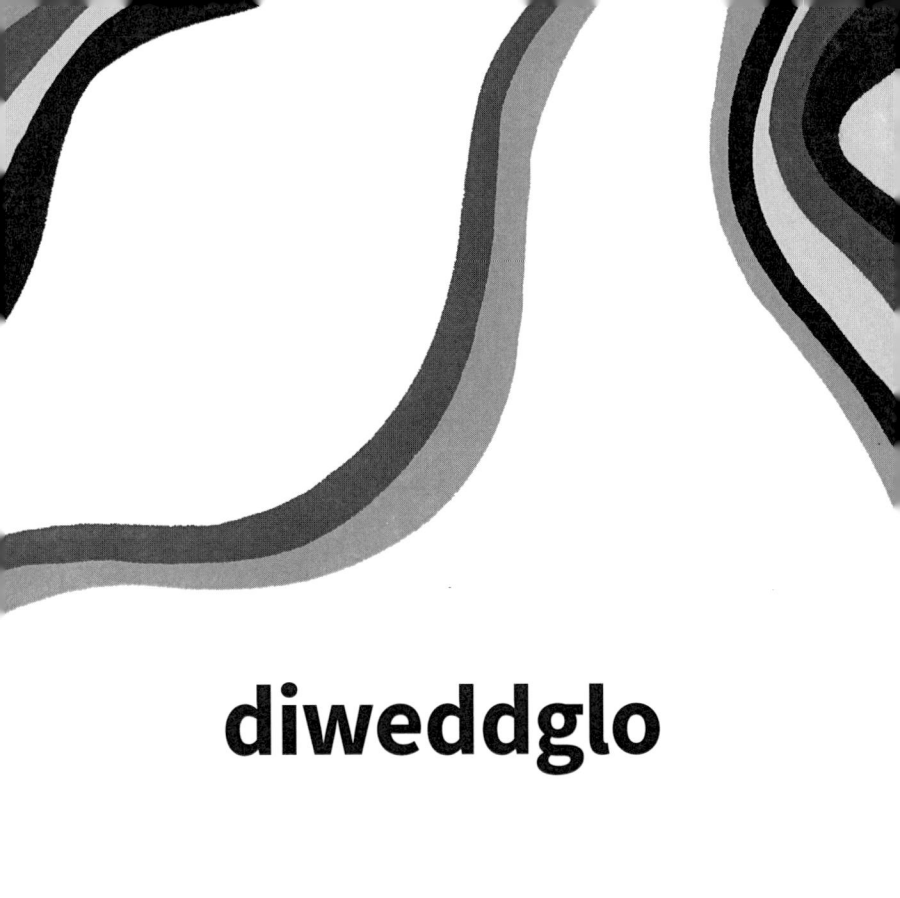

Dwi'n gobeithio bod y llyfr hwn wedi bod o help i ti, a'i fod wir wedi dy ysbrydoli i feddwl am bwy wyt ti a phwy rwyt ti'n gobeithio bod wrth i ti dyfu a datblygu drwy gydol dy fywyd – rhywbeth y dylen ni fod yn agored iddo bob amser.

Dechreuais i drwy ddweud fy mod i heb ddeall popeth eto, er fy mod i'n ysgrifennu'r llyfr hwn, ond dwi ychydig bach ymhellach ar fy nhaith na ti. Mae deall dy hun yn llafur oes. Dwi am dy adael gyda geiriau rhyfeddol rhywun dwi'n ei edmygu, ei drysori a'i barchu – am fod yn unigolyn mor anhygoel o garedig ac am roi cymaint o hwb i gynrychiolaeth ein cymuned – Russell T Davies.

Unwaith eto, mae Russell ychydig bach ymhellach ar hyd y 'ffordd brics melyn' o ran archwilio'i hun (dwi'n gobeithio nad oes ots gan Russell fy mod i'n dweud hynny. Ydy'r gwahoddiad i swper yn dal ar gael?!) ond mae o'n *dal* i fynnu ei fod ddim yn deall y cyfan, ddim yn gwybod yr atebion i gyd a byth yn wynebu heriau. Mae dyn sydd (yn ei eiriau ei hun) wedi bod allan yn 'broffesiynol o hoyw' ers blynyddoedd yn dal i fod yn ansicr weithiau – felly paid â theimlo dy fod ti ar dy ben dy hun yn hyn. Mae'n digwydd i'r goreuon, ac i bob un ohonon ni. Dyma eiriau Russell …

Dod allan

Gan **Russell T Davies**

Dwi'n dod allan bob dydd.

Flynyddoedd lawer yn ôl, ysgrifennais i ddrama ar gyfer ITV o'r enw *Bob & Rose*. Mewn un olygfa, mae Bob yn dweud, "Ddim unwaith yn unig rwyt ti'n dod allan. Mae'n wahanol i'r hyn rwyt ti'n ei weld ar y teledu, codi ar dy draed a gwneud araith yn y Queen Vic. Mae'n digwydd bob dydd. Gyda phawb rwyt ti'n eu cyfarfod. A dydy o byth yn blydi stopio."

Roeddwn i'n iawn. Dyna oedd fy mhrofiad i, o leiaf. Mae'r dod allan yn dal i ddigwydd. Dydy hynny ddim yn broblem yn y gwaith; dwi'n ffodus o fod wedi ysgrifennu llwyth o stwff hoyw sydd fel baner yn gwmni i fi, horwth o faner binc sy'n dod i mewn i'r ystafell o 'mlaen i, yn fawr a thrwsgl a beiddgar. Sy'n fy siwtio i i'r dim.

Ond rhan fach iawn o'r dydd yw'r gwaith. Am weddill yr amser, dwi'n gorfod meddwl. Gyda phob person newydd. Pob siop. Pob gwên. Dyna fo, y llais bach yna, yn dal i barablu, yr amheuaeth fach yna yng nghefn fy mhen yn sibrwd, "Ydyn nhw'n gwybod? Ydyn nhw'n gallu dweud? Ydw i'n weladwy? Ddylwn i ddweud? Pam? Pam lai?" Cwestiynau, yn y bôn, sy'n gofyn: Pwy ydw i? Drosodd a throsodd a throsodd.

Ces i fy nghyflwyno i ddawns gywrain newydd sbon 'nôl yn 2011. Cafodd fy nghariad, Andrew, ddiagnosis o diwmor Gradd 4 ar yr ymennydd. Dydy pethau ddim yn mynd dim gwaeth na hynny. Does dim Gradd 5. Ond dechreuodd y frwydr. Dechreuodd ar ei driniaeth, a hynny'n datblygu'n garnifal di-baid o dynnu rhan o'i benglog saith gwaith, gyda ffair o sgileffeithiau:

epilepsi, strôc, diabetes wedi'i sbarduno gan gyffuriau, hydroceffalws, diffyg hormonau. Ar un adeg, roedd hyd yn oed wedi ei glymu â strap wrth lefel saer – *spirit level* – fetel felen fawr rhag ofn iddo droi ei ben un radd yn uwch na'r llorwedd.

Roedden ni'n byw reit drws nesaf i'r ysbyty mwyaf ym Manceinion, ond lwc mul, roedd yr adran niwroleg ochr arall y ddinas, yn Salford. Dwi erioed wedi dysgu gyrru (mae'n fy nychryn i, dwi'n meddwl bod pob gyrrwr yn athrylith) ac roedd epilepsi Andrew yn golygu ei fod wedi gorfod ildio ei drwydded yrru. Felly pan oedd o yn yr ysbyty am fisoedd bwy gilydd, roedd yn rhaid i fi ddibynnu ar dacsis.

O, ie. Y grefft gynnil o ddod allan i yrrwr tacsi.

Byddwn i'n ymweld yn ystod y dydd, yn mynd adref, yn ymweld eto gyda'r nos, yn mynd yn ôl adref, pedair taith y dydd. O ganlyniad, dros gannoedd o deithiau, o garfan niferus o yrwyr tacsis – dynion yn ddieithriad, alla i ddim cofio menyw yn gyrru o gwbl – dyma fi'n dod i adnabod cnewyllyn o 30 neu 40 o yrwyr. Ac roedden nhw'n ddymunol, yn barod eu sgwrs, yn gofyn pam roeddwn i'n mynd i'r ysbyty bob dydd. Ac wedyn roedd gen i ddewis:

Mae fy ffrind i'n sâl.

Mae fy nghariad (*boyfriend* ro'n ei ddweud) i'n sâl.

Pa un fyddet ti'n ddewis?

Wel, *boyfriend*, yn amlwg. Ond. Bob tro? Oes raid?

Byddwn i'n eistedd yn y tacsi yn ansicr o defnyddio'r gair *boyfriend*. Yn ansicr o ymateb y gyrrwr. Ac yn ansicr o fy ymateb i. Os oedd y gair yn ysgogi ymateb doeddwn i ddim yn ei hoffi, a fyddwn i'n gallu gadael? Taswn i'n amau ciledrychiad, crechwen, ael yn codi, a fyddwn i'n anwybyddu hynny? A phetawn i'n gwneud hyn, pa mor rhwystredig faswn i'n teimlo? Pa mor siomedig ynof i fy hun? Y cwestiwn hanfodol hwnnw, yr angen i fynnu gwybod: Pwy ydw i? Oeddwn, roeddwn i'n stereoteipio'r gyrwyr, ond roedden nhw i gyd yn cydymffurfio â'r un patrwm. Canol oed a syth, bob amser.

Dwi'n cyfaddef. Bob hyn a hyn, byddwn i'n dweud mai dim ond ffrind oedd Andrew. Dwi allan cymaint ag mae'n bosib i rywun fod allan, ond eto, yn y bocs metel du â'r arwydd tacsi ar ei do, doedd gen i mo'r nerth bob amser. Neu'r dewrder. Neu doeddwn i ddim eisiau trafferthu! Weithiau, doeddwn i ddim eisiau bod y person hwnnw, y dyn â'i faner a'i achos a'i wleidyddiaeth. Roeddwn i'n flinedig ac yn ofnus, a'r daith yn anodd, a minnau'n cario dillad i'w golchi neu wedi'u golchi, esgidiau, bwyd a negeseuon. Bagiau yn llawn pethau, pethau ar gyfer salwch. Yn ymarfer straeon yn fy mhen, hanesion am y byd tu allan, i ddiddanu Andrew. Ac roedd hi'n bwysig cyrraedd yr ysbyty yn hapus, ddim yn flin, fel ei fod yn gweld gwên ar wyneb.

Felly peidiwch â gwneud i fi ddod allan. Ddim nawr. Ddim bedair gwaith y dydd. Ddim pan mae o'n marw. Plis.

Wedyn roedd gen i gywilydd. Ohonof i fy hun, am fethu, am gyfaddawdu, am ragdybio. O fy hiliaeth hyd yn oed, os oedd gyrrwr y tacsi yn Fwslim a minnau'n trio'n fwy gofalus nag arfer i osgoi gwrthdaro ag o.

Roedd hyn i gyd yn digwydd yn fy mhen, heb ei ynganu, wrth i ni yrru drwy Fanceinion. Gaeaf a haf, haul neu hindda. Tyrau uchel a chraeniau yn codi o'n cwmpas. Fi, ar goll yn fy meddyliau, dyn hoyw yn ei 50au yn dal i bendroni pa mor bell allan dylwn i fod.

Aeth y teithiau ymlaen ac ymlaen. Roedd brwydr Andrew yn llwyddiannus, am gyfnod rhyfeddol. Estynnodd prognosis o ddeunaw mis i flynyddoedd lawer, er llawenydd i bawb. Twyllodd Andrew fi i'w briodi yn 2012 (ie, yr hen stori "mae'n bosib fydda i ddim yn byw yn rhy hir") a dau o'r gyrwyr tacsi, dau a oedd wedi cael clywed y gwir, yn ein gyrru ni i'r swyddfa gofrestru. "Dim tâl!" Am ddau wych.

Ond roedd gen i angen amlwg i gymhlethu pethau, a'r diwrnod mawr wedi cynnig gair newydd i fi ymgodymu ag o. "Mae fy ngŵr i'n sâl." Oedd rhaid i fi ddweud hynny? Ar yr un pryd, roedd carfan helaeth o'r gyrwyr, wedi'u drysu gan agosrwydd dau ddyn, wedi ffurfio casgliad cwbl wahanol. Roedd y rheini'n gofyn, "Sut mae eich brawd?" Dduw mawr, sut mae mynd i'r afael â hynny? "Dydy o ddim yn …" O, stwffio hyn. "Mae o'n iawn!"

Rwyt ti'n cael dy faglu gan dy gelwyddau, wrth gwrs. Daeth Andrew adref am gyfnodau hir – sawl blwyddyn, yn y pen draw – a byddwn i'n mynd ag o i gannoedd o apwyntiadau meddygol, a'r un gyrwyr tacsi bellach wrth eu bodd ei fod yn edrych cystal. Ond doeddwn i ddim wedi cadw sgôr! Doeddwn i ddim yn gallu cofio pwy oedd wedi cael clywed beth. Byddwn i'n syllu ar gefn pen gyrrwr tacsi, gan feddwl: ffrind neu gariad neu ŵr ydw i wedi'i ddweud wrth hwn? Ac roedd Andrew yn ddyn hyfryd o syml, yn gwybod dim am fy nonsens i, felly dyna lle'r oedd o'n siarad pymtheg y dwsin. Os oedd o'n sôn am ein priodas, byddwn i'n gwingo. Y gyrrwr anghywir! Hisht!

Daeth pen draw ar y lwc dda. Daeth y canser yn ôl, mewn ffurfiau newydd a dialgar. Ar ffurf dŵr, hyd yn oed. A bu farw ... bu farw.

Yn yr oriau yn union ar ôl ei farwolaeth, bu'n rhaid i fi wynebu byd newydd a brawychus o ddynion a cheir. Y corff, yr angladd, yr hers. Diolch i Dduw am fy ffrind Phil, am y rhodd gorau erioed: rhif ffôn trefnwr angladdau hoyw. Alla i ddim esbonio cymaint o ryddhad oedd hyn i mi. Dim geiriau llednais, dim amheuaeth, dim cyfaddawd. Daeth yn bosib dioddef y dyddiau gwaethaf, oherwydd roedd y llais bach hwnnw yng nghefn fy mhen wedi cael ei dawelu. Roedd Andrew a finnau allan, dan gysgod angau.

Heddiw, chwe mis yn ddiweddarach, dwi'n wynebu math hollol newydd o ddod allan. Bob tro dwi'n mynd mewn i dacsi, ac un o'r 30 neu 40 gyrrwr yn edrych dros ei ysgwydd, dwi'n clywed y cwestiwn llon, "Sut mae eich ffrind?" A nawr mae gen i gywilydd pan dwi'n dweud wrthyn nhw ei fod wedi mynd. Y dynion yma wnes i erioed ymddiried ynddyn nhw – eu siom, eu dychryn, eu caredigrwydd. Eu cariad. Bu'n rhaid i un dynnu i'r ochr a cholli dagrau wrth y llyw, a minnau'n eistedd yn y cefn, yn gofidio oherwydd 'mod i ddim yn gwybod oedd o'n wylo am fy ffrind neu fy nghariad neu fy ngŵr neu fy mrawd.

Dydy pethau ddim drosodd o hyd. Mae gyrwyr allan yno o hyd sydd heb fod ar y rota eto. Felly dwi'n aros.

Byddan nhw'n dod. Mae'n mynd i gymryd amser. Ond am y tro, dyna'r dynion dwi fwyaf hoff ohonyn nhw. Y rhai sy'n meddwl ei fod o'n fyw o hyd.

Ond pan maen nhw'n gofyn, dwi'n sicr erbyn hyn y bydda i'n dweud y gwir wrthyn nhw. Mae o wedi gorfod marw er mwyn i fi ddeall gwirionedd syml o'r diwedd. Dydy dod allan ddim yn ddatganiad gwleidyddol. Mae'n weithred o gariad.

A bydda i'n symud ymlaen. Yn dal i ddod allan. Bob dydd, ym mhob sgwrs, â phob person. Efallai na fydd byth yn dod i ben. Ond heb Andrew, dwi'n sylwi bod y cwestiwn yn fwy taer nag erioed: pwy ydw i nawr?

cysur cwiar • • • diweddglo

Wrth i Russell gloi drwy ofyn y cwestiwn hwnnw, dwi'n troi at gwestiwn y llyfr hwn. Pwy yw unrhyw un ohonon ni, ac yn bwysicach, pwy ydyn ni eisiau bod?

Gobeithio bod y llyfr hwn wedi bod o help i ateb rhai cwestiynau ac wedi dy ysbrydoli di i ofyn rhai newydd.

Ond os gallwn ni fod yn unrhyw beth, bydda'n …

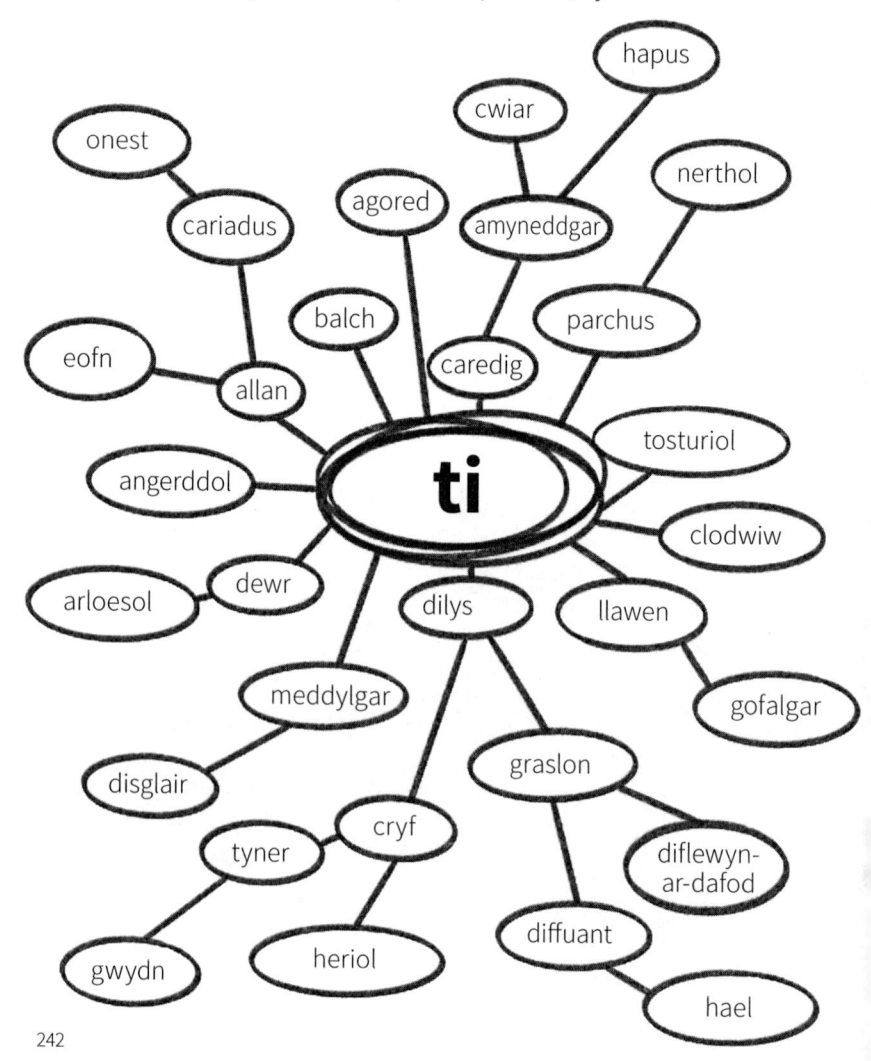

ti

- hapus
- cwiar
- nerthol
- amyneddgar
- agored
- parchus
- onest
- cariadus
- balch
- caredig
- eofn
- allan
- tosturiol
- angerddol
- clodwiw
- arloesol
- dewr
- dilys
- llawen
- gofalgar
- meddylgar
- disglair
- graslon
- tyner
- cryf
- diflewyn-ar-dafod
- diffuant
- gwydn
- heriol
- hael

adnoddau a gwasanaethau cymorth

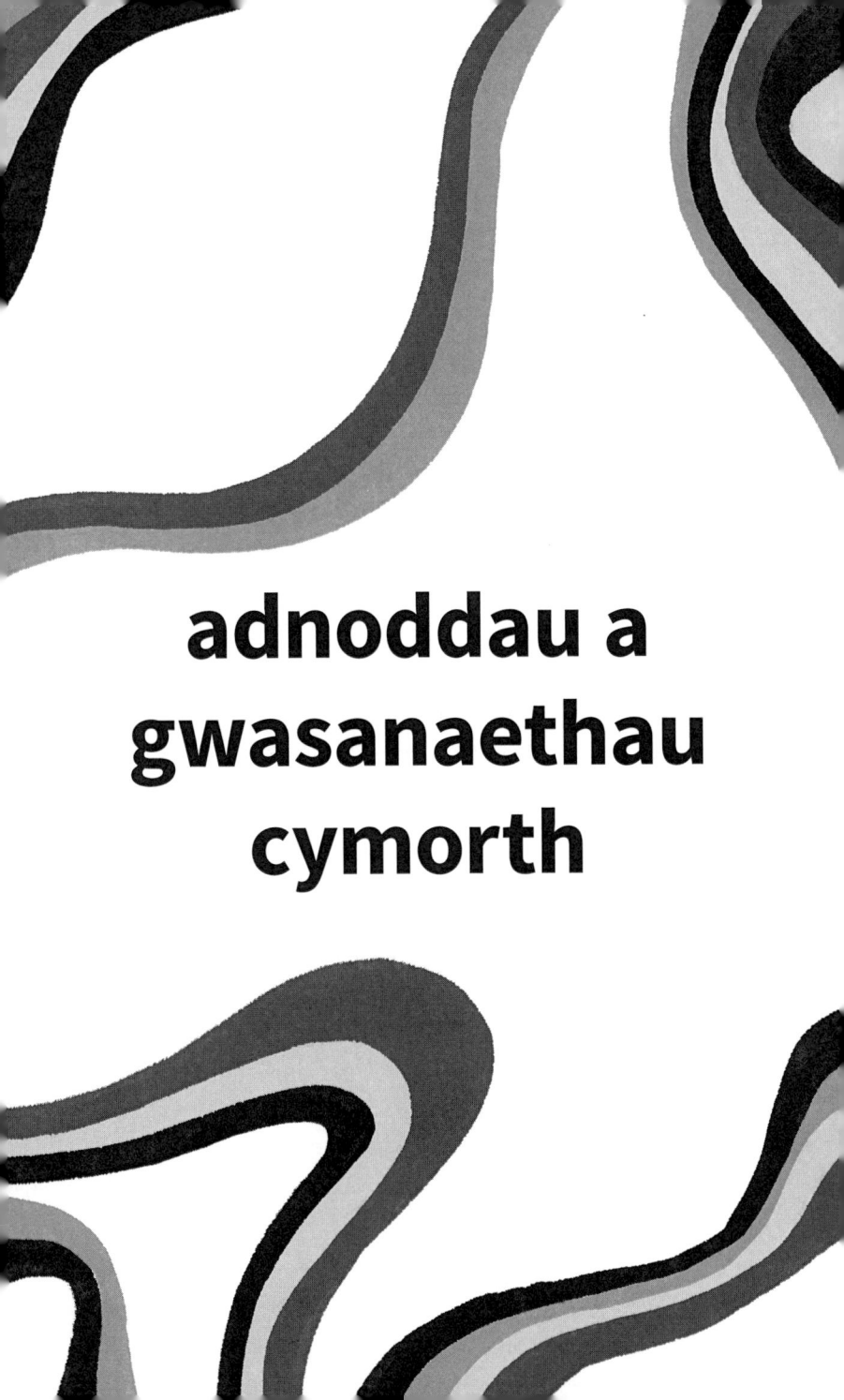

Cyngor iechyd meddwl Shout 85258 ar gyfer pobl ifanc

shout 85258
here for you 24/7

Os wyt ti'n teimlo'n bryderus, dan straen, wedi dy lethu neu'n isel dy hwyliau, dwyt ti ddim ar dy ben dy hun. Dyma rai awgrymiadau a thechnegau ymarferol a allai wneud i ti deimlo'n dawelach.

- **Cymer seibiant:** Pan wyt ti'n delio â llawer o bethau gwahanol, mae'n gallu dy lethu. Mae seibiant yn gallu helpu – codi oddi wrth sgrin am ychydig funudau, mynd am dro neu gymryd ychydig amser i ffwrdd. Bydda'n garedig a ti dy hun wrth i ymdopi â phopeth ar hyn o bryd.
- **Gwna amser i ofalu amdanat ti dy hun:** rho amser i ti dy hun i wneud y pethau bach sy'n gallu cael effaith gadarnhaol ar dy les meddyliol, fel darllen, coginio, gwylio ffilm neu fyfyrio. Beth bynnag rwyt ti'n ei ddewis, gofala dy fod ti eisiau ei wneud a'i fod yn gwneud i ti deimlo'n dda.
- **Bydd yn greadigol:** Weithiau, mae gwneud nodyn o sut rwyt ti'n teimlo yn dy helpu i reoli dy deimladau pan wyt ti'n methu dod o hyd i'r geiriau i'w dweud yn uchel. Mae cadw dyddiadur yn help i rai pobl, ond mae eraill yn dewis mynegi eu teimladau drwy farddoniaeth, geiriau caneuon, arlunio neu greu llyfr lloffion.
- **Symud:** Beth bynnag yw lefel dy ffitrwydd, mae ymarfer corff yn helpu i wella'r hwyliau a lles meddyliol. Mae hyd yn oed mynd am dro am ddim ond 10 munud yn gallu helpu.

- **Gwranda ar gerddoriaeth:** Mae cerddoriaeth yn cael effaith bwerus ar les. Mae'n hybu'r hwyliau, yn atgof o amser penodol yn dy fywyd, yn gwneud i ti fod eisiau dawnsio neu'n dy helpu di i ymlacio cyn cysgu.
- **Creu arferion cysgu:** Mae cysylltiad agos rhwng lles a chwsg. Mae cwsg yn atgyfnerthu'r gallu i ganolbwyntio, cymhelliant a sefydlogrwydd emosiynol. Mae tua wyth awr o gwsg y nos yn allweddol, ond mae'n gallu bod yn anodd weithiau i gael digon o gwsg o ansawdd da. Creu arferion cysgu yw'r cam cyntaf. Mae angen mynd i'r gwely ar amser rhesymol gyda'r nos a deffro ar yr un pryd bob bore, hyd yn oed ar y penwythnosau.

Os wyt ti'n cael trafferth ymdopi, mae'n hawdd anfon tecst at Shout 85258. Rydyn ni yma 24/7 i dy gefnogi di gydag unrhyw bryderon iechyd meddwl sydd gen ti, gan gynnwys gorbryder, iselder, meddwl am dy ladd dy hun, unigrwydd, perthnasoedd, rhywioldeb, hiliaeth, bwlio a delwedd corff.

Gall unrhyw un yn y Deyrnas Unedig anfon **tecst 'SHOUT' i 85258** yn ddienw, yn gyfrinachol ac am ddim, er mwyn siarad â gwirfoddolwr hyfforddedig, unrhyw adeg o'r dydd neu'r nos.

Os yw dy fywyd mewn perygl uniongyrchol, ffonia 999 am help ar unwaith.

Mae mwy o ffyrdd o reoli dy iechyd meddwl ar gael yn **giveusashout.org**.

Cadw'n ddiogel ar-lein

Er bod y rhyngrwyd yn llawn gwybodaeth ddefnyddiol, mae angen i ti ddefnyddio dy synnwyr cyffredin wrth archwilio bywyd ar-lein. Dyma rai pethau syml i'w gwneud i gadw'n ddiogel ar-lein.

- **Preifatrwydd:** Gofala dy fod ti'n defnyddio gosodiadau preifatrwydd uchel ar rwydweithiau cymdeithasol.
  Gwybodaeth bersonol: Paid â rhannu gwybodaeth bersonol ar-lein. Mae hyn yn golygu ddylet ti dim rhannu dy gyfeiriad, enw dy ysgol na dy rif ffôn. Cofia, os oes rhywun yn gofyn am wybodaeth, does dim rhaid i ti ddweud dim byd amdanat ti dy hun!
- **Enw sgrin:** Wrth greu enw sgrin, paid â chynnwys gwybodaeth bersonol fel dy gyfenw neu dy ddyddiad geni.
- **Cyfrineiriau:** Paid â rhannu dy gyfrinair â neb ond dy rieni. Pan fyddi di'n defnyddio cyfrifiadur cyhoeddus yn yr ysgol, gwna'n siŵr dy fod ti'n allgofnodi o bob cyfrif cyn i ti adael.
- **Lluniau a fideos:** Meddylia'n ofalus cyn lanlwytho pethau ar-lein. Unwaith mae wedi cael ei lanlwytho, dydy o ddim yn breifat bellach ac mae modd i ffrindiau, teulu, athrawon a phobl ddieithr ei weld.

- **Ffrindiau ar-lein:** Yn anffodus, mae pobl weithiau'n esgus bod yn rhywun gwahanol. Cofia nad yw popeth rwyt ti'n ei ddarllen ar-lein yn wir. Os wyt ti eisiau cyfarfod â rhywun rwyt ti wedi dod ar ei draws ar-lein, byddai'n well cael galwad fideo gyda'r unigolyn yn gyntaf a rhoi gwybod i dy rieni. Pan fyddi di'n cyfarfod, cer â rhiant gyda ti'n gwmni a chofia gyfarfod mewn man cyhoeddus. Os nad oes ganddyn nhw rywbeth i'w guddio, byddan nhw'n hapus i wneud hyn.
- **Bwlio:** Paid ag anfon nac ymateb i negeseuon cas neu sarhaus. Rho wybod i rywun os wyt ti'n cael un. Os oes unrhyw beth sy'n digwydd ar-lein yn gwneud i ti deimlo'n anghyfforddus, siarada â dy rieni neu oedolyn y galli di ymddiried ynddo, fel athro/athrawes yn yr ysgol. Os wyt ti'n cael cyswllt negyddol neu anniogel ar rwydweithiau cymdeithasol, galli di flocio'r cyfrif dan sylw fel nad yw'n gallu cysylltu â ti mwyach na gweld dy broffil.
- **Rhwydweithio cymdeithasol:** Mae llawer o wefannau rhwydweithio cymdeithasol yn mynnu isafswm oed er mwyn cofrestru. Mae'r gofynion hyn yno i dy ddiogelu di!

Adnoddau a gwasanaethau cymorth

Ffynonellau gwybodaeth neu gymorth:

Cymorth cyffredinol a gwasanaethau iechyd meddwl i blant a phobl ifanc

- **Childline**: childline.org.uk, neu ffonia 0800 11 11 ar gyfer y llinell gymorth 24/7 i blant a phobl ifanc
  Cyngor a chymorth i blant a phobl ifanc dan 18 oed ar y cartref, yr ysgol, perthnasoedd a mwy
- **YoungMinds**: youngminds.org.uk
  Cymorth iechyd meddwl i blant, pobl ifanc a'u rhieni
- **Mindout**: mindout.org.uk
  Cymorth iechyd meddwl i'r gymuned LHDTC+
- **The Mix**: themix.org.uk
  Gwasanaeth cyfeirio ar gyfer unrhyw un dan 25 oed, gyda chyngor a chefnogaeth i blant a phobl ifanc ar y cartref, yr ysgol, perthnasoedd a mwy
- **Ditch the Label**: ditchthelabel.org
  Elusen gwrthfwlio sy'n rhoi cymorth i bobl ifanc 12–25 oed

Mudiadau ieuenctid LHDTC+

- **Stonewall Youth**: stonewallyouth.org
  Sefydliad dan arweiniad pobl ifanc sy'n grymuso pobl ifanc LHDTC+
- **The Proud Trust**: theproudtrust.org
  Sefydliad sy'n cefnogi pobl ifanc LHDTC+ ledled y Deyrnas Unedig drwy grwpiau ieuenctid a rhaglenni cymdeithasol eraill

- **UK Black Pride**: ukblackpride.org.uk
  UK Black Pride yw dathliad mwyaf Ewrop ar gyfer pobl LHDTC+ o dras Affricanaidd, Asiaidd, Caribïaidd, y Dwyrain Canol ac America Ladin
- **National Student Pride**: studentpride.co.uk
  Trefnwyr digwyddiad myfyrwyr LHDTC+ mwyaf y Deyrnas Unedig

Rhywedd a rhywioldeb

- **Stonewall**: www.stonewallcymru.org.uk
  Gwybodaeth gyffredinol am rywedd a rhywioldeb, a chyngor a chefnogaeth i'r gymuned LHDTC+
- **Mermaids**: mermaidsuk.org.uk. Ffonia 0808 801 0400 ar gyfer y llinell gymorth, ar agor o ddydd Llun tan ddydd Gwener, 9am–9pm
  Cefnogaeth i blant a phobl ifanc trawsryweddol, anneuaidd a rhywedd-amrywiol. Maen nhw hefyd yn gweithio gyda rhieni a gofalwyr pobl ifanc sy'n profi'r teimladau hyn
- **Mindline Trans+**: mindlinetrans.org.uk, neu ffonia 0300 330 5468 dydd Llun–dydd Gwener, 8pm–12am (hanner nos)
  Llinell gymorth sy'n cael ei rhedeg gan bobl draws, anneuaidd, rhywedd-amrywiol a chyfnewidiol o ran rhywedd. Mae'r gwasanaeth hefyd ar gael ar gyfer ffrindiau a theuluoedd pobl draws+ sydd angen cefnogaeth a chyngor. Yn achlysurol, mae galwadau'n cael eu hateb gan gynghreiriaid cisryweddol
- **Gendered Intelligence**: genderedintelligence.co.uk
  Elusen sy'n gweithio i rannu gwybodaeth am amrywiaeth rhywedd a chefnogi pobl ifanc sy'n uniaethu'n draws
- **Switchboard**: switchboard.lgbt. Ffonia 0300 330 0630 ar gyfer y llinell gymorth, ar agor bob dydd 10am–10pm
  Llinell gymorth LHDTC+ ar gael saith diwrnod yr wythnos
- **Not A Phase**: notaphase.org
  Elusen sy'n cefnogi bywydau oedolion traws+ ledled y Deyrnas Unedig

Perthnasoedd a diogelwch personol

- **Galop**: galop.org.uk, neu ffonia 0800 999 5428 ar gyfer Llinell Gymorth Genedlaethol Cam-drin Domestig LHDTC+ neu 020 7704 2040 ar gyfer Llinell Gymorth Troseddau Casineb LHDTC+ Cymorth i bob person LHDTC+ sydd wedi profi trosedd casineb, cam-drin domestig neu drais rhywiol
- **AKT (Albert Kennedy Trust)**: akt.org.uk
  Cymorth i bobl LHDTC+ rhwng 16 a 25 oed yn y Deyrnas Unedig sy'n cael eu heffeithio gan ddigartrefedd neu sy'n byw mewn amgylchedd gelyniaethus
- **Llinell Gymorth Genedlaethol Cam-drin Domestig**: nationaldahelpline.org.uk, neu ffonia 0808 2000 247
  Llinell gymorth 24/7 am ddim i fenywod a phlant

Iechyd rhywiol

- **Terrence Higgins Trust**: tht.org.uk/hiv-and-sexual-health/sexual-health/improving-your-sexual-health
  Gwybodaeth a chyngor am HIV ac iechyd rhywiol. Dyma brif adran y wefan, sy'n canolbwyntio ar gynghori pobl LHDTC+ am ryw ac iechyd rhywiol
- **Sefydliad LGBT**: lgbt.foundation/sexualhealth
  Cyngor i bobl LHDTC+ ar lawer o bynciau gwahanol. Dyma brif adran y wefan, sy'n canolbwyntio ar iechyd rhywiol
- **Tudalennau iechyd rhywiol y GIG**: http://www.wales.nhs.uk/healthtopics/lifestyles/sexualhealth
- **Gwasanaethau iechyd rhywiol y GIG**:
  https://111.wales.nhs.uk/localservices/default.aspx?s=SexualHealth&pc=n&sort=default&locale=cy&term=A
- **PrEPster**: prepster.info
  Mae tîm PrEPster yn cynnig gwybodaeth am feddygaeth PrEP (proffylacsis cyn-gysylltiad) ar gyfer atal HIV
- **GMFA (prosiect iechyd dynion hoyw)**: gmfa.org.uk
  Gwybodaeth a chyngor ar les ac iechyd rhywiol i ddynion hoyw, deurywiol a thraws

Riportio problemau ar-lein

- **Report Harmful Content**: reportharmfulcontent.com
  Cyngor a chymorth yn ymwneud â riportio bygythiadau, aflonyddu, bwlio a chynnwys niweidiol arall ar-lein
- **Report Remove**: https://www.childline.org.uk/info-advice/bullying-abuse-safety/online-mobile-safety/report-remove
  Os oes delwedd ohonot ti wedi cael ei rhannu ar-lein, dyma'r lle i roi gwybod am hynny ac i gael help i'w dileu

Cyngor i rieni ac athrawon

- **Stonewall**: stonewall.org.uk/help-advice/coming-out/coming-out-advice-and-guidance-parents
  Mae Stonewall hefyd yn cynnig cyngor i rieni ac aelodau o'r teulu
- **FFLAG (Families and Friends of Lesbians and Gays)**: www.fflag.org.uk, neu ffonia 0845 652 0311
  Elusen genedlaethol sy'n cynnig cymorth a chefnogaeth i rieni a'u plant LHDTC+
- **Schools Out**: schools-out.org.uk
  Elusen sy'n ymgyrchu i wneud ysgolion a sefydliadau addysgol y Deyrnas Unedig yn llefydd diogel i gymunedau LHDTC+, yn athrawon ac yn ddisgyblion
- **Mis Hanes LGBT+**: lgbthistorymonth.org.uk
  Elusen sy'n helpu i gynyddu amlygrwydd pobl LHDTC+ – eu hanes, eu bywydau a'u profiadau – yn y cwricwlwm ac yn niwylliant sefydliadau addysgol, sefydliadau eraill a'r gymuned ehangach
- **The Classroom**: the-classroom.org.uk
  Adnodd ar-lein sydd wedi'i greu i helpu athrawon i gynnwys y profiad LHDTC+ yn eu gwersi. Mae adnoddau ar gael i'w lawrlwytho am ddim, ac mae defnyddwyr y safle yn gallu llwytho i fyny eu hadnoddau eu hunain

Grwpiau cymorth crefyddol

- **Hidayah LGBT+**: hidayahlgbt.com
  Cymorth, addysg a lles i'r gymuned LHDTC+ Fwslimaidd
- **Diverse Church**: diversechurch.website
  Elusen sy'n cynnig cyngor a chymorth i Gristnogion LHDTC+
- **Sarbat**: sarbat.net
  Sefydliad ar gyfer Sikhiaid LHDTC+
- **KeshetUK**: keshetuk.org
  Cymorth a chyngor i Iddewon LHDTC+ a chymunedau Iddewig
- **Gaysians**: gaysians.org
  Cymorth ac adnoddau i gymuned LHDTC+ De Asiaidd
- **House of Rainbow**: houseofrainbow.org
  Cymdeithas sy'n meithrin perthnasoedd ymhlith pobl LHDTC+ â ffydd o gefndiroedd Du, Asiaidd a lleiafrifoedd ethnig

diolchiadau

Diolchiadau

Mae angen i fi ddiolch i lawer o bobl am y llyfr hwn. Mae'r daith wedi bod yn un hir, ac mae llawer iawn o bobl wedi helpu, wedi rhoi o'u hamser, wedi cynnig adborth ac wedi dangos caredigrwydd er mwyn i'r llyfr (a fi) ddod mor bell â hyn. Dydy hi ddim yn bosib pennu unrhyw drefn resymegol i wneud hynny, felly heb fod mewn unrhyw drefn arbennig, ffwrdd â ni.

I'r holl gyfranwyr, DIOLCH am eich haelioni, eich caredigrwydd a'ch didwylledd wrth gyfrannu geiriau i fi eu rhoi yn y llyfr hwn. DIOLCH.

Heb John Moore, fyddwn i ddim wedi mynd trwy ddrysau Walker Books – DIOLCH. Fel cyhoeddwyr, mae Walker wedi bod yn gartref bendigedig i fi. I'r golygyddion gwych, Daisy Jellicoe a Charlie Wilson, DIOLCH am fynd i'r afael â gwaith elfennol iawn ac awdur hynod ddibrofiad ac am gynnig anogaeth, adborth, lle ac amser. DIOLCH, Jamie Hammond, am ddylunio llyfr mor wych. I weddill teulu *Queer Up* Walker – yr adrannau Marchnata, Cysylltiadau Cyhoeddus, Ysgolion a Llyfrgelloedd a Gwerthiant – DIOLCH, mae hon yn llythrennol yn ymdrech ar y cyd na fyddai wedi llwyddo heboch chi.

Hannah Weatherill a Martin Redfern, fy asiantau llenyddol yn Northbank, DIOLCH. Hannah, diolch am helpu i droi'r cynnig gwreiddiol a'i addasu ar gyfer cynulleidfa newydd. Martin, diolch am fentro ar hap a gweld egin syniad.

Guy Warren-Thomas, Ogechi Ofoegbu, Lucy Chaloner, Jonathan Poole a gweddill y tîm yn M&C Saatchi Social, DIOLCH am fy nghroesawu i, derbyn pan dwi'n dweud "na" yn amlach nag "ie" a fy amheuaeth tuag at elfennau o'r byd hwn. Guy, yn anad dim, diolch am dy amynedd a dy gyfeillgarwch.

Charlotte Walker, fyddwn i ddim hyd yn oed wedi cyrraedd y fan hon heb i ti wrando ar fy nryswch ac ansicrwydd cyn fy hebrwng ar daith i ddechrau deall – heb sôn am agor dy lyfr cysylltiadau er fy mwyn i. DIOLCH.

Callum McSwiggan, rwyt ti'n greadur mor anhygoel o brin, rhywun sydd wir yn ceisio helpu pobl eraill yn hytrach na disgwyl cael rhywbeth yn ôl, DIOLCH. Ti wnaeth fy nghyflwyno i Michelle Ellman. DIOLCH, Michelle, am yr anogaeth, am rannu dy egni heintus ac am fy nghyflwyno i Scarlett. Scarlett Curtis, DIOLCH nid yn unig am dy eiriau yn y llyfr hwn, ond am fy nghynnwys yn *It's Not OK to Feel Blue* ac am rannu dy fri mor hael.

Tîm podlediad *Qmmunity* – PAWB sy'n rhan o'r peth, Christania a Char, Kevin, Renay, Laura, Effie, Rez – rwy wedi dysgu llawer iawn, mewn sawl ffordd wahanol. Ac i bob un ohonoch chi, diolch am bopeth.

I deulu Shout, diolch am wneud cyfarfodydd y tîm datrys argyfwng yn lle cyfeillgar, hwyliog a chroesawgar bob amser. Waeth faint o'r gloch oedd hi, waeth beth oedd y sgwrs, roedd rhywun yno bob amser. Mae'n sefydliad gwych, yn llawn pobl wych, a DIOLCH am fy nerbyn i'n rhan ohono.

I fy nghlinig i a fy ngoruchwylwyr, Dr Karen, Dr Mike, diolch am fy nghroesawu i'r practis ac am fod mor hael tuag ata i. DIOLCH.

I'r Clwb Brecwast, Áine a Mike, mae'ch cael chi fel cymdeithion yn yr hyfforddiant seicotherapiwtig yn gymaint o fendith. DIOLCH.

I'r cynulliad o wrachod y gors, Abi, Ana, Jess, ddim yn aml mae rhywun yn cyfarfod â chriw mor groesawgar sy'n cofleidio rhywun mor frwd. Dydyn ni ddim gyda'n gilydd yn gorfforol drwy'r amser, ond dwi'n eich caru chi gymaint ac yn DIOLCH i chi am fod yn rhan o 'mywyd i.

Kevin, diolch am dy amynedd a dy arweiniad. DIOLCH.

LuSo, mae ein cyfeillgarwch wedi dysgu cymaint i fi, DIOLCH.

Yr Hoywon, Dillon, Sam, Brennan, Dudley, Sam, Chris, Owen a Jeremy, Jocky, Tom, Luke a Dom. DIOLCH.

Simon Davis, Matt Webb, Eden Hannam a'r Kings Cross Steelers am greu cartref i fi ym myd rygbi, DIOLCH. Fy nghartref newydd, yr Hunters, DIOLCH am fod mor groesawgar.

Miss Moss a Mrs McNamara, argol, roedd yr ysgol yn galed ac yn gyfnod anodd, ond aethoch chi'ch dwy ymhell y tu hwnt i rôl arferol fel athrawon i fy nghadw i'n fyw, yn llythrennol. DIOLCH.

Charlie Craggs a Kuchenga Shenje, dwi'n eich caru chi gymaint, rydych chi'n bobl tu hwnt o hyfryd. DIOLCH.

I fy nheulu cyfunol estynedig, rydych chi i gyd wedi dysgu gwersi i fi ar gyfer y llyfr hwn. Teulu yw'r hyn rydyn ni'n ei wneud ohono, DIOLCH am fy nghael i'n frawd, yn ewythr ac yn dad bedydd i'ch plant.

I fy rhieni – pwy fyddai'n meddwl y byddai cael tri athro Saesneg fel rhieni yn esgor ar lyfr? – diolch am fynnu fy mod i'n ail-wneud fy ngwaith cartref bob tro, am drosglwyddo cariad at eiriau ac iaith i fi, am beidio byth â dweud y drefn wrtha i am ofyn "pam?" ac am fy annog i'n gyson. DIOLCH, dwi'n eich caru chi. Gobeithio'ch bod chi'n falch ohona i.

I ti, annwyl ddarllenydd, **DIOLCH x**